藤泽秀行二十名局

孔祥明 著

山西出版传媒集团
书海出版社

图书在版编目（CIP）数据

藤泽秀行二十名局／孔祥明著.—太原：书海
出版社，2017.4
ISBN 978－7－5571－0050－6

Ⅰ.①藤… Ⅱ.①孔… Ⅲ.①围棋—对局（棋类运动）
Ⅳ.①G891.3

中国版本图书馆 CIP 数据核字（2017）第 042734 号

藤泽秀行二十名局

著　　者：孔祥明
策　　划：姚　军
责任编辑：张　洁
助理编辑：熊震宇
装帧设计：谢　成

出 版 者：	山西出版传媒集团·书海出版社
地　　址：	太原市建设南路 21 号
邮　　编：	030012
发行营销：	0351—4922220　4955996　4956039　4922127（传真）
天猫官网：	http://sxrmcbs.tmall.com　电话：0351-4922159
E — mail：	sxskcb@163.com　发行部
	sxskcb@126.com　总编室
网　　址：	www.sxskcb.com

经 销 者：山西出版传媒集团·书海出版社
承 印 者：山西出版传媒集团·山西新华印业有限公司

开　　本：720mm×1000mm　　1/16
印　　张：20
字　　数：310 千字
印　　数：1－5000 册
版　　次：2017 年 4 月　第 1 版
印　　次：2017 年 4 月　第 1 次印刷
书　　号：ISBN 978－7－5571－0050－6
定　　价：58.00 元

如有印装质量问题请与本社联系调换

序言

藤泽可谓是自学成才，于 1940 年入段。

当时的日本，时局动乱，棋赛就只有两个，升段赛和本因坊赛，而本因坊赛的参赛资格必须是五段以上的棋手。所以，藤泽早期的棋谱就只有升段赛的了。

然而，就是这极少量的棋谱，也在 1945 年 5 月东京大空袭中化为灰烬。地处溜池的日本棋院被烧得面目全非。人的生命都岌岌可危，哪里还顾得上小小的棋谱呢。

战争，让日本棋院被迫关门，棋手们失去了职业，失去了家园，到处漂泊，甚至还有很多人失去了生命。残酷的悲剧遍布全世界，也包括日本。

值得庆幸的是棋界的复兴十分迅速，1945 年 11 月召开了棋手大会，讨论如何重建日本棋院。在大家卓越、顽强的努力之下，在 1946 年重新开始了段位赛，那是怎样的一个艰难年代？那又是怎样的一个生存环境？没有经历过的人是很难了解和理解的，看着饿着肚子、衣冠不整，却又充满了热情和斗志去对局的棋手们，高川格七段（当时）动情地写下了"棋道"二字，一个"道"字，包含了太多，所有的所有都在不言中了。

对局虽然像是和久违的恋人相聚一样幸福，可终归当不了饭吃，不光是自己饿着，家人们也饿着，为了生存，棋手们真是尽其所能，各显神通。

藤泽当属主意最多、胆子最大的棋手了，时不时穿梭在棋局间："谁知道想买石油的人？""哪里有卖毛巾的？""一千个罐筒三百万有没有人想要？"……为了挣口饭钱，大家都拼尽所有。

就是在这么动荡不安，不知道下一顿饭在哪里的年代，棋手们一旦坐在棋盘前，虽然对局并没有一分钱的收入，可大家都那么认真，那么虔诚，那么珍惜每一次对局的机会，足以体现出大家对棋深深的爱。

1949年后的数年，是藤泽人生中最用功的几年，不抽烟，不喝酒，有空就在棋盘上研究，空余之时还看中国古籍，最爱读的就是《三国志》，不知看了多少遍。最令人想不到的是他还细读马克思的《资本论》、欧洲的哲学论著，广览了这么多文史文献，对他的人生产生了很大的影响，对他形成更高的境界和广阔的心胸也起到了很大的作用，奠定了他的人生观。

战后成长起来的年轻棋手有钻锥般的梶原武雄、感觉异于常人的藤泽秀行、华丽的山部俊郎，这几个人最受关注，也最活跃，由此也得到了许多特别对局的机会，藤泽也就是从那个时候开始，逐渐走向大舞台，迈上了问鼎奇冠的台阶。

目录

第一局　第一期青年棋手选手权决赛

　　　　黑方：藤泽秀行　四段

　　　　白方：曲励起　　三段

　　　　　　　1948年　　　／1

第二局　第一期日本棋院第一位决定战第一局

　　　　黑方：宫下秀洋　八段

　　　　白方：藤泽秀行　八段

　　　　　　　1959年　　　／19

第三局　第五期最高位决定战第一局

　　　　黑方：藤泽秀行　八段

　　　　白方：坂田荣男　九段

　　　　　　　1959年　　　／37

第四局　第十五期本因坊战第四局

　　　　黑方：藤泽秀行　八段

　　　　白方：高川秀格　本因坊

　　　　　　　1960年　　　／55

第五局　第一期名人战循环赛第十二局

　　　　黑方：桥本昌二　九段

　　　　白方：藤泽秀行　八段

　　　　　　　1962年　　　／71

第六局　第十六期 NHK 杯争夺战决赛

　　　　黑方：藤泽朋斋　九段

　　　　白方：藤泽秀行　九段

　　　　　　　1969 年　　　　／83

第七局　第四期全日本第一位决定战第一局

　　　　黑方：藤泽秀行　九段

　　　　白方：大竹英雄　九段

　　　　　　　1974 年　　　　／99

第八局　第一期天元战第四局

　　　　黑方：藤泽秀行　九段

　　　　白方：大平修三　九段

　　　　　　　1976 年　　　　／115

第九局　第一期棋圣战第一局

　　　　黑方：藤泽秀行　九段

　　　　白方：桥本宇太郎　九段

　　　　　　　1976 年　　　　／129

第十局　第十一期快棋选手权决赛

　　　　黑方：武宫正树　九段

　　　　白方：藤泽秀行　棋圣

　　　　　　　1978 年　　　　／143

第十一局　第四期天元战决赛第三局

　　　　黑方：加藤正夫　本因坊

　　　　白方：藤泽秀行　棋圣

　　　　　　　1978 年　　　　／157

第十二局　第二期棋圣战第七局

　　　　　黑方：加藤正夫　本因坊

　　　　　白方：藤泽秀行　棋圣

　　　　　　　　1978 年　　　　／171

第十三局　第三期棋圣战第五局

　　　　　黑方：石田芳夫　九段

　　　　　白方：藤泽秀行　棋圣

　　　　　　　　1979 年　　　　／185

第十四局　第四期棋圣战第五局

　　　　　黑方：藤泽秀行　棋圣

　　　　　白方：林海峰　　九段

　　　　　　　　1980 年　　　　／201

第十五局　第五期棋圣战第四局

　　　　　黑方：藤泽秀行　棋圣

　　　　　白方：大竹英雄　九段

　　　　　　　　1981 年　　　　／219

第十六局　第二十八期 NHK 杯争夺战决赛

　　　　　黑方：藤泽秀行　棋圣

　　　　　白方：高木祥一　九段

　　　　　　　　1981 年　　　　／237

第十七局　第六期棋圣战第七局

　　　　　黑方：林海峰　　九段

　　　　　白方：藤泽秀行　棋圣

　　　　　　　　1982 年　　　　／249

第十八局　第七期棋圣战第七局

　　　　　黑方：藤泽秀行　棋圣

　　　　　白方：赵治勋　　九段

　　　　　　　　1983 年　　　／263

第十九局　第四十期王座战第五局

　　　　　黑方：藤泽秀行　王座

　　　　　白方：小林光一　棋圣

　　　　　　　　1992 年　　　／281

第二十局　藤泽秀行名誉棋圣引退棋第三局

　　　　　黑方：高尾绅路　　六段

　　　　　白方：藤泽秀行　名誉棋圣

　　　　　　　　1999 年　　　／295

第一局

第一期青年棋手选手权决赛

● 藤泽秀行 四段
○ 曲励起 三段

黑贴4目半
1948年春弈于东京高轮日本棋院

第四谱　61—80

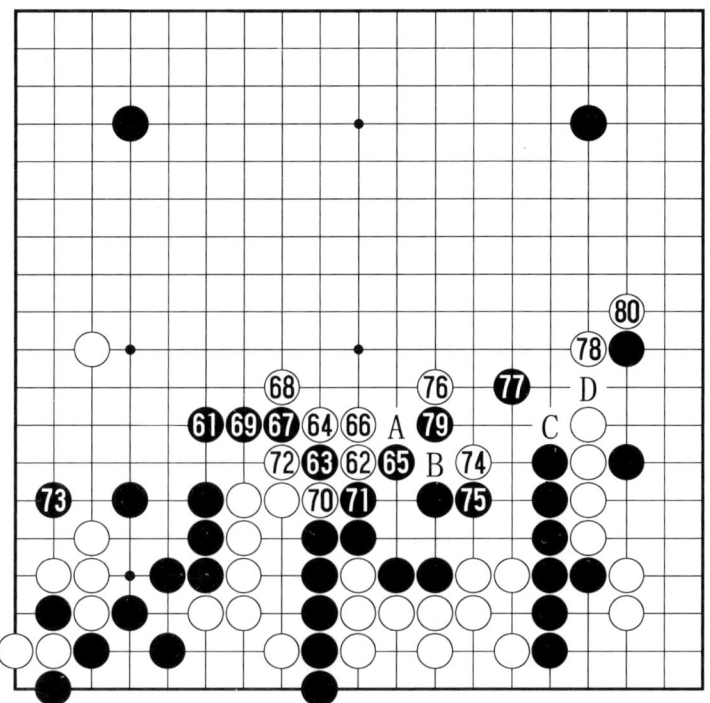

第四谱　61—80

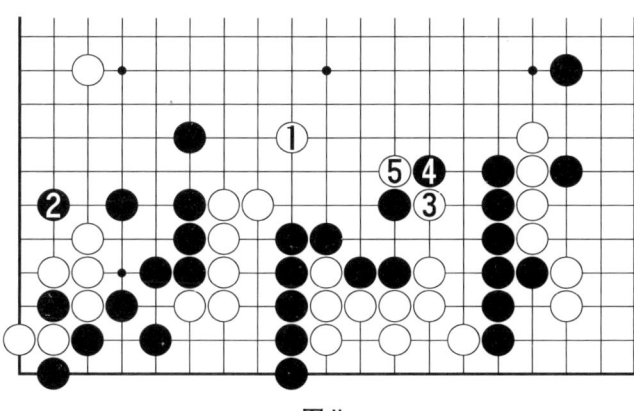

图八

黑61跳，左下角的白棋已危在旦夕了。

白62看似是形，飞在了黑的要点上，但由于黑有63位靠的整形手段，白62不如在64位单飞为好。黑若立即在73位吃白左下角，白图八的分断手段也是十分严厉的，此时，白如果不在这个地方想点手段，争取先手或者能攻击黑棋的话，左下角就会被黑白白地吃去。

黑63至71是一系列先手补断的好次序。

待白72提一子后，黑73顺利地跳到左边，将白左下角吃掉，而白也没有分断黑下方一块的手段了。

白74点后无论如何应在A位压才是形，小飞太不紧凑了。

黑77小飞后，白78也应先在B位挤，黑C、白D，虽然谈不上是对黑的攻击，但让黑处于不完全安定的状态还是很有必要的。

黑79尖顶吃掉白74一子，已经完全活干净了，以后白下边一块就是单方出逃，对黑也没有任何影响力了。而白在右边获得的利益与在左边和下边受到的损失相比，是远远不能弥补的。

心

当黑35跳时，白36位长有些大意了，总认为黑38位接后，白再37位爬过，殊不知这个大意给自己的局势一举造成劣势，几乎可以说是接近了败势。

白36在37位托过虽然有些被利，但也应该如此，在这个地方被黑棋分断开，那白左下角几子就真的很危险了。

黑37严厉、机敏。

白40顶舍不得弃子，有些凝重了。此时在41位点才是关键，以吃掉黑右下方几子作为交换，这样局面还很漫长。

黑41跳，轻灵。此时可不能在C位拐头，看似好点，被白42一拐就没后续手段了。

白42还拐，步子太慢了，其实，走到此时左下角将被黑吃掉已是无可挽回的结果。那白怎么也应出头，将黑棋也分开，形成互攻的局面。白可以在交战中寻找机会，如图六。实战白放弃了反击，那就只有任黑攻击了。

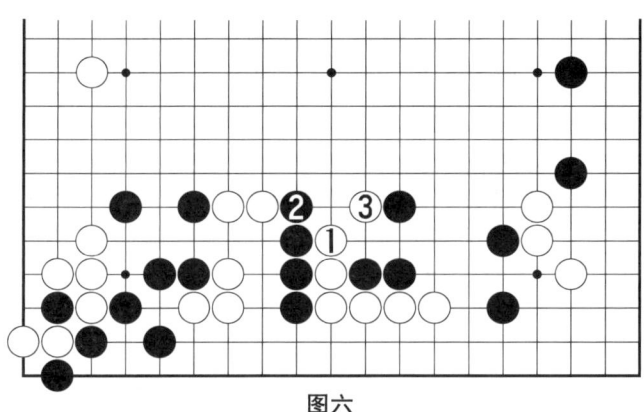

图六

第三谱　45—60

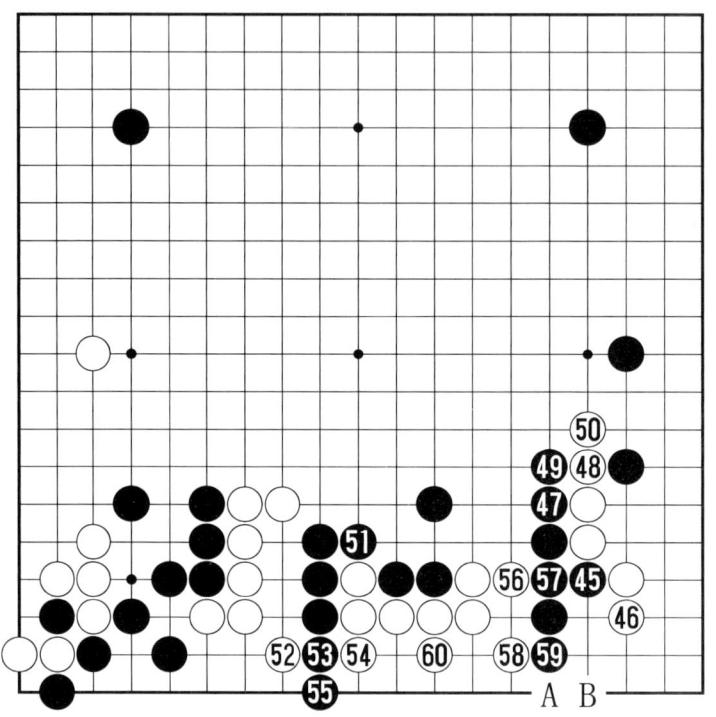

第三谱　45—60

黑 45 至 49，都是有些损的走法，但这个损只是目数上的小损。能争取 51 位的拐头，让白很难断开黑棋，这个利比起那个损就大多了。

白 52 至 60 的确是做活了下面一块棋，但这个后手活是不是最好，还值得考虑。

首先，从这个棋形上看，白对黑的攻击已经不大可能，白下面的孤棋单方出逃也是预想的结果，既然如此，白 52 还不如如图七走成先手活，虽然黑 a 位应是先手，黑已经连通，黑在 b、

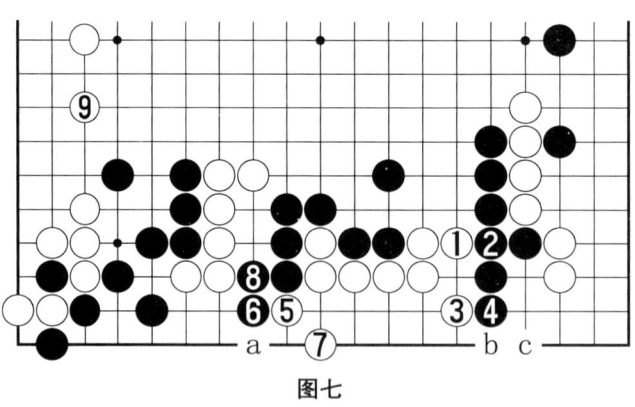

图七

c 两处也是先手，白右下角难以成空，但不管怎么说，白争到了 9 位跳，救回了左下角，这个实空是很大的。

走至白 60，黑在 A、B 仍是先手，唯一不同的是黑没有连通，但黑却取得先手，这个差别是非常之大的。

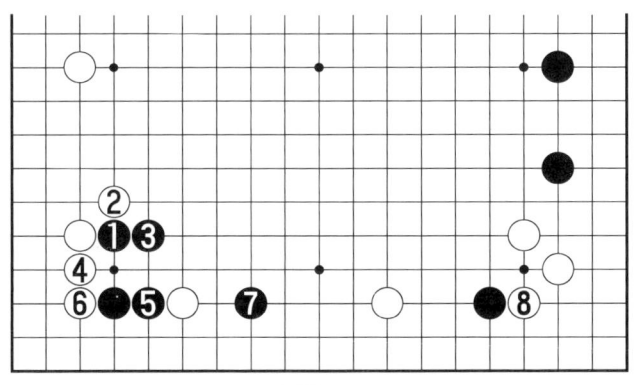

图三

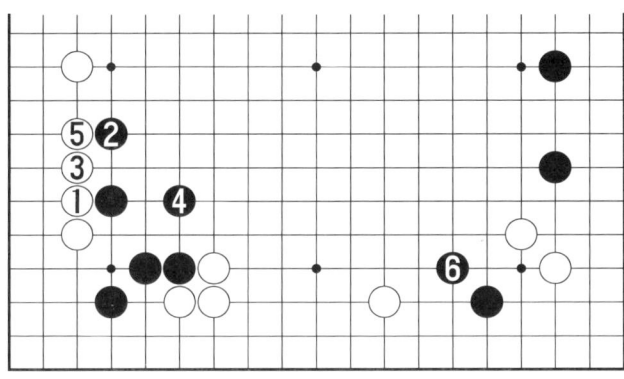

图四

白12的反夹，本来是期待走成图三，这样白下边左右两角都转为实空。

黑13压下边，打破了白的预想，走至黑17飞压，成了另一种局面。

白18如图四在1位爬，是最容易想到的，但由此而落一后手，黑6抢先尖出，白即没攻到黑棋，又没获得太多实空，颇不甘心，便选择了实战白18托角求变，好坏别论，不甘被利的想法十分机敏。

白28如愿以偿抢到了下边小飞的好点，从下面结构来说十分满意，但要时刻提防黑在D位跳硬吃白棋的手段，这也是白的一个大缺陷。

第二谱　29—44

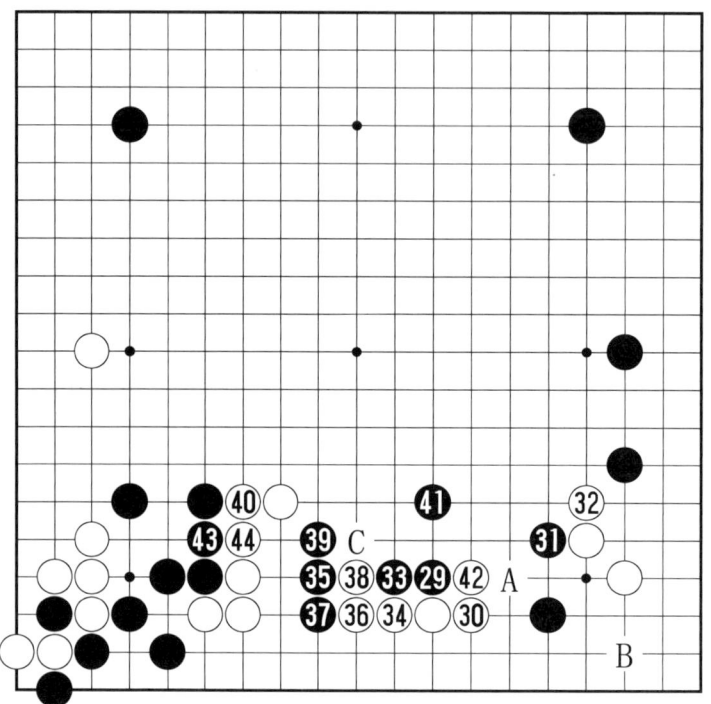

第二谱　29—44

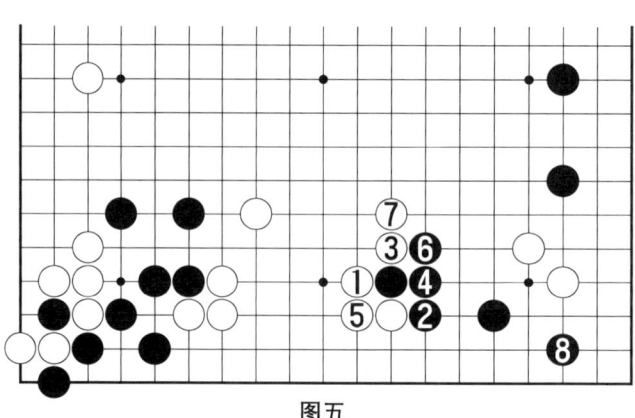

图五

黑29直接靠，是藤泽独特的想法，此时在A位小尖出头，或是B位飞角做活，都不能充分冲击白在结构上的不足，最大限度地让白棋为难，实战的29位靠是高效率的走法。

白30在33位肯定相安无事，但走成图五，黑活得不仅干净，还有一定目数，而白左下角却成了需要出逃的孤子，这是白很难接受的。

黑31靠争先手，若单在42位压，白33位再扳，那就失去了黑29靠的意义。

黑33长是早就预定好的最强手段。

战后的升段赛是从1946年4月开始的，但由于日本棋院的会馆被战火烧毁，升段赛都是辗转于东京都内的各个场所。为了有个自己的下棋场所，棋手们四处奔波募集资金，不遗余力。各界喜爱围棋的朋友们也伸出援助之手，终于有了重建日本棋院的决定。

　　重建日本棋院，首先可以考虑的就是在旧址上重建，这是最便捷的方法，可由于当时CHQ（也就是进驻军总司令部）设在附近，周围全部禁止修建楼房，于是便在港区的高轮买了幢旧建筑，在1948年1月正式挂上日本棋院的牌子，而这个比赛就是为了纪念新会馆的成立而举办的。

　　那一年，藤泽22岁。

十六七岁的秀行

第一谱　1—28

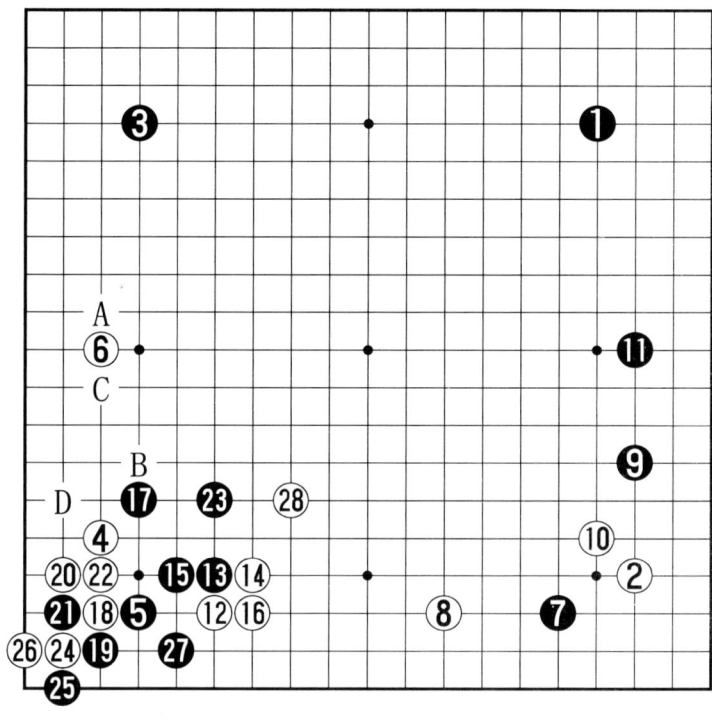

第一谱　1—28

由于当时黑方只贴4目半，白方必须走得积极主动，无法像现在黑需贴7目半走得那么沉着、悠然，整整相差3目棋，这在专业棋手的比赛中是至关重要的。时代变迁，规则也随之更新，对棋的思维、概念、走法也焕然一新了。

白4目外，这是一个当时很流行的走法，虽然现代棋谱中已很少看见它的影子，但这没有对错好坏，只是每个人的选择不同。

黑1、3为二连星，5位挂角也在预想之中。

白6的四间拆，在现代看来，再多拆一路到A位会效率更高一些。此后，当黑15小尖时，白B位飞补正好。或者，白6再退回一路在C位三间拆。（再退回一步二间拆是现在流行的走法，但在黑贴4目半的情况下，白的步子就显得缓慢了。）此后左边就暂不补棋了，实战的四间拆多少有点中途半端的感觉。

黑7继续挂角。

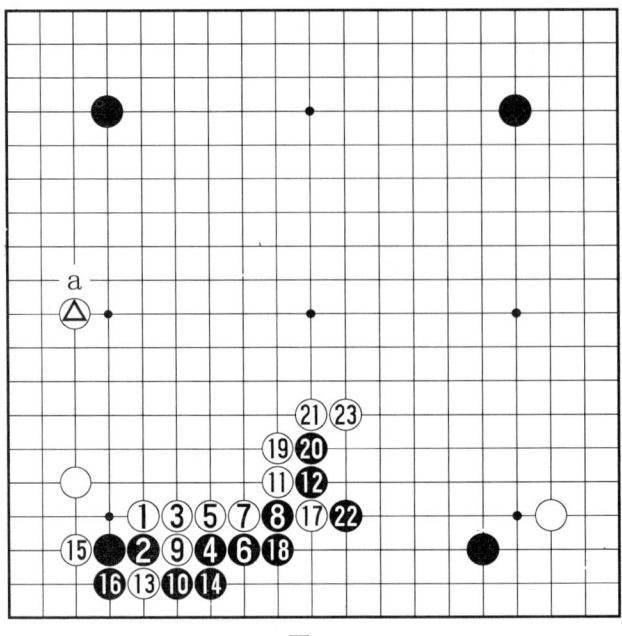

图一

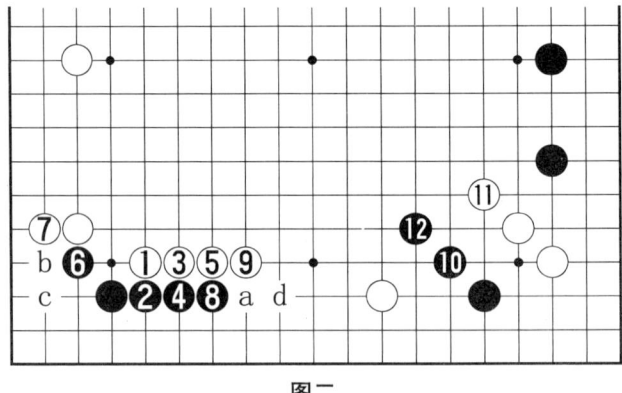

图二

白8的夹不能说不好，但是下边5、7两子都在低位，白完全没有必要在下面行棋。比如图一，就简简单单地飞压，走至白23挺头，黑下边得到的十分有限，而白在左边的模样十分宏伟，当然，如果白△一子在a位的话配置就更理想了。

当然，白8在13位走大斜定式也是很积极的选择。总之，在黑方两边都处于低位时，白最好是强迫对方继续在低位行棋，发挥不出每个子的作用，大局上白就可争取主动了。

考虑到黑对白8一子的夹击没有合适的选点，下面让白去选择也没关系，所以黑9选择了反夹。

有了白8一子后，白12再走15位飞压将形成图二，黑争得先手10位小尖出头，有了黑12一子后，白左边模样的发展受到影响。下边白a、黑b，白c、黑d，形成见合，黑没有丝毫担心。

6

第五谱　81—103

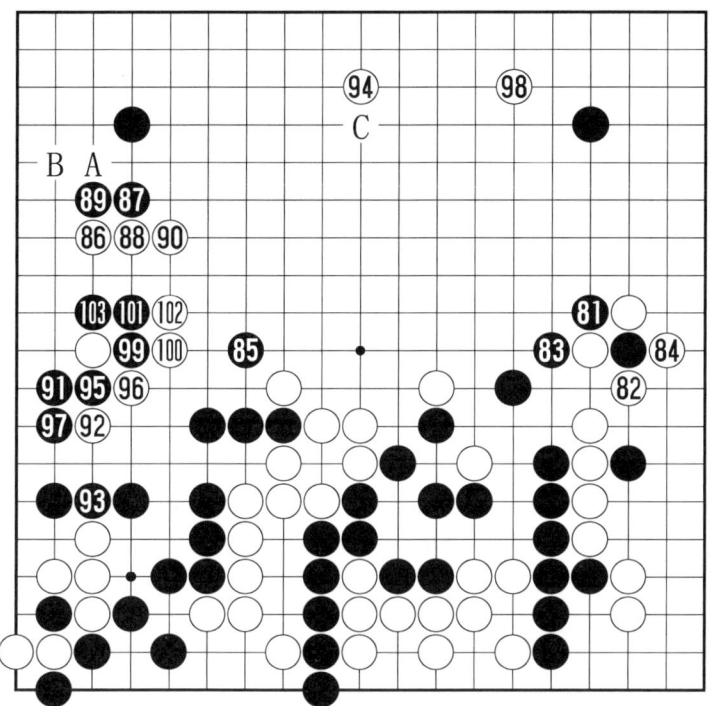

第五谱　81—103

黑81断，以走厚自己封住白棋为目的，简明。如果此时恋子，在82位长设法做活右边的话，那就会因小失大，反而失去了全局的主动权。

黑85跳出，将白分开攻击。

白86拆二，先安定左边一子。

黑87在A位小尖也是好形，但此时黑更倾向于做外势，这样对白下边一块的影响力会更大。

白88在B位小飞是常用手段，黑将88位先手压后，抢占C位大场，由于白下边一块未活，黑在上边做成大空的可能性非常大。

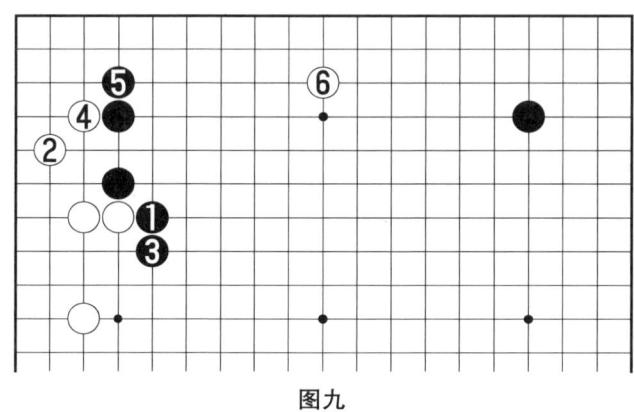

图九

对白88的贴，黑89若继续在90位扳，则形成图九，白取得先手，占到6位大场，这是有一手棋的差别的。所以，黑89放弃取外势，在上边挡下，改为占空，是根据对手不断变化的应对而采用的灵活手段。

白90长是大局的要点，可在走此手之前，先于97位飞，黑93应则白再走90位长。这样就活得非常干净了，让黑少去许多惦记。

黑91不依不饶，继续攻击白棋。

白92是绝对先手。

白94在97位挡下吃掉黑91一子是没有问题的，但由于有了黑91一子后，黑凭空多出许多利用，就是劫材都非常之多，白现在的局势已处下风，白94索性先占大场，以争胜负。

既然白脱先，黑95、97救回一子，并破掉白的根基，白要开始艰苦地出逃了。

志

第六谱　4—37（104—137）

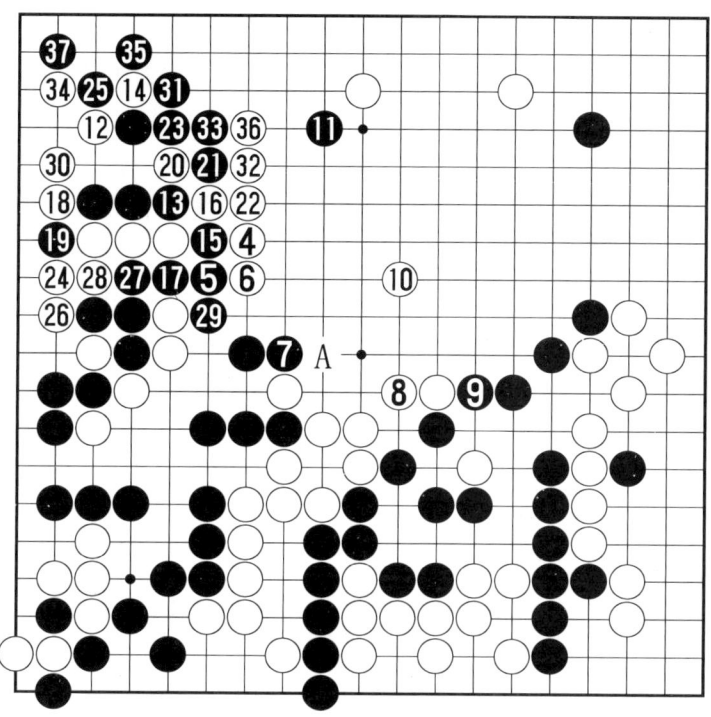

第六谱　4—37（104—137）

白 4 跳的出逃，有些给黑攻击的调子。若先在 13 位拐，试黑的应手，也许逃起来会更方便一些。比如图十，白 5 后基本已经连上。黑左上角里白有 a 位靠、b 位漏的手段，黑还没有完全成为空，这样比实战要强不少。

黑 5 点正好，白 6 若 15 位接，黑随时有 17 位冲断的大官子，下一手是 11 位尖冲，白依然不好联络。

白 6 压是为了让黑走重。

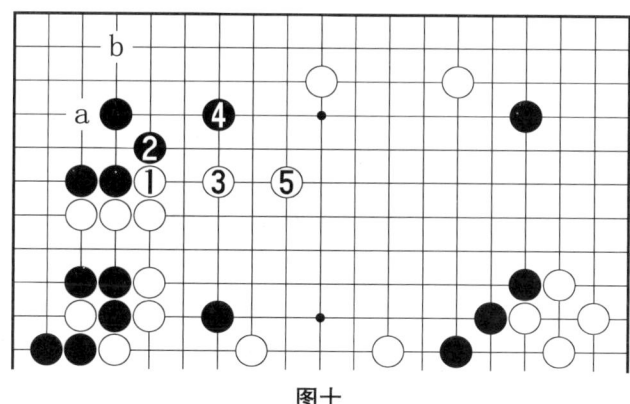

图十

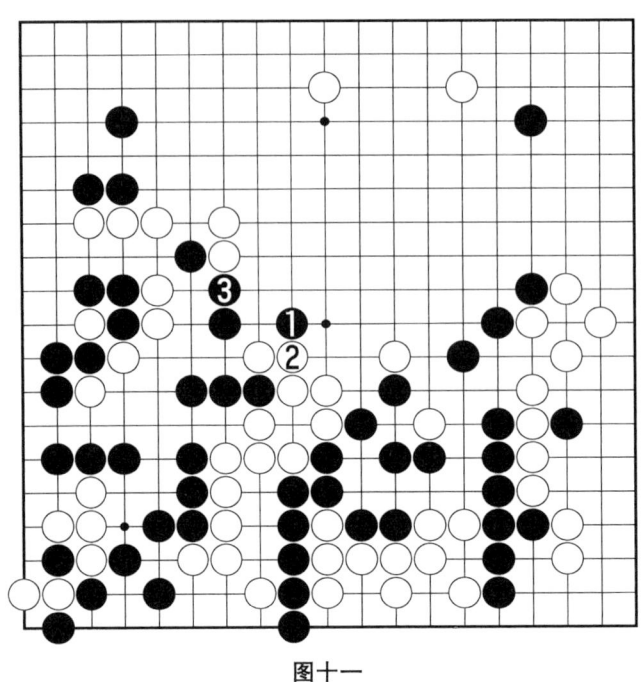
图十一

黑7压有些随手了,此时的形在A位点,走成图十一,这样白左右两块都受攻击,真有点忙不过来。黑7的压让白缓了口气。

黑11在31位小尖守角是优势时的求稳走法,但这有些不符合藤泽的棋风,在能攻时不攻,为赢棋而赢,就失去了对艺的追求。

白12托角,期待黑为了守住角空走成图十二,那白就顺利封住了黑棋,但这有些一厢情愿了,黑若如此,那当初也不会走11位的尖冲了。

黑13贴,要求冲断白棋,若白15位接,黑再25位扳,白就没有什么利用手段了。

白14索性左边都不要了,先占角。

黑15冲有点操之过急,应该如图十三,有了1至5的交换之后,黑7再冲,白连捣乱的机会都没有了。

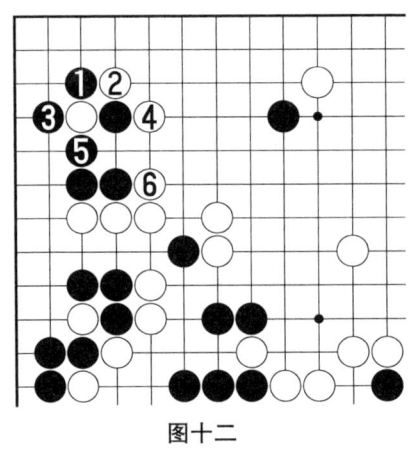
图十二

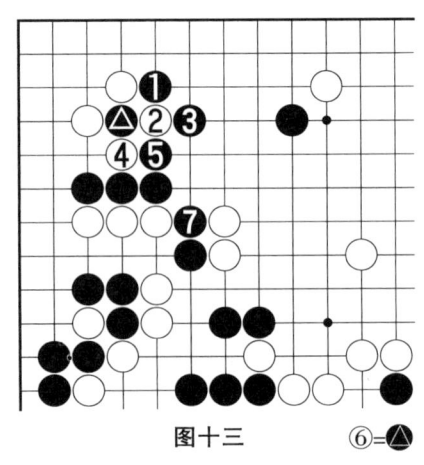
图十三　⑥=▲

白18扳是好手。

黑19可不能贸然走30位扳，走成图十四，黑左边所得有限，角空还被白占为己有，黑△一子几乎成为死子，那形势就完全逆转了。

白20扳就是想还原为图十四的结果，但有些不切实际。此时如图十五，白1顶，黑2、4不让白封锁，白5打吃，这样外面虽然受损，但白至少连角带边都成了空，最大限度地抓住了黑15的不妥之处，如此白还能在官子上与黑争夺。

实战白虽也活出边上，外面也没死，但实空与图十五却相差甚远，黑15的过失得到了弥补。

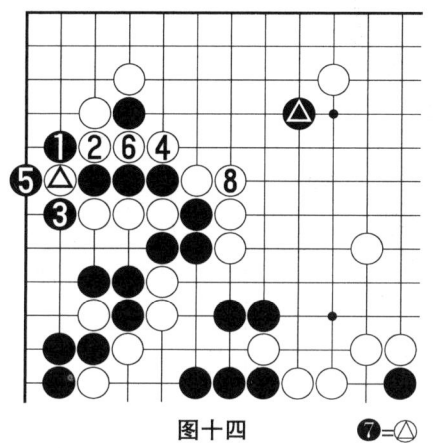

图十四　❼=△

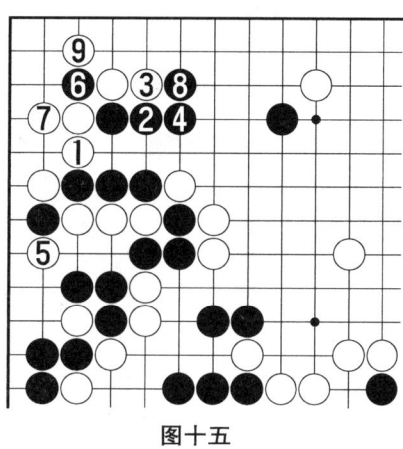

图十五

第七谱 38—65（138—165）

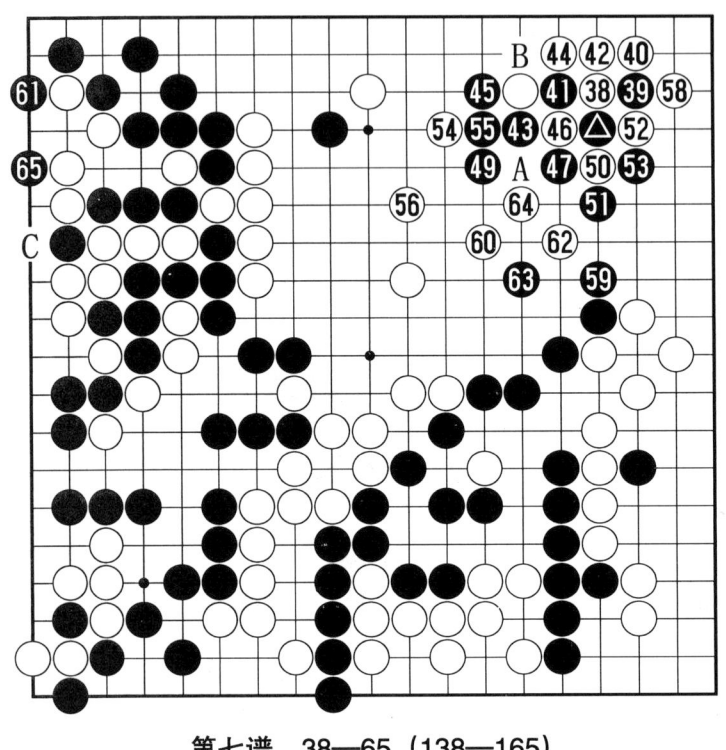

第七谱 38—65（138—165）
㊽=㊶　㊼=▲

白38在A位跳围上边的空不足以与黑争胜负，黑41、白B、黑53小尖，白怎么收官都不够了。

黑43、45是场合的手段，借助于丰富的劫材，一步都不手软，充分体现了藤泽的棋风。

白52后虽然得到了角空，但是将白上边的模样破掉，白的实空依然不足。

黑59长联络后，确定了胜势。

黑61打吃先手，白只能C位提做活，那黑在右边补强，白就什么念想也没有了。

白62、64拼死一搏。

黑65弃掉上方几子，先将左边白棋吃掉，全局也就到此为止了。

四段的藤泽已经开始展示出他独特的棋风和对艺的追求，这个纪念赛也可以算是他迈向大舞台的第一个台阶。

共165手　黑中盘胜

第二局

第一期日本棋院第一位决定战第一局

● 宫下秀洋 八段
○ 藤泽秀行 八段

黑贴4目半
1959年9月10日弈于东京高轮日本棋院

日本棋院第一位决定战是从1950年创办的最高位者淘汰赛改名而来的，一期用时一年半，从1958年到1968年的十年间，共进行了七期比赛，中间又改为全日本第一位决定战，后来又改为碁圣战（别称小碁圣，以示与棋圣战的区别），直至今日。五段以上的棋手都可参加预选，前32名进入本赛。

从1958年开始的日本棋院第一位决定战，由于有很多的地方报纸登载，从北边数起有北海时报、河北新报、北陆新闻、京都新闻、中国新闻、高知新闻、新爱媛新闻、熊本日日新闻、南日本新闻，成为一个众人知晓，很有人气的比赛。

这个时期的藤泽，由于前两年的频频受挫，连着失去了几次升段的机会，终于在1959年升到八段，同时还进入了最高位战和本因坊战的循环圈，才开始让大家感觉到："藤泽的才能终于开花了。"

从挫折中调整过来的藤泽，在前16名的淘汰赛中，力克长谷川章七段、山部俊郎八段、前田陈尔八段，决赛中又以2比0完封宫下秀洋八段，夺得了他第一个正式大比赛的头衔。

1990年摄于东京银座藤泽秀行书法展

第一谱　1—32

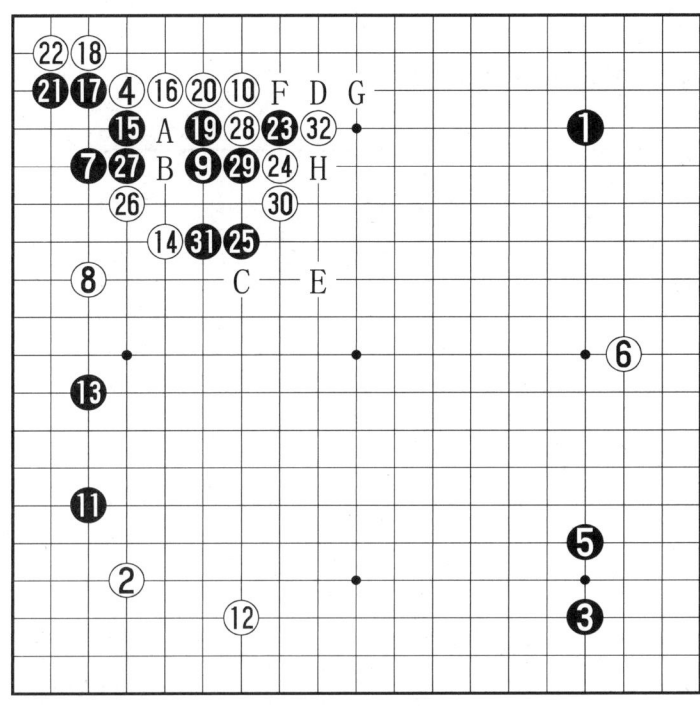

第一谱　1—32

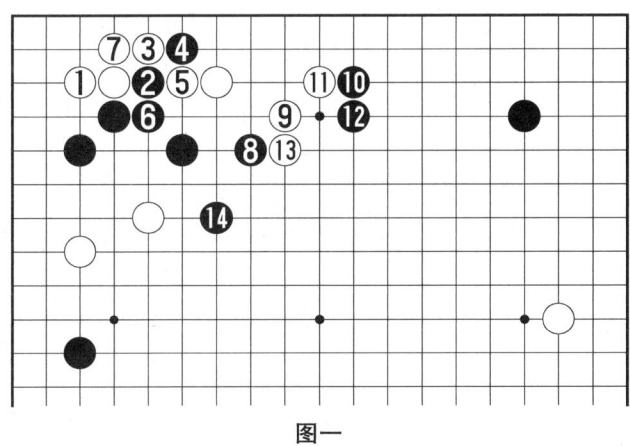

图一

黑5一间高缔角，在现代相对比较少见了。

白8二间低夹，可能是那个年代常用的吧。

对黑11的挂，最先想到的是白在13位夹，这好像是双方的好点，但白却主动放弃，选择了下边的大飞，以限制黑在下边的发展为重点，这不能不说是藤泽的独特想法，藤泽在序盘上不同寻常的感觉，也就是从这个时期开始的。

白14小飞，是二间低夹定式的继续。

黑15在A位尖，白16长，黑再24位跳或23位飞都是很常见的走法。

白16在17位长是取地的定式，走至图一，虽然得了角空，但被黑限制在里面，失去了发展的空间，这与藤泽的棋风是很不相符的。

23

黑19并时，白20的单接打破了常规定式，一般是如图二，但被黑2冲后，白△一子的头变软了。所以，白宁肯不要角空，也要走厚棋形，展示出藤泽的棋风。

黑19先手防止了白在B位靠的手段，再长到21位，黑应该没有什么不满。

白22立即挡角，意在催促黑棋行动。

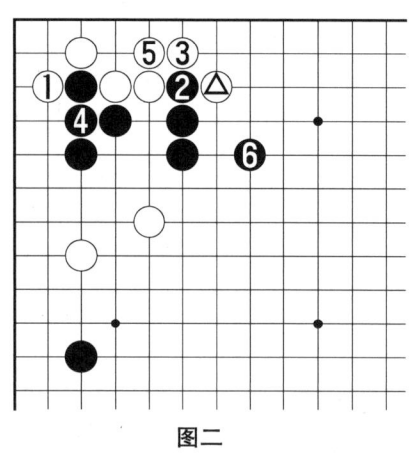
图二

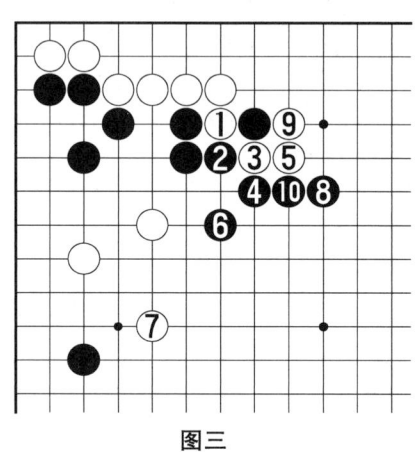
图三

黑23的跳稍稍有些急躁，在24位跳更为稳妥一些，白32、黑C，黑自然而简明。实战黑23跳是诱白在28位冲断，形成图三，黑在中央的厚势威力无穷，这对喜欢厚味的藤泽来说是不能允许的事情。白若不冲断，单在D位跳出头，黑25位小飞，白有被利之嫌。白又若单在25位跳，黑则30位先补，E位飞和F位挡成为见合，白即使抢到25位也失去了意义，那白就没有好的对策了吗？

白24外面靠，再次向大家展示了藤泽独特的思维，拒绝被利，同时还要反利用黑棋。

黑25若在28位接，白D位跳，黑必须在32位压出头，白G位长，这个交换白稍便宜。黑25又若单在32位长，白28、黑29，白H位压，这个战斗黑比较困惑。

相比之下，黑25还是接在28位，吃点小亏，不伤大局，才是一个冷静而又明智的选择。

实战黑25单飞，也许是出于一种气合，但从效果上讲，却直接导致了黑被动的局面。

白30先手长，再32位抱打黑一子，这个形状太好了，而黑能对白左边三子有多大的攻击力，则是一个未知数。

第二谱　33—65

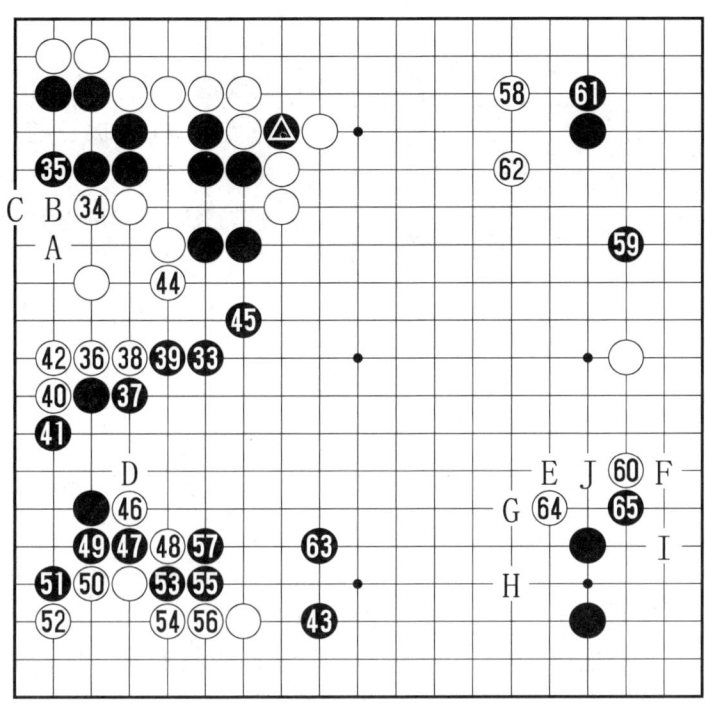

第二谱　33—65

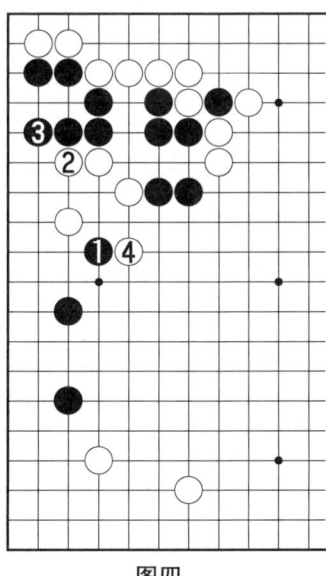

图四

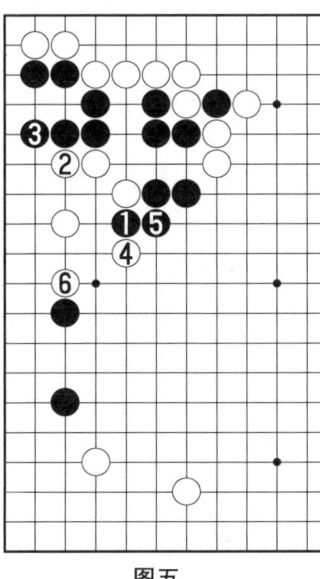

图五

黑 33 如何攻击白棋？如图四黑 1 小飞感觉上是攻击的要点，可被白 4 靠出后，黑没有严厉的后续手段。又如图五被白 6 碰后，白很容易腾挪。这两个图中的白 2 挡基本上是先手，黑若不应，白 3 位一扳就做活了。

没有急攻的手段，黑 33 大跳，封住白的头。

白 36 一碰，基本上已经做活了。

黑 37 单退，竭力不给白更多的利用。

白 40、42 扳接后，基本上活干净了。

黑 43 若要强杀白棋，只能在 A 位跳，白 B、黑 C、白 44，黑外面的断点无

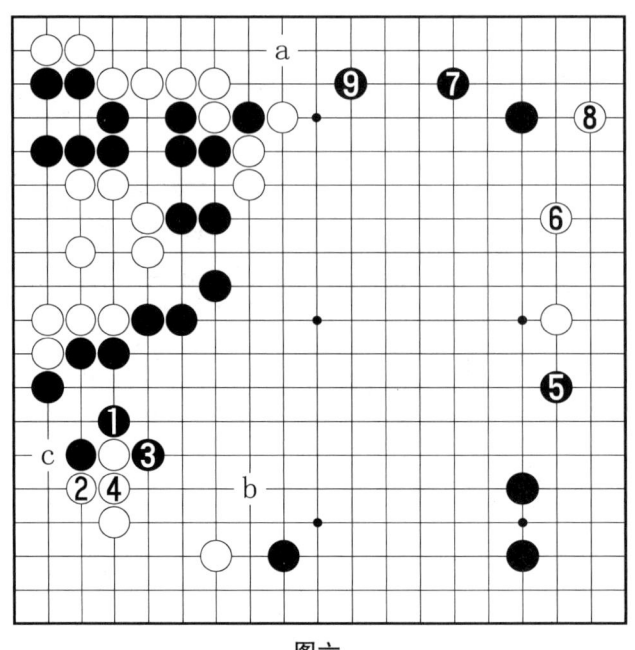

图六

数，执意破眼的结果可能是黑反而陷入危险境地，黑不可取。

实战黑 43 攻在下边逼角，是一个冷静的选择，但在此之前，应先在 44 位扳，与白 B 位挡交换，这从厚势与实空上讲要好许多。也许，黑终不甘心让白就这么做活了，想保留变化吧！

黑一犹豫，白就 44 先手长了。左上的变化也告一段落，黑毫无所得，却白白牺牲了黑▲一子，黑的损失十分明显。所以，当初黑 23、25 两手棋值得重新斟酌。

白 46 靠压，不仅是为了补强白左下角，同时也想让黑左边的棋子凝重低效。

黑 47 在 D 位扳是一般情形下的走法，白则 49 位虎，白的角空太大了，而黑外面又做不出模样，黑不肯先损实空，但从大局上讲，这也许比实战的结果要好一些。如图六，黑 9 拆二后，已破解了白左上方的发展，下一手 a 位小飞先手，以后 b 位飞封、c 位立都是好点，这比实战的变化空间要大许多。

黑 47 至 57 虽然吃掉了白两个子，但白左下角已经非常坚固，最重要的一点是白获得先手，在大局上掌握了主动。

白 58 抢到上边挂角，左上的外势得到发展。白再走到 60 位的拆，黑下边的模样受到限制。

黑 61 与白 62 的交换各有所得。

黑 63 跳，完成了对白左下角的封锁，但是此处落得后手，是唯一的不足。

白 64 飞积极，若在 E 位跳，黑 65、白 F、黑 G，黑棋下边的规模还是很大的。

黑 65 若 H 位应，白则 I 位小飞，黑棋下边的模样就被压缩太多了。若先尖顶，与白 F 位交换一手，即白 I 位的跳入基本上就没什么意义了，因为白要提防黑在 J 位的扳断。

白 66 会在 F 位应吗？

第三谱 66—84

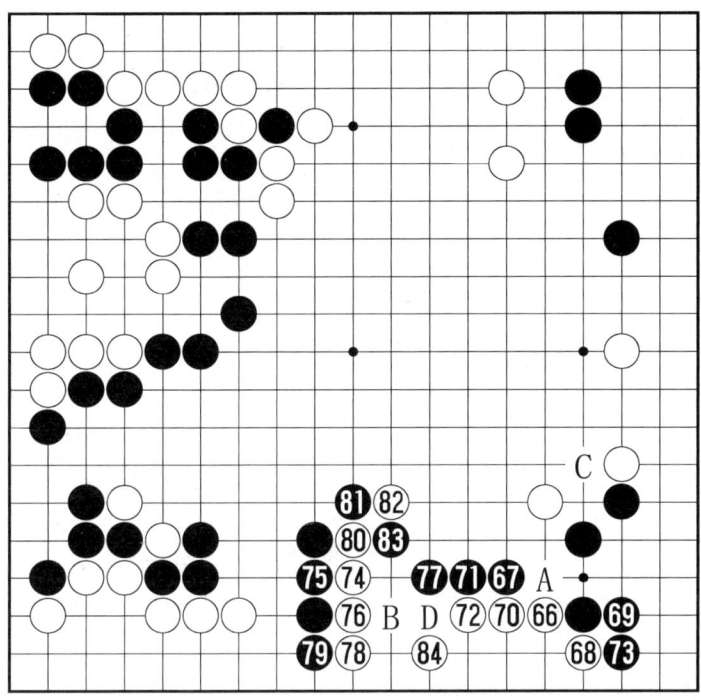

第三谱 66—84

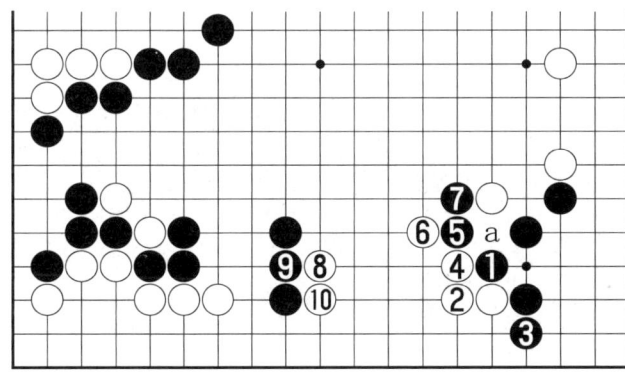

图七

白66先碰，绝好的时机，根据黑在下边的应接，白再考虑右边的对策。

黑67若在A位扳，则形成图七，走至白10，白轻松做活，黑还要惦记着白在a位的断，黑不好。

白74点、试探黑的应手。若直截了当地在77位扳，则成图八，黑能争到6位扳，应该是黑满意的结果。白又如单在B位跳，黑77、白78、黑79、白84、黑C位扳，与图八大同小异。所以，白不甘这么委屈就范。

黑75接是认为白已经处理不好下边一块，才轻易接的。此时在D位扳是紧

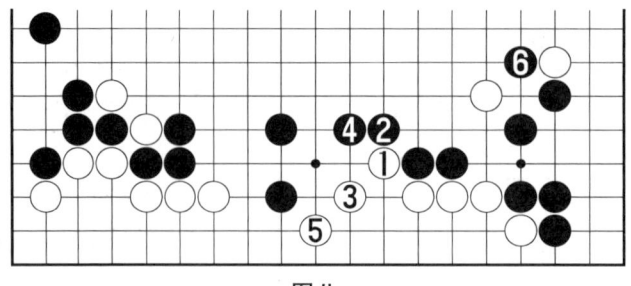

图八

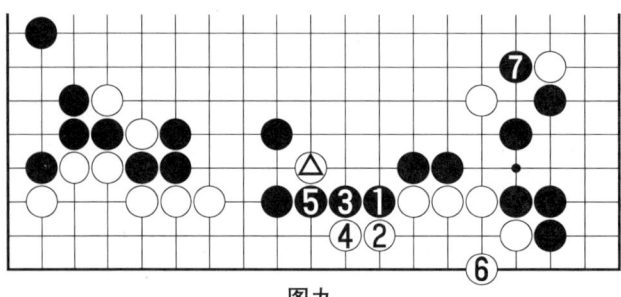

图九

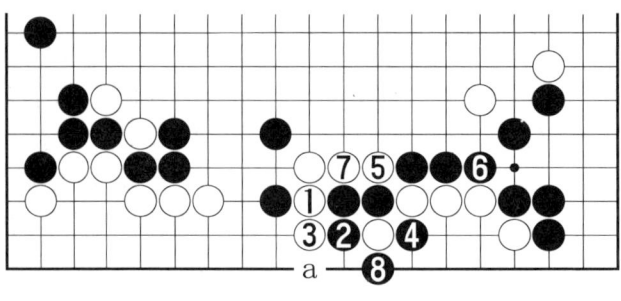

图十

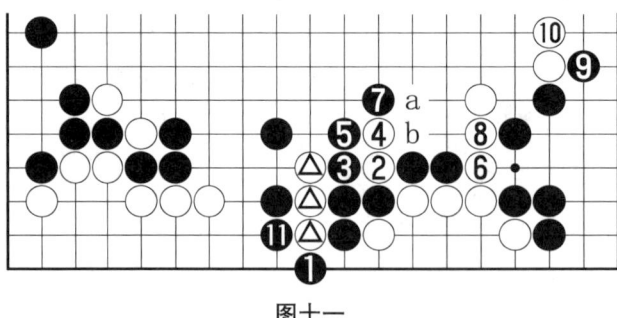

图十一

要之处，若走成图九，黑的效果比图八还好。图九中白4预想是在5位冲，形成图十。白弃子争先，将来a位立绝对先手，还多出不少劫材，是白理想的结果。不过，图十黑4可如图十一黑1一路扳，让白逃出、至黑11，黑吃掉了白△三子，白2、4两子也在嘴中，随时可以a位长吃掉，而白若b位先逃，被黑a位先手打吃也是十分难受。黑75单接轻率，给了白轻松处理下面的空间。

对黑77的长，白78若在D位挡，黑则78位扳，白后手活在下面，外面已很难出头了。但这只是黑棋的一厢情愿。

白78先立，再80、82与黑交换，给黑留下断点后，再84位小尖做活，是非常好的次序。

现在黑虽也将白棋封在了里面，但黑的外势并不坚固，产生了许多断点，而且黑的模样也小了许多，白66靠的意图得以实现。其中，黑75本是可以改善这个局面的。

第四谱　85—113

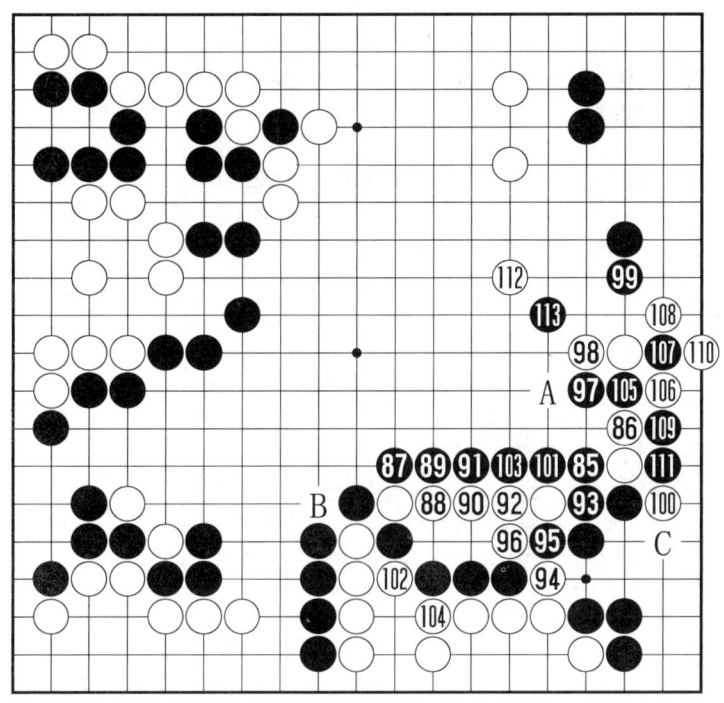

第四谱　85—113

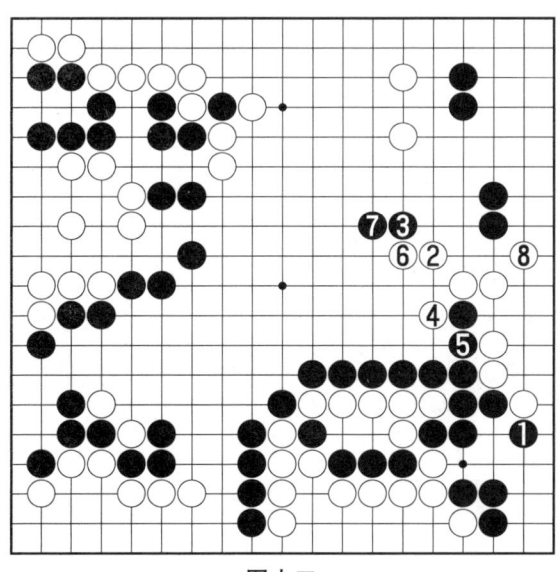

图十二

黑87至93大胆弃子，若单在93位接，白A，将来白在87位长十分严厉，不仅产生B位的断点，还有94位冲，黑95、白96的断点，黑的外势几乎成不了多少空。实战借弃子强攻白右边三子，是放手一搏的走法，但话说回来，白吃掉黑四子获得的实利也是相当可观的，黑若在右边攻不出大的收获，那可就要入不敷出了。

黑97、99孤注一掷。

白100要求做眼。

黑101若在C位扳，白则如图十二，走至白8，白基本上已经活干净了。

黑105冲断，先吃掉白三个子。

白112大跳，追求一份潇洒，却凭空给自己带来了麻烦，简单地如图十三，就可稳稳当当地做活，黑失去了攻击目标，全盘实空又不够，棋局也就不会那么漫长了。

黑113必然穿断白棋，局面变得复杂了。

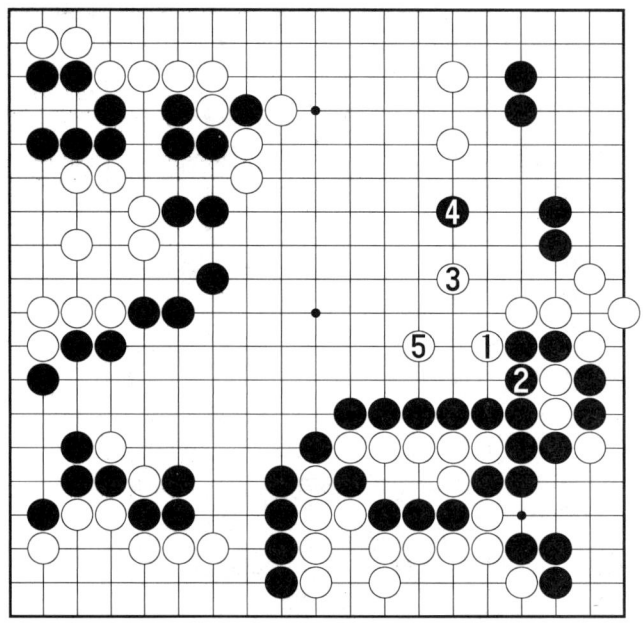

图十三

第五谱　14—60（114—160）

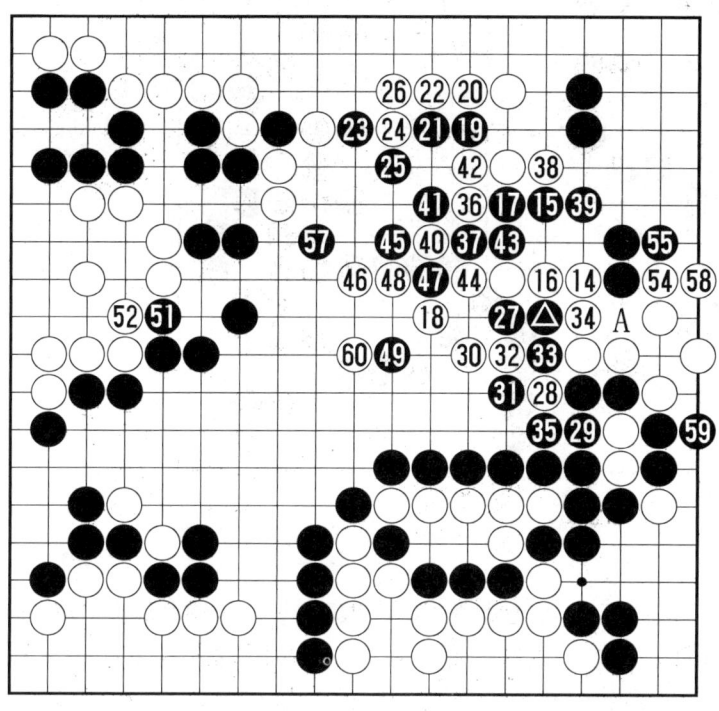

第五谱　14—60（114—160）　㊿56=⓾　㊼=㊼

白 14 靠，是唯一的腾挪手段，借助于 A 位的先手，黑不敢在 34 位冲。

黑 15 远攻。

白 16 接不能省略。

黑 17 压，自然而然地进入了白上边的模样之中，很有收获。

白 18 继续在中央寻求眼位。

黑 19 至白 26，将白上边的空压缩到三线，局势有所改观了。

黑 27 贴轻率，以为白只能 34 位接，黑 44 位扳，白为做活右边一块，18 一子将无力出逃，这样当然是白的败势了。但黑却忽略了白 28 先手打后，30 位小尖的好手，一个绝好的翻盘机会就从手边溜走了。黑 27 应在 30 位点，如图十四，为防黑 a 位的冲断，此时白 2 只能拐，黑 3、5 冲断将白 △ 一子吃掉，白就欲哭无泪了。

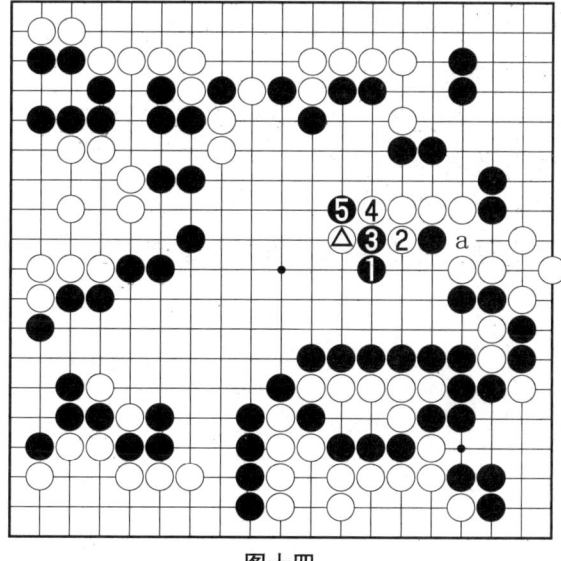

图十四

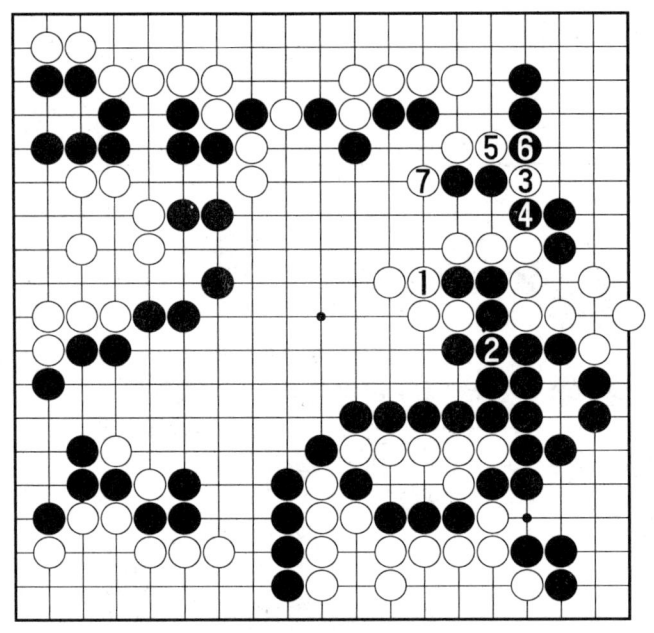

图十五

白30至34不仅先手通连，还能走在36位扳来补44位的断点，局面的风向又完全倒向了白棋的一边。但要注意一点，白36扳时少走了两个次序，应如图十五，这才是最佳结果，如此也就没有后面的打劫了。

白在庆幸黑27贴的失着，一高兴，就忘记了两个重要的次序，可见，对局中不管好与坏都不能有丝毫的松懈，否则，就会节外生枝。

有了黑37的扳，白39位靠已经来不及了，黑能在44位分断。无奈之下，白只能38位冲，这与图十五的差别也太大了。

当黑45位打吃时，白已不能在47位接了，白棋大龙的眼位产生危机，白46、48只能利用这个劫争取在中央做出一个眼来。

还好，白有很多本身劫。

白60靠，在做眼的同时还创造劫材，黑要杀掉白的大龙难度太大，但不杀吧，实空又不够，左右为难。

第六谱　61—122（161—222）

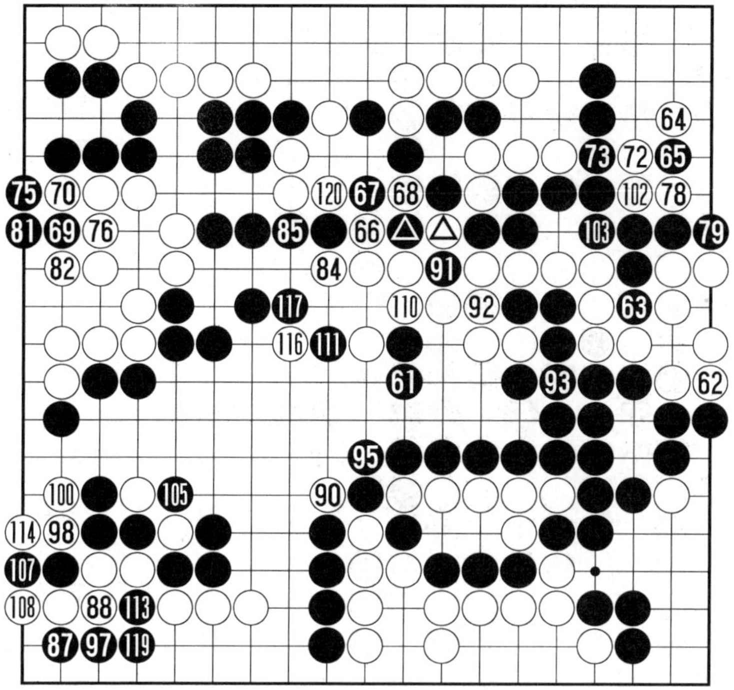

第六谱　61—122（161—222）

(71)(77)(83)(89)(99)(109)(115)(121)=▲

(74)(80)(86)(96)(106)(112)(118)=(68)

(94)(104)=△　(101)(122)=(91)

白 62 不仅是为了目数，也为了紧黑一口气。

白 64 点正是时候，黑为了杀白，只能 65 位靠。这为今后的劫材和做活留下了契机。

白 66 冲时，黑若 91 位提、白 67、黑 110 位断，那就成为一劫胜负，可由于黑的劫材明显少于白棋，黑也不能冲动。

白 68 提后已成为两手劫，白算是度过了危险期。

以后双方都为找劫材、应劫材颇费心思。

黑 119 接时，白不能再应了，适当地做出让步也是必需的，毕竟保障了大龙的安全，同时，白 120 断本身也非常大。

第七谱　23—118（223—318）

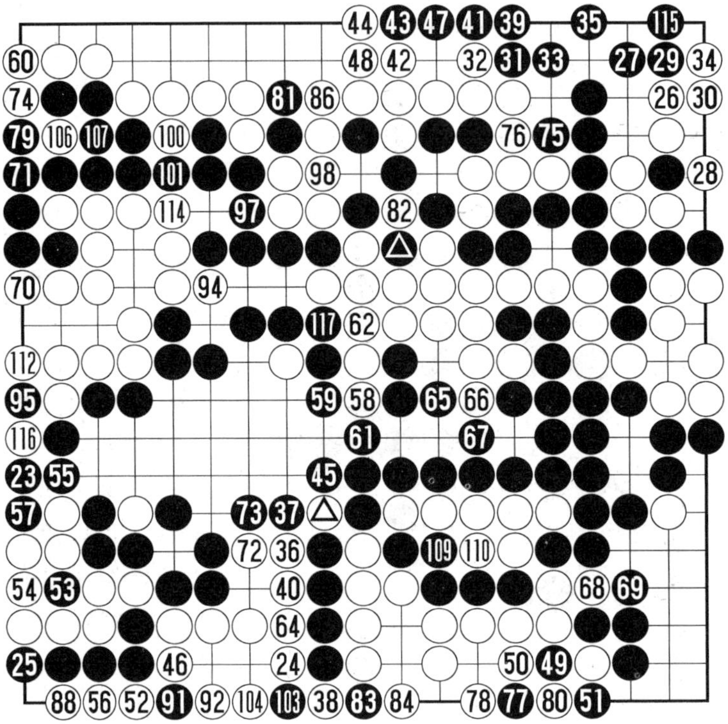

第七谱　23—118（223—318）

(63)=△　(85)=▲　(89)=(53)　(118)=(95)

(87)(93)(99)(105)(111)=(77)　(90)(96)(102)(108)(113)=(80)

黑 23 小尖是吃掉白棋的最佳手段，若在 55 位顶，白便有 23 位扳，黑 116、白 46 挡，又成为另一个劫争了。

白 24 很想在 25 位拐，但黑有图十六的手段，白气不够。但有了 24 位的小尖之后，白图十六的手段就成立了，所以，黑 25 只能挡角，而不能在 38 位立。

白 26 至 30 先手在黑角空中做活，这都归功于当初白大龙求活时留下的手段。第六谱白 64 点的好处是产生了许多劫材，还能活角，真是一步妙棋。

黑 39 立是逆收官子。

白 40 若在 41 位挡，则被黑

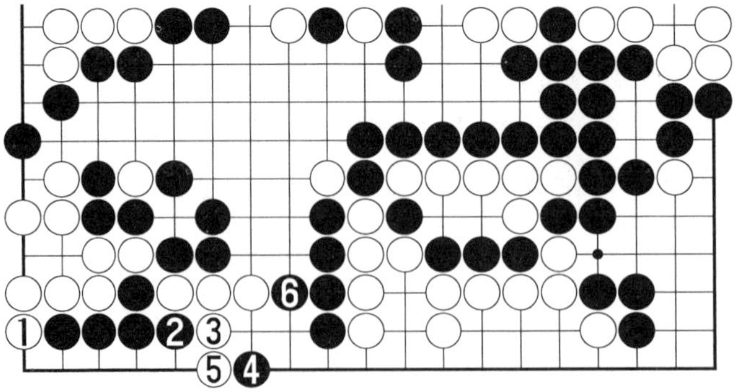

图十六

便宜了半目，白出于气合也不肯应了。

黑41拐入是先手6目。但白走到了46位挡，又逃回了36一子，究竟如何收才是最佳次序，已经难以判定了，更何况两位对局者长时间地激烈厮杀，形势反反复复，早已累得筋疲力尽，又被读秒声催促，只能凭着感觉去选择了。

粗略地变换了下不同的收法，但黑的赢面的确不大，最后以半目之差也是尽了全力。

当收完最后一个官子，双方的表情都木然而又呆板，直到计算准确的杉内九段悄声问道："是半目胜负吧？"两人才回过神来。藤泽答道："是我好半目吧。"结果证实两个人的计算真是太准确了。

共318手　白胜半目

1990年在东京银座秀行书法展，左起为张璇、藤泽秀行、孔祥明、芮乃伟

畅神

得月

第三局

第五期最高位决定战第一局

● 藤泽秀行　八段
○ 坂田荣男　九段

黑不贴目
1959年12月27、28日弈于东京

这是藤泽第一次夺得大冠军头衔，正处于崛起的阶段。为何这么讲，因为在20世纪30年代初期至20世纪中期，主导着日本棋界的是下十番棋为王的吴清源、虽进入晚年却更成熟的木谷实、刷新本因坊战连霸纪录的高川秀格以及在其他棋赛中都十分活跃的坂田荣男。这四个人统领了那个时期。而藤泽秀行还在"后起之秀者，东有秀行、西有昌二"（指关西的桥本昌二）的众人期待中奋起。期待他们超越桥本宇太郎、藤泽朋斋、杉内雅男等强手；也期待他们能与各领风骚的围棋四强并驾齐驱。藤泽老师崭露头角是从1958年开始的，在1959年取得了刚设立的日本棋院第一位决定战的优胜，并在最高位循环赛中表现杰出。藤泽是在第三期时打进了最高位的循环圈，以3胜3败2和的成绩保留了位置；第四期时也以4胜4败坚守了阵地；第五期时却以6胜2败的好成绩获得向坂田荣男的挑战权。当时高川秀格的成绩虽与秀行一样，但由于前期的顺位比秀行落后，便屈居第二了。

最高位决定战定为五番胜负。当时的规定也是颇有趣的。前四局定为不贴目，若四局仍未见分晓，第五局猜先，黑方贴4目半，决一胜负。这种方法在现代是不可能看见的，在当时也是有很多棋手对此持有疑问的。

先简述一下坂田当时拥有的头衔：最高位、最强战冠军、日本棋院选手权、NHK杯，四冠在握，还不曾染指的只有本因坊和王座两个头衔。对这场激战的预测，自然偏向于坂田。朝日新闻就有《四六开坂田有利》的载文。棋界的同行们也看好坂田，均认为秀行再有冲力，也是坂田更技高一筹。但是，业余爱好者们的反应却大不相同。也许是对吴、木谷、高川、坂田这种各占一隅的格式失去了新鲜感，盼着有股新风打破平衡，掀起一阵狂浪才更刺激，便对藤泽寄予极大的希望。

根据坂田的要求，将每局棋相隔为10天。这样可以在中间安排其他棋赛对局。这表明坂田有一种胸有成竹、自信可以卫冕成功的心情吧。

藤泽当时的心中则有一种"坂田又算什么"的气概。正如他书中所说，并没想到就能赢，但也不认为就会简单地输，真是鼓足了干劲。

也许正是因为这两人的斗志亢奋，重视对方，对自己又充满自信的缘故，在对局中留下了许多至今还令人回味的妙手。但误算和恶手也为数不少。比如下面要解说的第一局，一开局藤泽就出现轻率、低水平的大错误。而坂田却在最后找一瞎劫投子认输。

第二局可以说是坂田的名局，藤泽完败。第三局藤泽一改厚实的棋风，处处脱先，以快速战打了坂田一个措手不及。第四局藤泽大胆治孤。藤泽执白深入黑腹，大有藐视一切的气概，成功地将最高位决定战在第四局时就画上了终止符。

泉

凤凰

第一谱 1—18

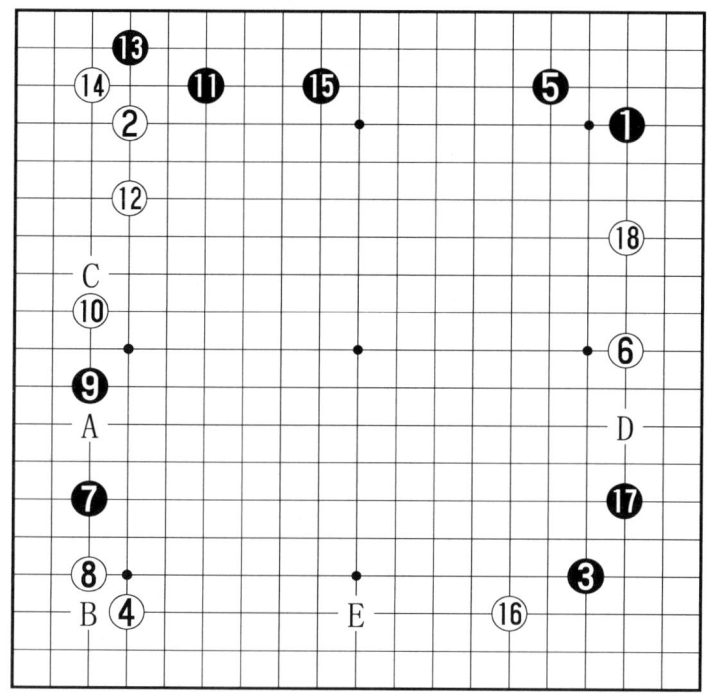

第一谱 1—18

既然是不贴目的棋,棋的走法就要平稳得多了。

1、3、5星、小飞缔角是极为普通的。

白6在9位构成低中国流是一种走法,但被黑占到6位大场,左右双方对峙,似乎黑势优于白的结构。特别这是黑没有贴目负担的对局,白6分投也是必然吧。

黑7大飞挂,在现代是颇为多见的,但在当时,还是一间高挂或小飞挂为多。这样下可能是黑想稳扎稳打地展开吧。

白8如在A位夹击,则形成黑B位托角的定式,成为厚势与角空的化分。白8小尖选择守角。

黑9拆二后,白10逼是非常之大的,因为黑若占C位拆,左边的黑棋不仅高枕无忧,还可形成发展的潜力。

黑11在左上挂角,与在下面E位拆是同样的大小,但各自的流向却完全不一样,只能依棋风与心情而进行选择。

白16先挂再18位拆是一种行棋的调子。因为当黑有了15位一子之后,白在18位拆是显见的要点和大场。但若单拆18位,黑很可能在D位紧逼,这时白再挂16位,黑就不会再在17位小飞了。白16先与黑17进行交换,这是一种平衡布局的考虑方法。

黑下一手不走D位,该向何处着手呢?

第二谱　19—31

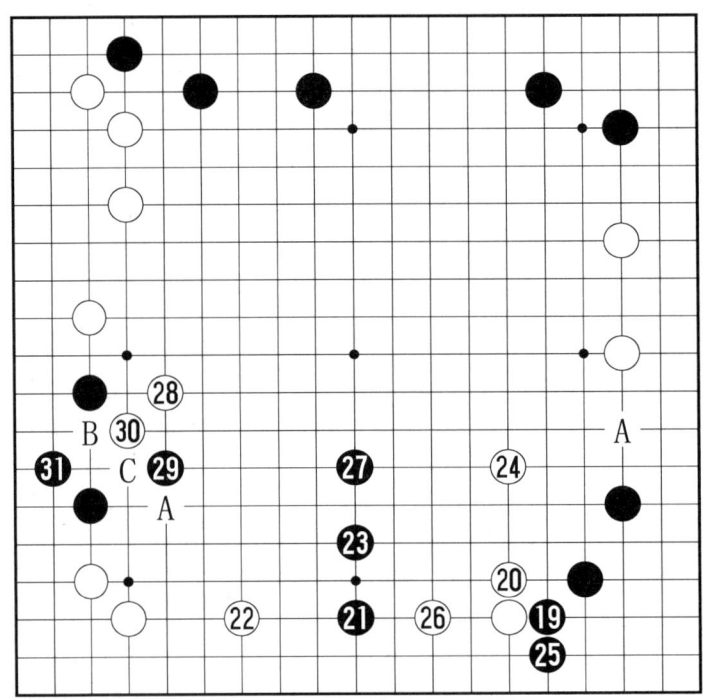

第二谱　19—31

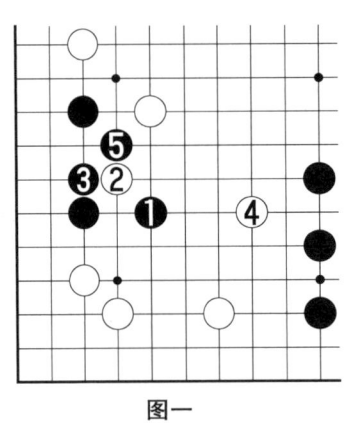

图一

黑19尖顶，再21位夹，对白棋展开攻击，这是全局的当务之急。在序盘的尾声双方展开战斗。

白22拆二，以攻为守，将每一个子的子力都发挥到极限，这也是坂田先生的棋风吧。

黑23攻守兼顾。

白24二间大跳，快速地外逃，同时对黑右下角也有所窥视。

黑25下立加强角地。在A位拆一也是一种补法，但棋形却单薄一些。所以，秀行老师放弃了那种选择。

白26拆一，切断黑下边两子与角上的联络，只要有一点可攻击的机会，坂田先生是绝不会放弃而选择妥协走法的。

黑27往中央跳出，形成了双方互攻互逃的局面。

白28严厉，以期对黑下边、左边两块进行缠绕攻击。

黑29若在A位跳应则相安无事。如图一，白虽分开了黑棋，但黑左边已得安定，下边的棋形又不单薄，白不容易攻击。实战被白30小尖，黑31就已经无法在B位挡了，被白C位一冲，黑的断点众多，棋形崩溃。黑31小尖是唯一的应对。

第三谱 32—41

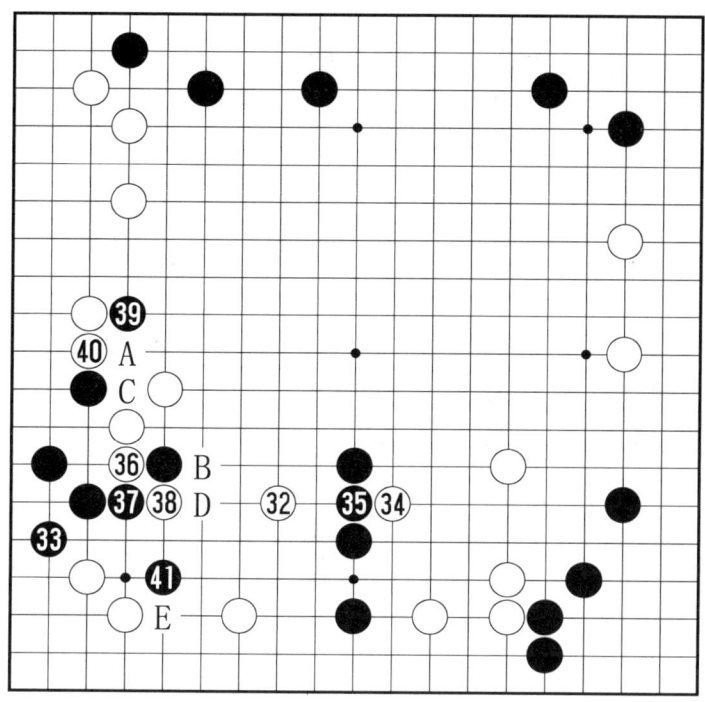

第三谱 32—41

白32贯彻前谱28的初衷，将黑棋分为两处各个击破。

黑33是不可放弃的要点，此点若被白占去，黑左边的棋形就近似瘫痪了。

白36、38冲断，将战斗引向激烈，早早地进行双方战斗力与计算力的较量。

黑39靠试白应手。单纯地在A位小尖出头可能太无谋无策了。若直接于B位长出，则又显得勇猛有余而柔软不够了。借助白棋形的不完善，给白应手增加困难，同时也给自己作战增加援兵，这就是39靠的本意吧！

白40在A位扳断是谁都看得见的，但结果却不能令人满意。图二黑白虽各吃两子，但白的损失却远在黑棋之上。

黑41不也可以C位挤，白A形成图三吗？如图三，至白8，与图二有天壤之别。图四中至白8，也是白棋一种有力的战法。

黑41立即在左边直接行动不是上策，而39与40交换也已起到了当初试探的作

图二

用。黑 41 点是早已想好的有力手段。

白面临着 D 与 E 两个要点。究竟该先顾哪一点呢？

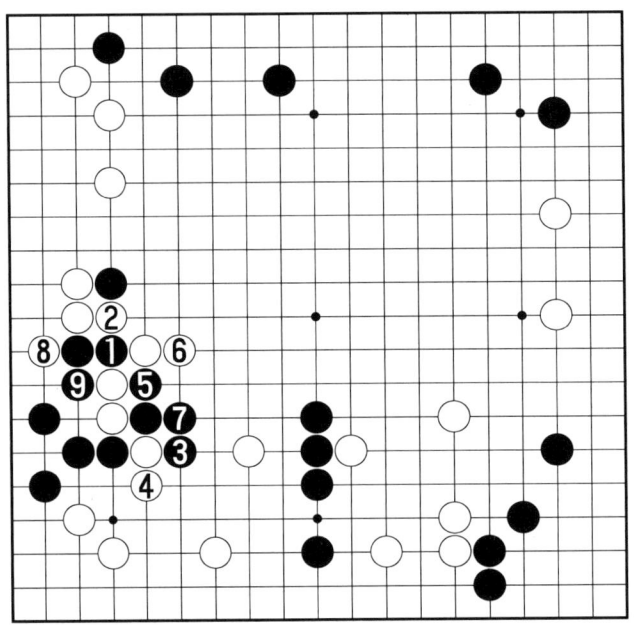

图三

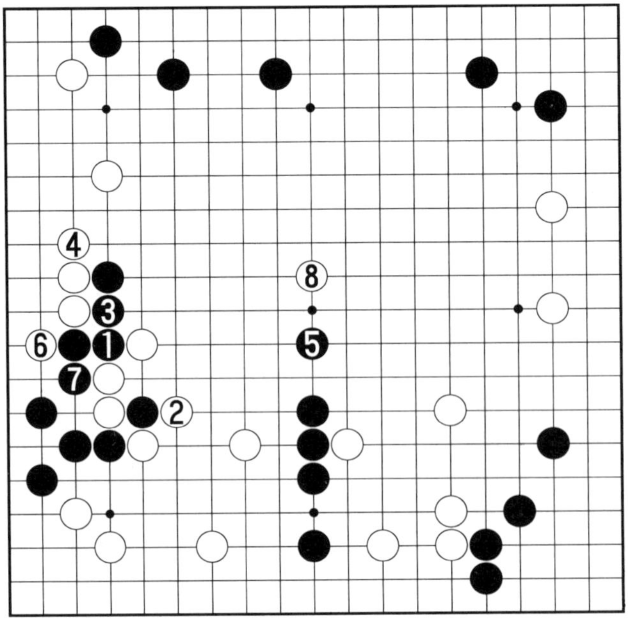

图四

第四谱 42—69

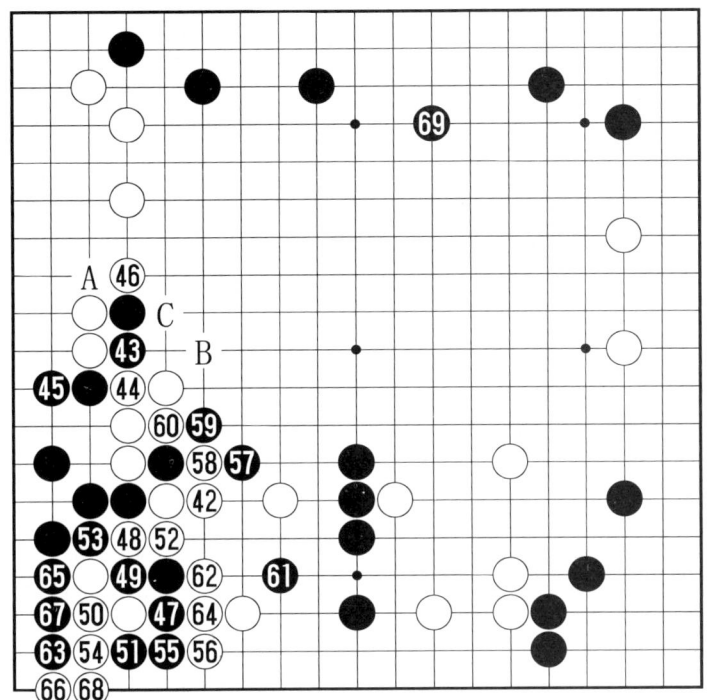

第四谱 42—69

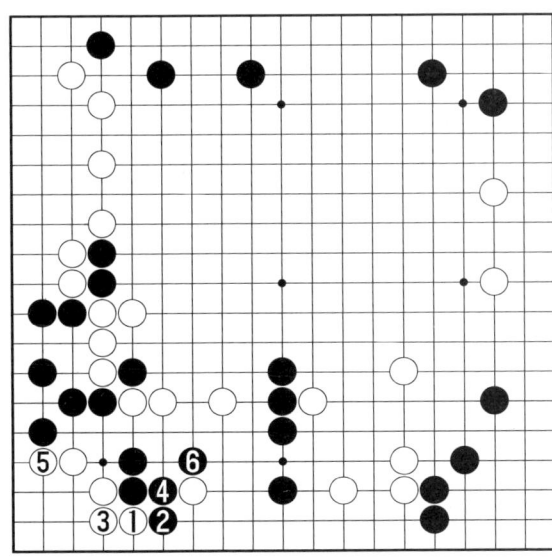

图五

白42不甘示弱，以最强的态度正面抗击。但从结果上看，却不免有过分之嫌。可能还是在47位挡、黑42、白45为妥吧！

黑43、45定型，确保了黑左边的安全。同时，使白棋形变重、断点丛生。

白46扳在A位退也是一种补法，但对黑两子不紧凑，况且扳二子头的心情是很愉快的。当黑B或C逃出时，白再A位补，这样就比当初单走A位有效一些。

黑47挡下，白角上两子顿时陷入困境之中。

白48拼死一战，在55位扳的变化如图五。

图五中，至黑6，虽没有生死之忧，但下边白一子被黑收入囊中，白外面还需后手补。这个结果白棋损失惨重。

黑49挤断必然，白50

也是唯一的一手。

就在这短兵相接的时候，黑 51 的扳是一个很简单的误算，将自己的几个黑子轻易葬送。这实在是秀行老师的大昏着。其时，黑是准备走 55 位的，但拿棋的手却摆在了 51 位。这真不知是该怪大脑，还是怪手指了！

如图六，黑 51 在本图 1 位立是手筋。至白 10 产生劫争。但黑在白的左边有大量劫材，而白却找不到黑棋的劫材，可以说白无法打赢这个劫，白只能在外面补强自己，黑得一个大角空。实战的结果与本图无法相比，这个惨痛的损失使形势彻底改观。

至白 68，黑五子无条件地落入虎口，秀行老师沮丧得不住责怪自己。

黑 69 只有尽量将上边的空做大，继续与白棋抗衡。

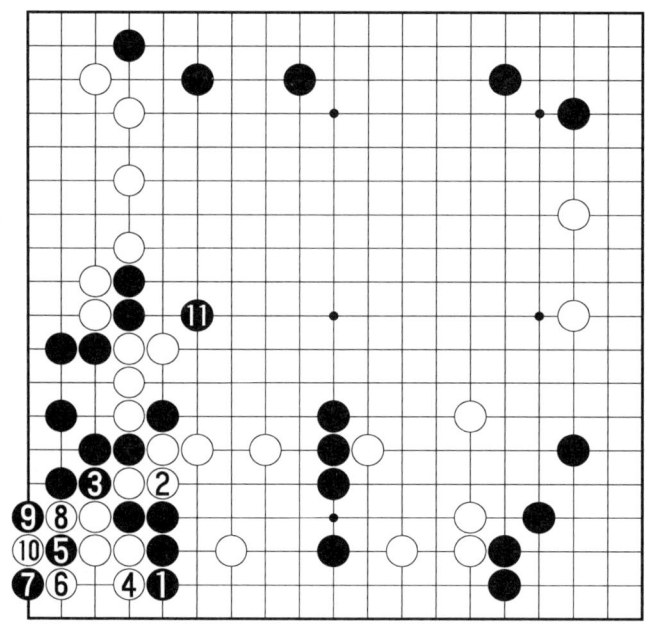

图六

第五谱　70—85

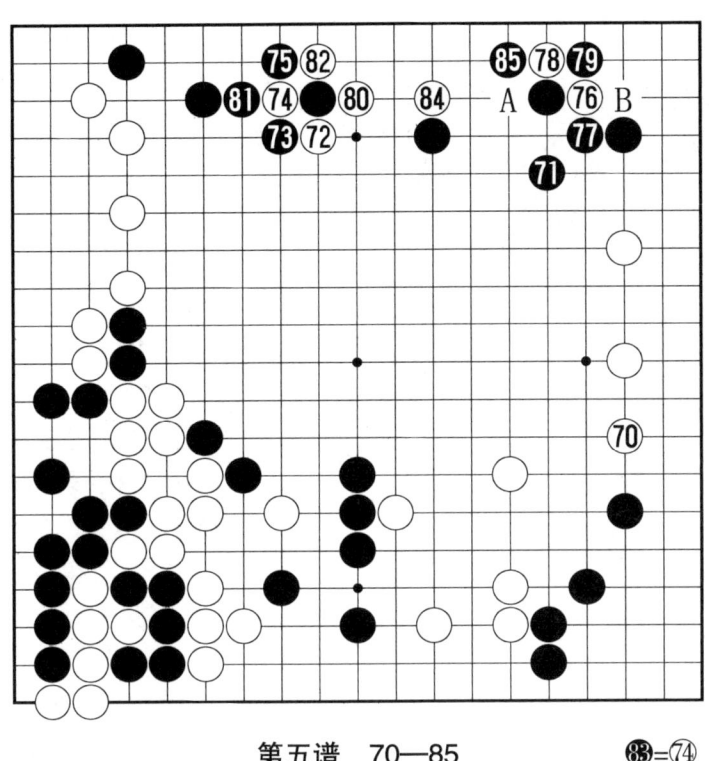

第五谱　70—85　　㊸=㊺

白70拆一虽是厚实的一手,既加强了右边拆二两子,又呼应了下边这几个弱子。但黑71占到好点扩张上边的势力,显得效率更高。所以,白70似应在黑强化边角前想办法破坏上边黑空。黑71补后,白72开始对上边黑空采取措施。黑73强硬地扳,一步也不放松。白74断后,再于右上角76碰、78扳,声东击西,给白棋创造在黑空中腾挪的空间,这是坂田流独特的走法。

黑79明知白的意图,也只能先吃掉白76一子。倘若顾及上边于A位长,给白留下一个在右上角打劫活的机会,即使白不在上边出棋也已有收获了。

白84是腾挪的要点,但此时先在A位打吃与黑B位提交换,白将比实战轻松许多。

黑85是冷静的好手,先破白眼形,同时增加角空,正是秀行流的先储蓄力量再出击的着法。

白在上边的棋形似乎已十分容易腾挪了,但也是万万不可大意的。

第六谱　86—100

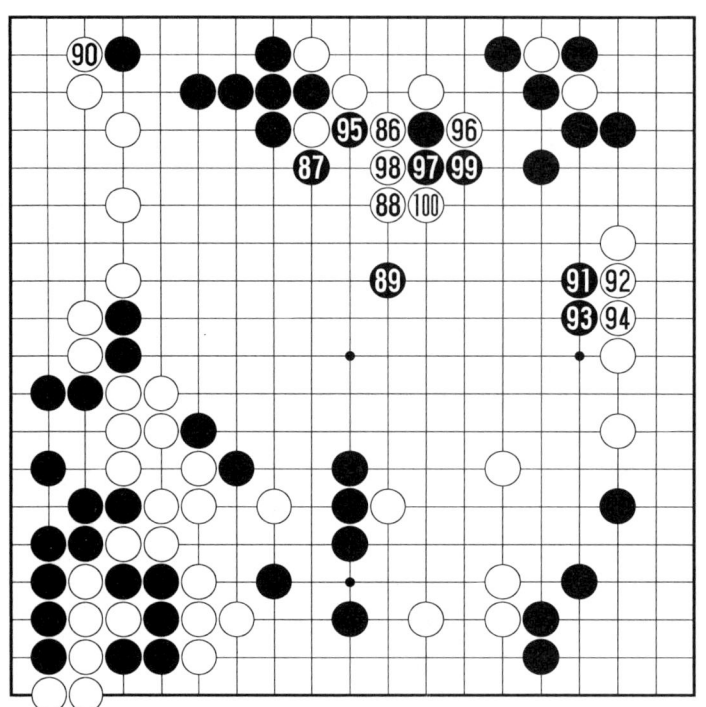

第六谱　86—100

白86虎是眼形的要点。但在周围都是黑的厚势时,是否可以考虑图七的走法,将步子走快一点呢?图七中至白5,白向中央出头。

黑87是要点,在96或97位应都是松缓之着。黑89镇头,在攻击上边白棋的同时,也远远声援了下边几个黑子。

白90是一个大官子,说明白方对上边的安危已有了足够的信心,才这么大胆地去抢占官子吧!

黑91、93先手利,为攻白上边做准备。

黑95开始动手了。

白96打吃,

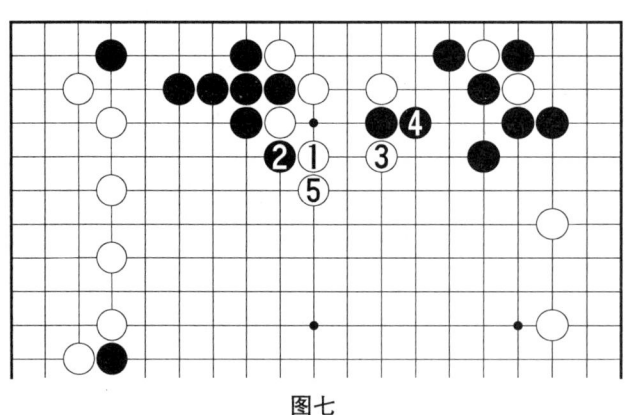

图七

再98接,是腾挪的次序。单接98位显得步子太迟缓,单在97位打吃补断又显得棋形单薄多利用,都是缺乏思想的。

黑97、99是必然的。为攻击白棋,这两个子是无论如何不能丢弃的。

白100拐看似龟步,却充分利用了黑棋形的薄弱之处进行腾挪。

第七谱 1—51（101—151）

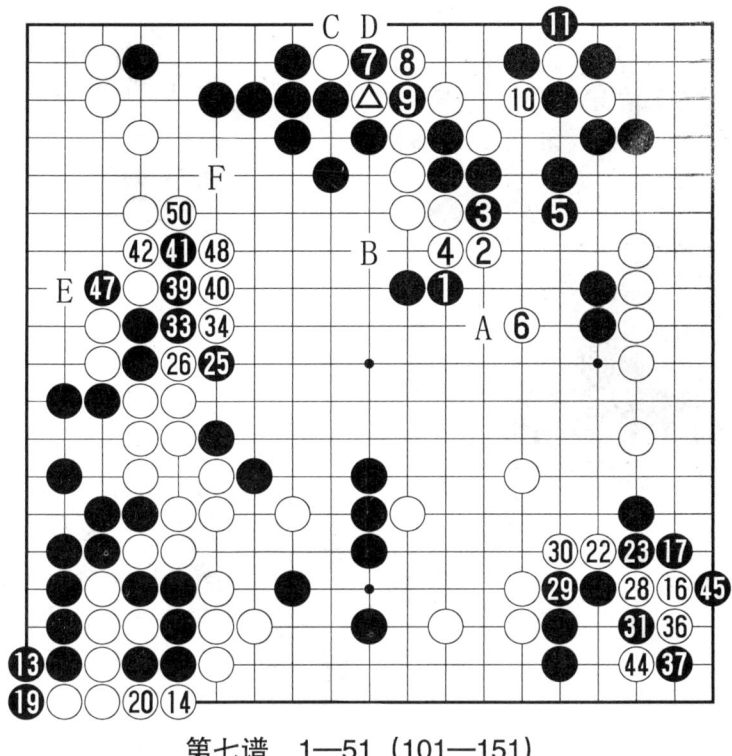

第七谱 1—51（101—151）
⑫⑱㉔㉜㊳㊻㊾=△ ❶❷㉗㉝㊸㊾=9

黑1并，将白封在里面，看似是很坚厚的一手，其实有些想过了头。简单在A位飞，白便无法从右边出逃，而只能走B位从左边求生了。

白2小尖，威逼黑补回三子，同时要求出头。

黑3、5没有办法，只能自补。

白6飞出后，当初黑1的并就显得不在好位置上了。

黑7断吃一子不仅实空很大，对白眼形也是一个彻底的破坏。

白8是绝不能在9位接的。让黑7打成为先手便宜是白不能忍受的，打劫成为白唯一的选择。黑9提劫，以下双方互找劫材。在这种地方，黑棋也是绝不能在C位提屈服的。因为以后再打赢劫吃掉白上边几子的话，就已经多花费了一手棋，这个代价可不是黑付得起的。

白26虽可在D位提解消劫争，但黑在47位断吃白两子也是十分大的。

黑33、39属于损劫，但为了打赢劫，这点损失也在所不惜了。

黑41该提劫，白白损了一个劫材。

白50放弃劫争，将左边黑五子提起，收获也是很大的。由此看来，黑49提劫前，应50位先长一手与白E位交换后再提劫，白也只能F位封吃。黑再消劫，虽说是多送一子给白吃，但左边留有滚吃白两子的官子，外面留有点刺的利用，比实战有效得多。

第八谱 52—89（152—189）

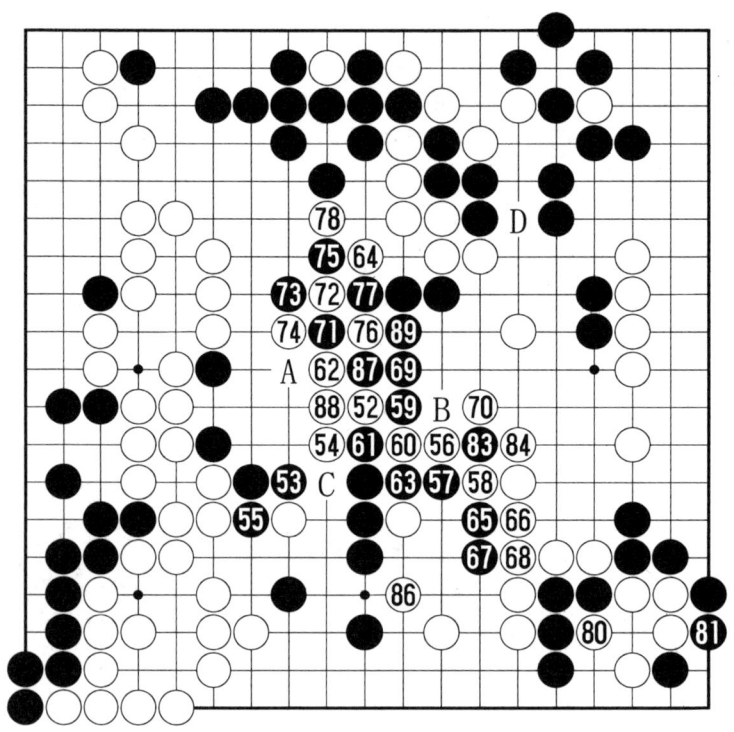

第八谱 52—89（152—189）
⑦⑲85=㋑　82=㋒

白在左边成为铜墙铁壁之后，52镇头成为绝好的攻击要点，这也是白在上谱放弃打劫的原因吧！

黑53、55做眼求活。

黑57靠是腾挪时常用的手段，在这种时候，白是无法在63位冲的，因黑有61位挤断的手段。黑59、61先靠断之后再63位接，给白制造断点。

白64小尖，欲吃中央的黑几子，圈为己地。

黑69做最后的顽强抵抗，放弃中央就等于举手投降，还不如来个鱼死网破。

黑71靠是唯一的求生手段。

白72尖顶好手，不给黑联络的机会。

黑75反吃是紧接73后的巧妙手段，若先76位长，白A时再75位打吃，白在78位反吃黑就陷入绝境了。

白76、78也只有打劫，除此之外，是没有手段能吃中央黑几子的。

白84该于B位，可以减少黑一个劫材。

白86小尖，看似能破黑下方的眼形，却是一个瞎劫，将胜利拱手让给了对方。这么一个简单的误算，这在坂田先生来说还是很罕见的。

当黑87、89解消劫争后，白才发现黑在C位成为绝对先手，那就无法吃掉黑下边一块棋了。当初，白86在D位找劫，那黑就没有胜机了。

第九谱 90—133（190—233）

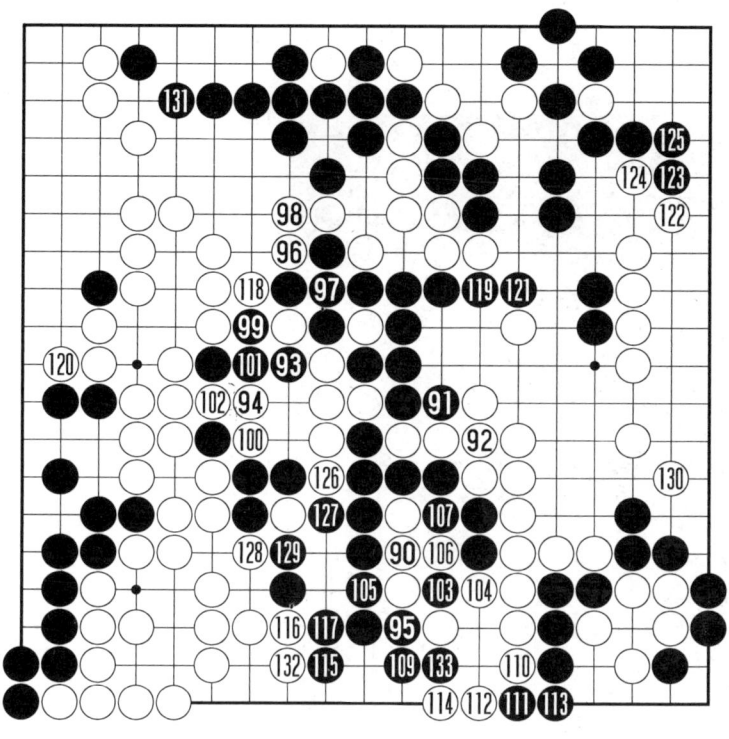

第九谱 90—133（190—233）

黑下边与中央同时得以治理，并取得不少实利，而白左边的厚势没有得到应有的效率，那弃掉上边几子的损失也就显得突出了，棋势完全倾向于黑方，并且黑棋一直将优势保持到最后。白再怎么努力收官，也无法挽回败局了。

在五番胜负的第一局里，双方都在计算中出现了明显的简单误算，这也许是紧张的关系吧。这发生在一流棋手的对局中，也不足为怪，现今国际大比赛中，比这更简单的错误不也时常出现吗？而且，这局棋中激烈的攻防，也是令人赏心悦目的。

取得最高位的头衔后，藤泽老师在跻身于几大强家之列的进程中加快了步伐。日渐成熟的棋艺与豪迈的气概使他夺取了一个又一个冠军。但当时的藤泽老师的心境却出乎我们常人所料，他感到高兴的仅仅是"增加了收入"而已。也许是吧，在那个债务压得他喘不上气的年代，这的确使他的债务困境得到了一点点缓解。

共 233 手 黑中盘胜

藤泽秀行在广州与陈祖德下纪念棋,孔祥明在旁观战

第四局

第十五期本因坊战第四局

● 藤泽秀行　八段
○ 高川秀格　本因坊

黑贴4目半
1960年5月30、31日弈于日本

藤泽活跃在本因坊循环圈里已有两年的历史了，在第三年也就是1960年终于力排众雄，仅输给坂田一局，以7胜1败名列首位，取得了挑战权。此时又在最高位战中刚胜利归来，真有些势不可挡。

但高川九段也是令人刮目相看的人物。自第七期夺得本因坊头衔后，已连续保持了八年。这是他第九次的防卫。能这么长久地稳坐在这个棋界当时最大的宝座上，实力之强也是世人不得不承认的。他本人认为八连霸虽然是个想不到的奇迹，但这次挑战者藤泽不仅有强大的实力，在年龄上也小他一辈，所以他已预料到是一场苦战，更感到似乎要输。这也许是高川先生谨慎的态度，抑或是稍稍有点缺乏自信吧。

藤泽对此次挑战是充满了信心的，但他却并没有低估高川先生。他认为高川先生不仅有高超的棋艺，而且有坚强的精神，因为棋赛是双方全方位的较量，精神方面占有极大的比重，高川先生是一个非常厉害的对手。

棋界同仁更是对这场挑战议论纷纷，兴趣浓厚。普遍认为双方棋艺不相上下，但高川先生比赛经验上领先；藤泽却在年龄和气势上有利。鹿死谁手，大家都在拭目以待。

2008年的藤泽秀行

第一谱　1—17

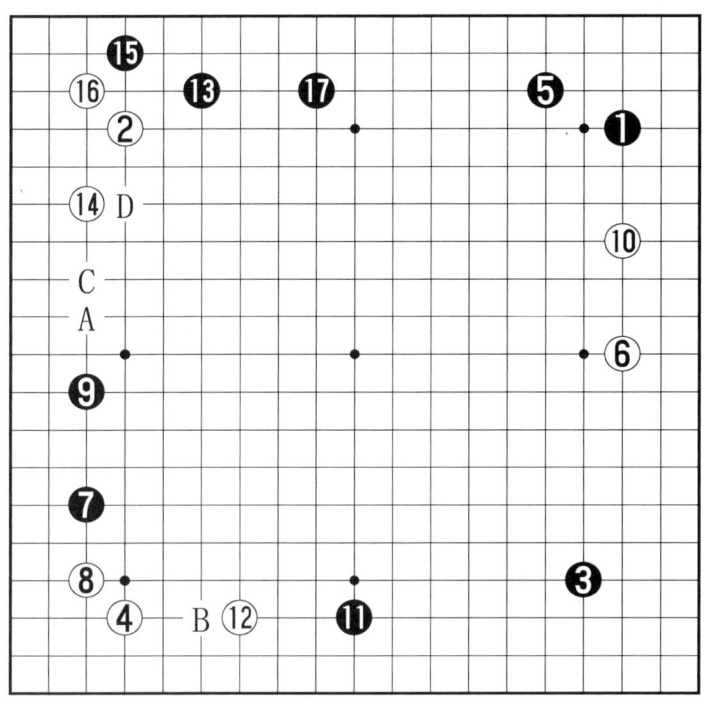

第一谱　1—17

黑1至9，与最高位战同坂田的一局一模一样，想来执黑的藤泽对此布局充满了信心，而执白的高川也早已想好了对策吧？

虽然当时黑只贴4目半，白10也没有立即在A位紧逼，而在右边拆二。这很符合高川先生的棋风，不紧不慢，不松不缓。

黑11先占下面大场，下一手在12位拆或B位逼都成好点。

白12立即拆二不给黑拆的机会，看似好像被黑11既占大场又得先手，但这也是一种后中有先的走法。

黑13在C位拆二或14位挂都是一种走法。但无论走哪一点，都是将白往上边赶。在白已有了10位一子之后，上边再有白棋，黑右上的无忧角就难以有发展了。所以，黑选择了13位从上边挂。

白14小飞，没有在D位跳，是为了减轻黑在C位拆逼的压力。

到黑17拆后，白14由于是小飞位置，A位的逼便显得不紧急，可以先走他处了。

第二谱 18—29

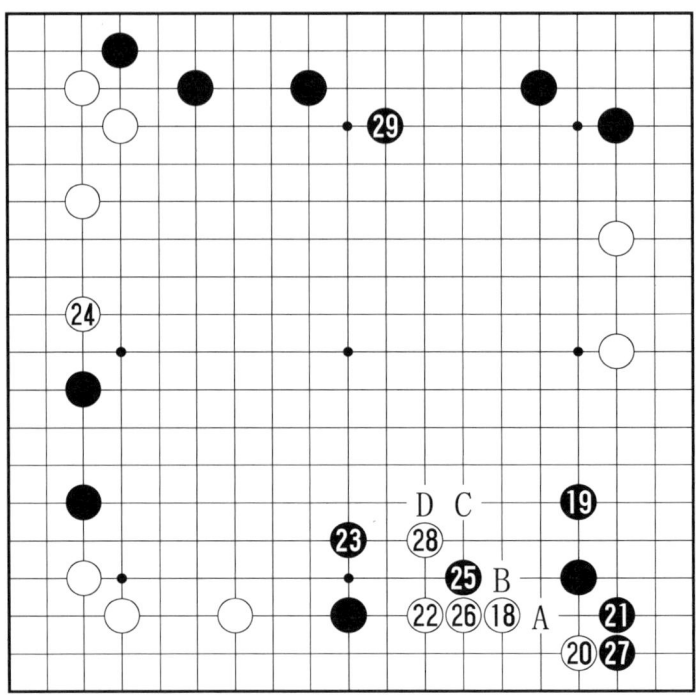

第二谱 18—29

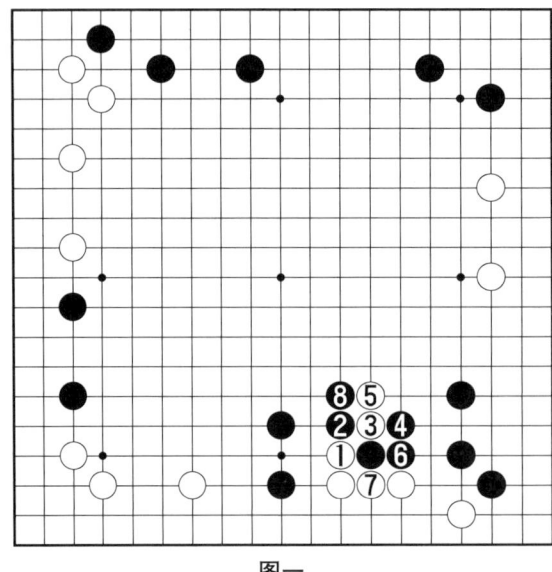

图一

白18挂在下方黑有子的一方是有意挑起战端。

黑19很想在A位先尖顶，白B、黑19，这样对白的攻击力要大一些，但白有B位一子之后，白在23位的镇也就显得严厉了，对黑来说是弊多利少，不如单跳为佳。

白20、22就地生根。

黑23跳不可省，下面一子是不能随便弃掉让白成空的。

白24是最后的大场。

黑25点，先手便宜。

白26不好用强。如走图一1位冲断，至黑8，白明显吃亏。

有了黑25一子的阻碍，白28就不能自由地在C位、D位大踏步出头了。

黑29围守上边，布局至此告一段落。双方均无不满，因为都走到了自己想走的棋，中盘之战由此展开。

第三谱　30—38

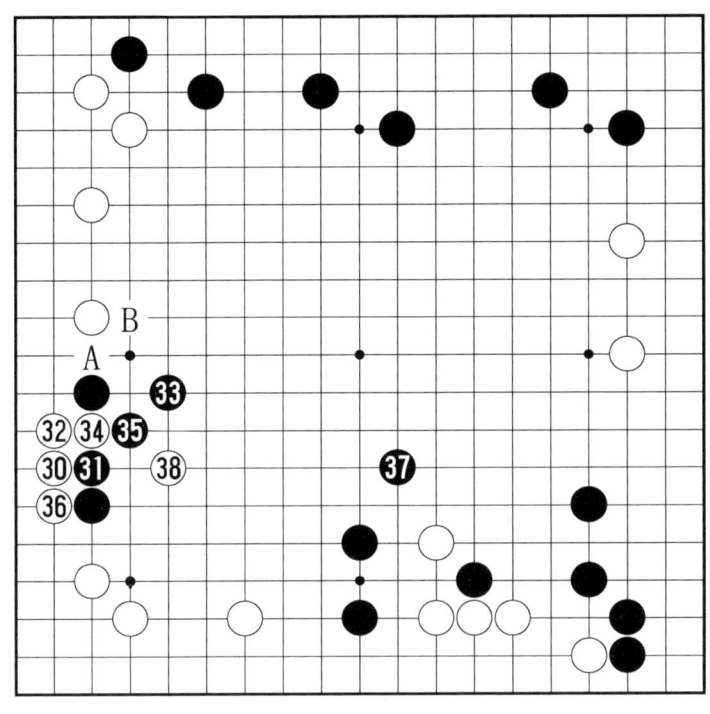

第三谱　30—38

白30点，从根上攻击黑棋，这与藤泽对坂田之战有着很大的不同。那局坂田是在33位镇发起战斗的。看起来十分相似的两局棋，却由于棋风不同，在细小位置上有差异，在攻击的方法上也不同。

对白30一子，黑是无法歼灭的，只能考虑在外面整形，黑31压正着。

白32长必然，若立即于36位退，被黑虎挡在32位，那白30的点就不光是前功尽弃，还会成为恶手。

黑33在34位接也是补断，但棋形显得笨重了一些。

白36不补虽也不会死，但被黑A位一顶，白36、黑B位扳，白不仅失去了30位点的意图，而且亏损不少。

黑37已是万万不肯再在左边补棋了。在中央飞，不仅走畅下面黑两子，对白右下也是一种远攻窥视。

既然黑37不肯补，白38点攻也就是出于一种气合了。双方都各行其道，究竟谁优谁劣呢？

第四谱　39—59

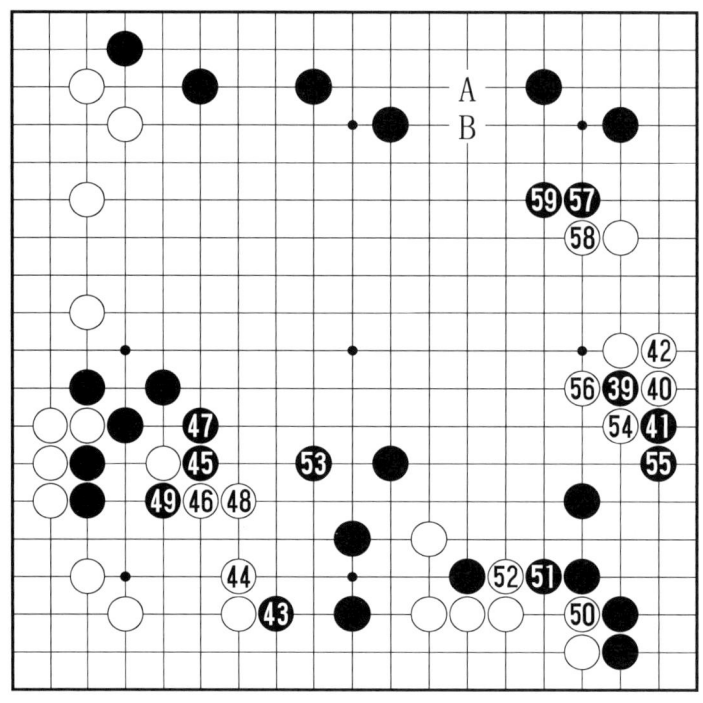

第四谱　39—59

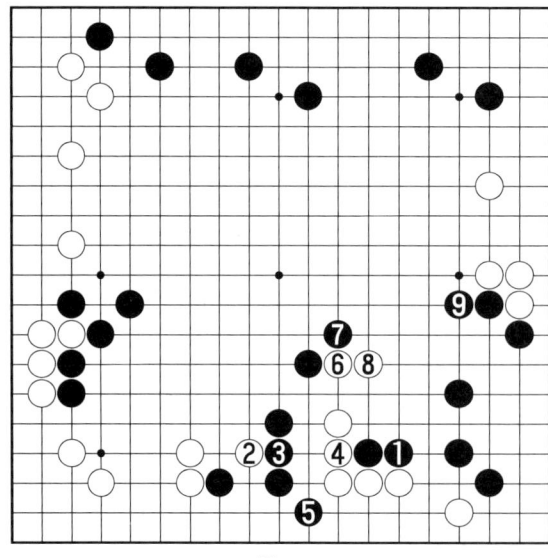

图二

黑39碰，继续当初37的意图，缩紧外围对白施加压力。

白42是无法反抗的，因为任何反抗手段的结果都不会理想，只能冷静地接上。

黑43出于同39一样的目的。

黑45按理该在52位退回发动进攻，没想到黑棋一改初衷，又回到左边行棋，这虽加强了左边，但不免对前几手棋有半途而废之嫌，真不知是什么原因使藤泽临时改变了攻击计划，可以认为这是一步比较缓的棋吧，远不如图二的变化生动。图二黑1至9，黑的调子很好。

下这盘棋前，比分为2比1，藤泽领先1分。这第四局是十分关键的。一向落子如飞、快速做出决断的藤泽，却在这局布局中投入了大量的时间，比一向慎重落子的高川先生多了两倍。看来是过于重视和慎重了。

白46、48整形后补回50、52两步,可以说是大大松了一口气。无形中将黑子的效率化解得很低。

就在这一帆风顺的时候,白54、56打提一子,过于厚重与缓慢了,直接于A位或B位打入,黑将感到十分头疼。

黑57、59机敏地补强上边,同时限制了白右边厚势的发展。大局的主动权又回到了黑棋的手中。

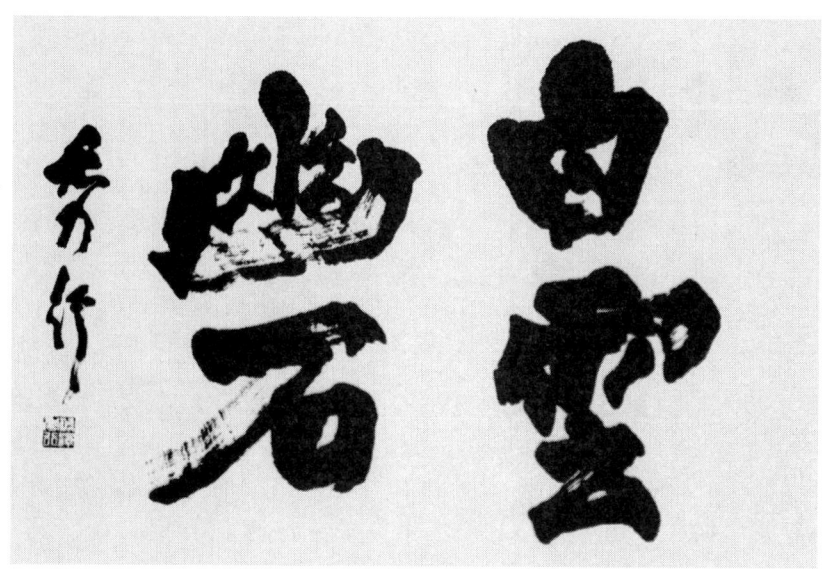

白云幽石

第五谱　60—77

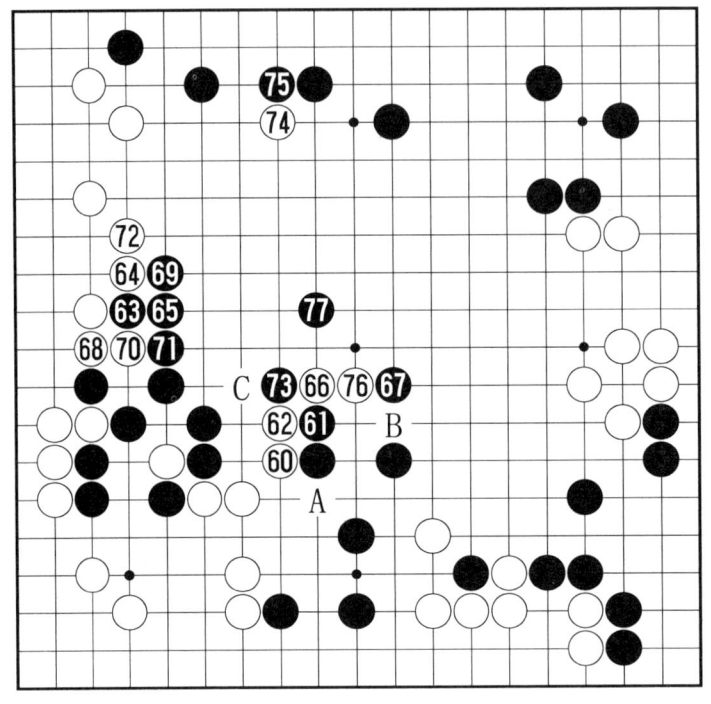

第五谱　60—77

白 60 已无法再侵入黑上边的阵地，便转换目标，从中央分断黑棋，左右攻击。

黑 61 可不能轻率地在 62 位扳，白在 A 位一虎，黑形全成愚形了。

被白 62 继续冲出后，黑 63 是不能立即在 73 位扳的。因为左边一块已渐渐进入了白的包围圈，黑只能先在左边寻求腾挪。

白 66 先手扳头，是很开心的一步棋。

当黑有了 63 至 71 几子之后，终于有了 73 断的机会。但左边让白连成了一片实空，这也是一个不小的损失。

在行进过程中，白 72 若先在 76 位顶，黑只能于 B 位接，白再 72 位长，当黑 73 位断时，白便可在 C 位强行打出去，黑左边一块十分危险。

由于没有交换这个次序，白 76 顶时，黑 77 的飞是好手筋，白即失去了 C 位打出的手段，对黑下边也无严厉的冲击。这一进一出可就相差千里了。

第六谱 78—101

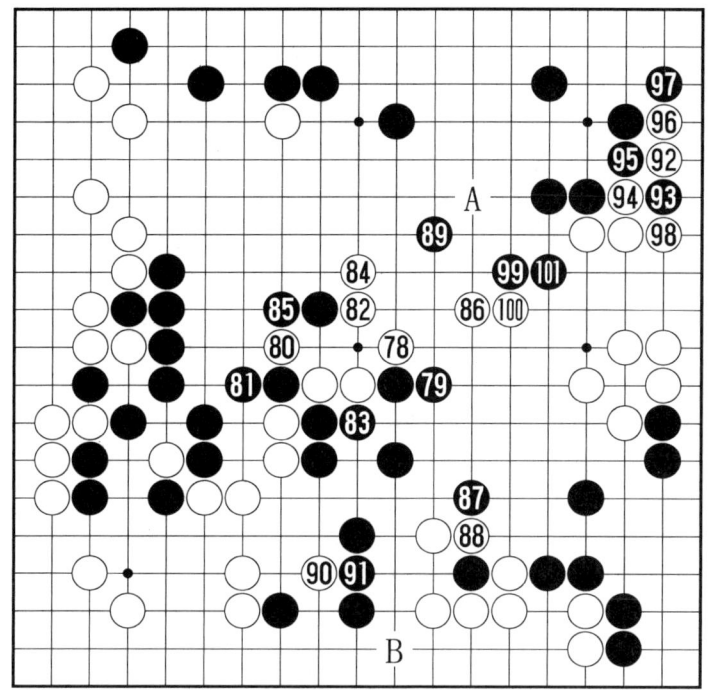

第六谱 78—101

白78只能先顾自己逃命，黑79、83趁势整形，至黑85时，黑优势明显。

黑87是没有必要的一手，应单在89位围空。

白88也应暂且不应，先于A位浅消，下边白棋因有B位小尖，做两只眼还是没有问题的。

黑走回89位围，从实空上远远领先于白方。

白92是个大官子，被黑在94位挡下是相差很多的。

黑93是收官的常用手法，若单走96位挡，白则95位冲成为先手；若单在95位挡，白93位退，黑仍得96位拐住，白依然是先手。为了不让白成为先手，先送吃一子是一种比较有效的走法。

黑93、95、97一气呵成得到先手，再于99位飞补，断绝了白利用黑的断点生出手段破空的念头。

第七谱　2—24（102—124）

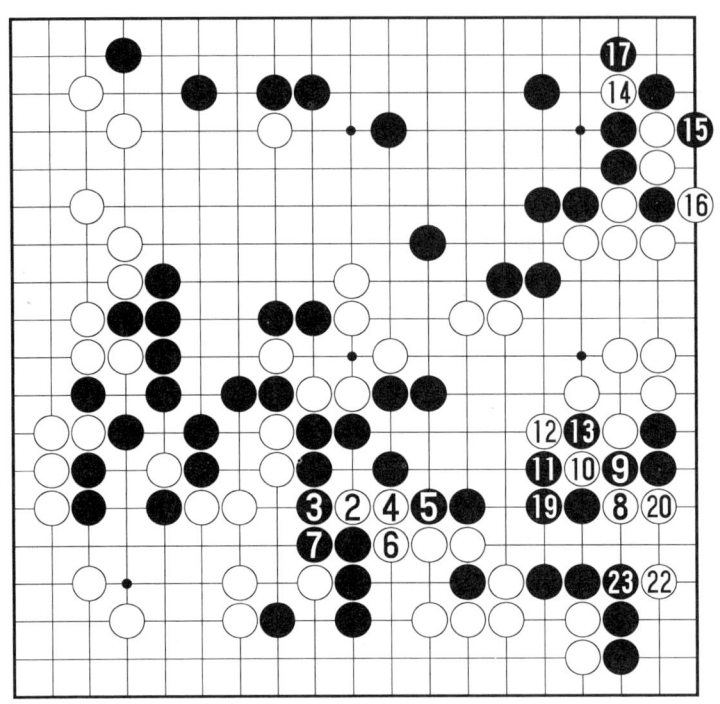

第七谱　2—24（102—124）
⑱㉔=⑩　㉑=⑬

白2至6是绝对先手，破黑下边一块的眼形，制造攻击目标。

白8靠、10断、12做劫，是白的胜负手段。按照寻常走法白是没有胜机了，只有在打劫中以期浑水摸鱼。

由于白12勉强做劫，黑打起来并不沉重。被白18提劫后，黑19可以先补外面，让白20挡后再继续打劫，这是很愉快的。

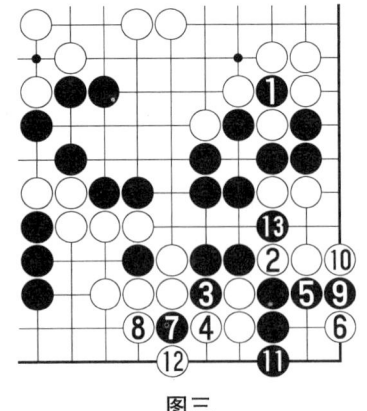

图三

黑21提劫后，白棋没有合适的劫材，便顺势在22位跳点作为劫材。稍做计算便会发现白这是找了一个瞎劫。但黑23却顺从地应了这个瞎劫，使双方劫材数发生变化，目数上也损失不小，更重要的是因为应了一个瞎劫，大大影响了藤泽的心情，沮丧之余连连出错，将自己一步步引入了泥潭。这一瞎劫还导致藤泽在后面两局中丧失了斗志，一败涂地，失去了夺取本因坊战冠军的希望。可见这个瞎劫的关系之重大，也在不言之中了。

为何说白22是瞎劫呢？请看图三。黑利用白下边棋形的弱点，正好快一气吃白。那战斗不是可以就此结束了吗？

第八谱 25—52（125—152）

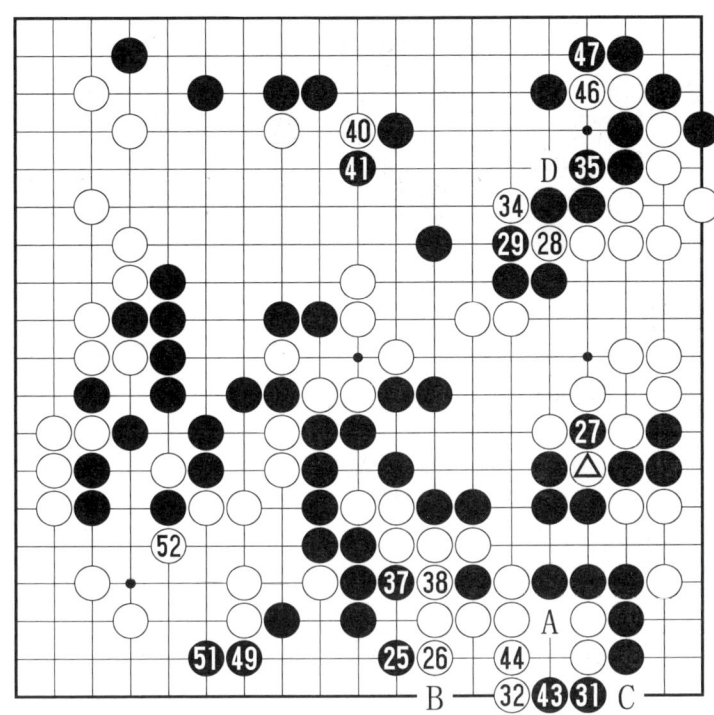

第八谱 25—52（125—152）
㉚㊱㊷㊽=△ ㉝㊴㊺㊾=㉗

上谱黑23的大失误，严重影响了黑方的心情，致使恶手迭出。

黑43当然该在A位冲找劫，以后便还会有B位扳、44位扑、C位接三个劫材，而实战被白44接后就只剩一个劫材了。当然，当黑43在A位冲时，白也可在44位应减少劫材，但那样给黑留有一个吃两子的官子，这与实战可是大不一样。

黑49即使找B位扳的劫，白在D位还有一个大劫。黑已难以打赢这个劫了，只好忍痛割爱，以下边扳入白空作为牺牲右边三子的代价，但这个收支是很不平衡的。

第九谱　53—82（153—182）

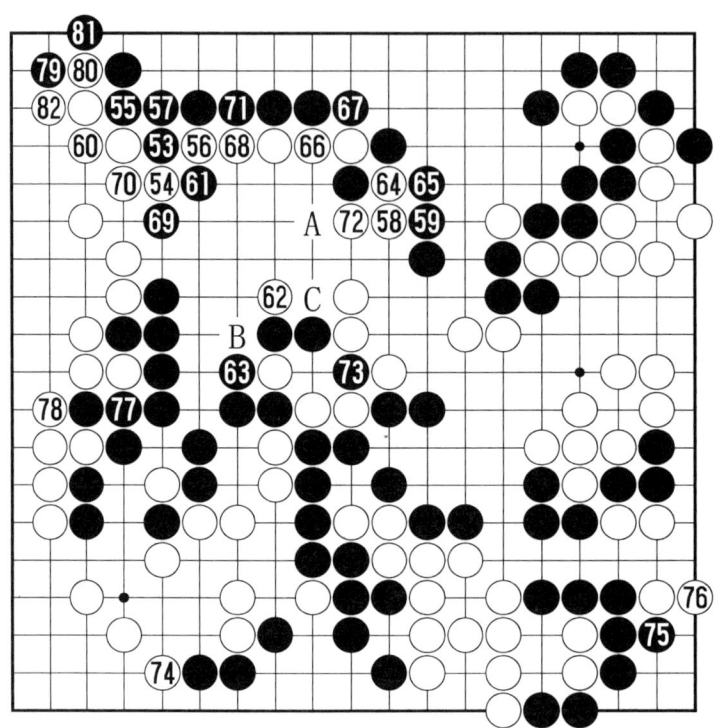

第九谱　53—82（153—182）

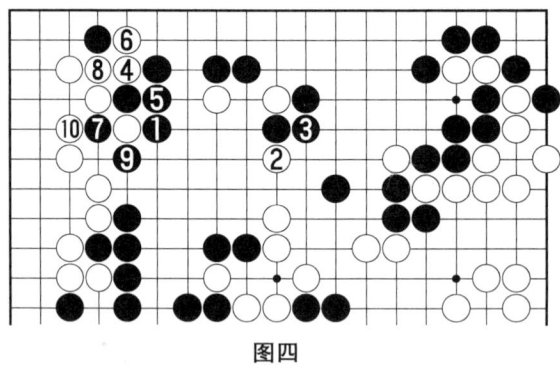

图四

虽说连连出错，损失惨重，但局势并未逆转，仍是黑棋领先。如果能冷静地沉住气的话，正常收官，黑仍可小赢少许吧。可是，此时的黑方又怎能冷静得下来呢？

黑 53 在 A 位补最为简明，使白后面的手段全都不成立，从官子的目数上讲也是不亚于其他地方的。

黑 53 尖顶后，55 准备在 61 位扳断，但白可如图四。黑 1 至 9 一无所获，还稍有亏损。黑只好临时又改变计划于 55 位挤，显然方寸已乱。

以下行至黑 61，看似白的断点很多，但黑已很难扩大上边的空了。

白 62 先手，黑 63 是不可省的，否则白有 B 位扳、黑 63、白 C 位打吃的手段。

白 64 至 68 全是先手，再 72 拐吃回一子，最大限度地消了黑上边的空，白自己还得两三目。黑这一连串的收官究竟得到了什么？可能黑方自己也感到不解吧！

第十谱　83—155（183—255）

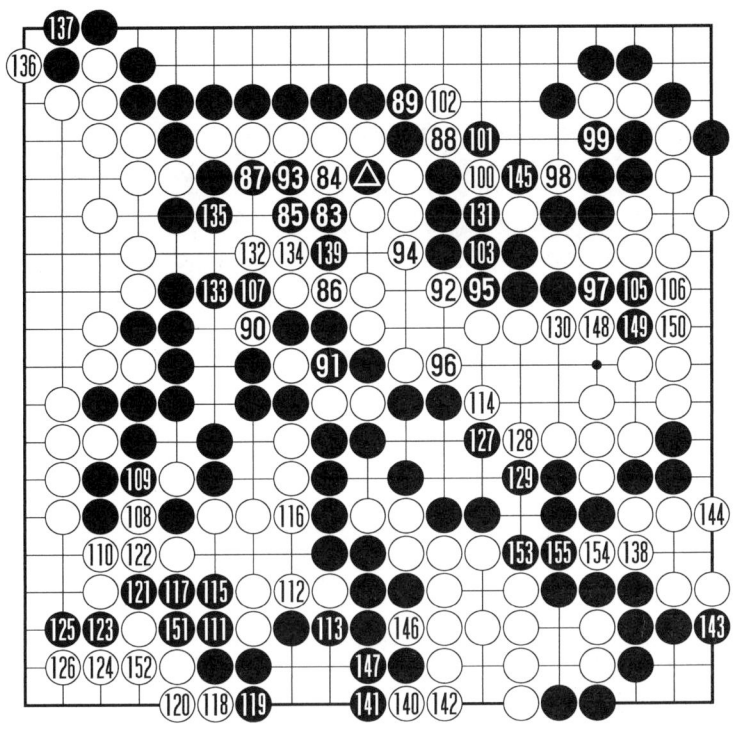

第十谱　83—155（183—255）　　⑩④=△

黑83看似手筋，却又是一步恶手，应该单在85位飞点，白83，黑134位顶，白86、黑107，将中央的空把握住，仍是黑空领先。

黑95又是多余，该单于103位接，不仅不给白利用的机会，目数也略有差异。这样的话，局面还属细棋，胜负未定。实战黑95与白96交换，不仅凭空让白在中央做出几目棋，而且，黑97仍不能脱先去吃白上边六子。如图五，至白8，黑简单就擒。黑97补是迫不得已，那当初黑95又为何要与白96做交换呢？

白104接回六子，确定了胜势。以下无论怎么收官，黑都无法取胜了。一盘好局，在黑棋连续不断的恶手下付之东流。藤泽在局后答记者问时曾说

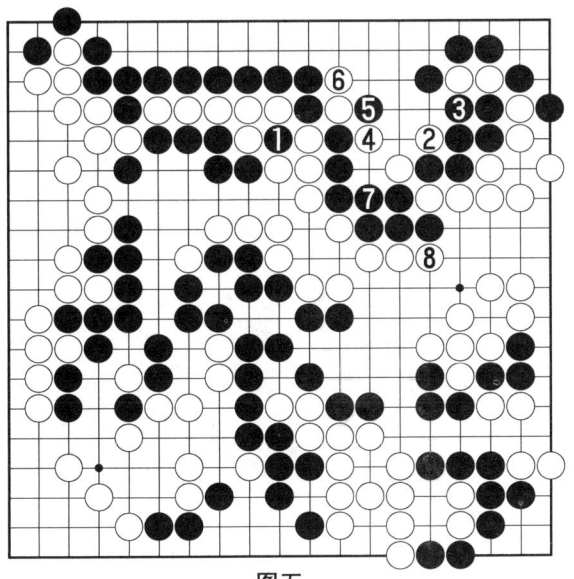

图五

到，"正因胜利在望，便有些心神不定，轻率的本性随之暴露出来。在一个简单的地方，竟然不假思索地随手应对……"同时，他很赞赏高川先生下棋时的态度，"……他非常冷静，即使走出了坏棋，也绝不发牢骚，甚至连表情和神态都没有变化，这是很值得我们学习的。而像我这样，一出现恶手就责怪自己，怨天尤人，也就使自己的情绪低落，心情浮躁起来。这一局失去胜机，就是在于精神方面。与棋艺相比，我更反省自己的轻率。虽不断地告诫自己，但天性轻率的我总是在不知不觉中忘记这一点……"

第四局，也就是这一局，藤泽败北之后，精神并没有像他所说的那样立即恢复过来。而是一蹶不振，又连败两局，以2比4退下阵来。因此，这局找瞎劫、应瞎劫便成为日本围棋史上一个难忘的记载。虽然此事是有一些客观原因的，藤泽应瞎劫是因闪光灯的干扰。但由此而出错，也是十分可惜的，更是值得深思的。正如藤泽老师自己反省的一样，轻率是他的一个致命的毛病。

共255手 白胜2目半

2008年的藤泽秀行

第五局

第一期名人战循环赛第十二局

● 桥本昌二 九段
○ 藤泽秀行 八段

黑贴5目
1962年8月5、6日弈于日本

怎么促进名人战的诞生，在《我所认识的藤泽秀行》一书的下篇，秀行老师的自述中已有介绍。我们首先看看第一期名人战的阵容。

日本棋院出场的有：高川格、木谷实、杉内雅男、坂田荣男、藤泽朋斋、宫下秀洋、岛村俊宏、岩田正男、藤泽秀行九个人。其中除秀行是八段、岩田为七段外，其余的全是九段。原则上参赛者应为九段，但秀行当时获得了最高位，而岩田则因在"名人战"前身的"最强战"中成绩斐然而入选；关西棋院有桥本宇太郎、桥本昌二两位九段参加；另外，还有特邀的吴清源九段，共是十三个人，下十二轮的大循环。1961年1月拉开战幕，战前的预测投票，人们普遍看好吴与坂田，藤泽（秀）、桥本（宇）、木谷、高川同被列入了第二方阵。可起跑哨声刚吹响，藤泽与坂田便跃居队首，藤泽虽惨败给坂田，但却赢了从未开过张的吴，顺利地一步步迈进。吴、高川和桥本（宇）相对来说处于不利，特别是吴老师在同年夏季，遭摩托车事故而身负重伤。两个月的住院治疗，10月份出院后仍有好长一段时间不能下棋。四肢与腰身受到了严重撞击，两腿的挫伤尤为突出，根本不能盘膝。后来好不容易可以坐椅子了，但渐冷的季节，使他的伤口愈合很不顺利。这一事故几乎夺去了天才吴老师的棋士生命。在那之后，他几乎再也没有杰出的成绩，也只能坐在椅子上与盘膝而坐的对手比赛了。虽说进入后半阶段，吴老师奋起追上，但脑力、精力和体力毕竟比不了正常人。一步之差未能夺冠也在无奈之中了。

经过数场艰难厮杀，藤泽竭尽全力，终于在第十一场结束时，以9胜2负的成绩名列首位。而吴与坂田则是8胜3负紧随在后。最后一场比赛是藤泽对桥本（昌）、吴对坂田。藤泽自身取胜的话，夺冠便不容置疑，但若输了，则要与吴和坂田之间的胜者进行同分加赛。两盘对局同日在不同地方举行。藤泽早早地败走麦城，吴与坂田之战虽然离终局还很遥远，但棋势却是坂田明显领先，藤泽在看到传过来的棋谱时嘟哝了一句"坂田名人到底出世了"，对自己与坂田的加赛似乎未抱信心。而濑越名誉九段则颇感失望地说："吴清源终归没有成为名人。"不同的人以不同的心情注视着吴与坂田之战。然而就在大家都认为坂田必胜的时候，出现了戏剧性的结果——此局走成了和棋。坂田懊恼悔恨得不住嘲讽自己的过失，两人都失去了加赛权，藤泽以高出的1分当上了名人。可此时他却在外面尽兴狂喝，一点也不知道命运之神降给他的福光，凌晨烂醉如泥地回到家，也没听进夫人告诉他这个喜讯。直到第二天一大早被采访的记者叫起来，才恍然大悟自己已是第一期的名人。这才急急忙忙换掉短裤，穿上正式的和服接受照相。在得到名人之后，回顾一下最后一局的速败之局，也是饶有兴味的吧！

棋酒相寿

1962年研究古谱

第一谱 1—22

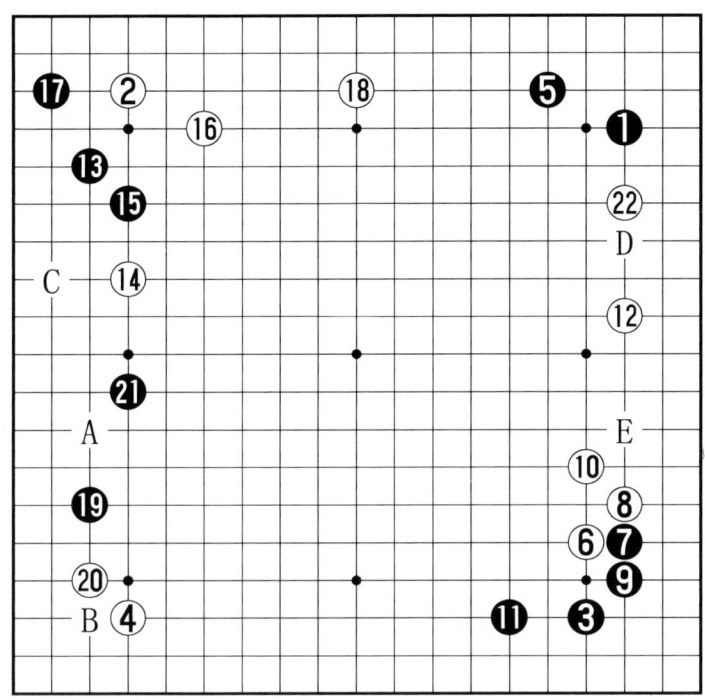

第一谱 1—22

桥本九段当时不仅是关西棋院的一大支柱，就是在全国也是众人瞩目的一名棋手，一两年前便有了"东有秀行，西有昌二"的说法。他的成绩虽不如秀行显赫，但却先于秀行升到了九段。而且，不可思议的是秀行在关键场次中还总输给他。这使得许多人都问秀行，桥本是不是他的苦手，但秀行对此是给予否定的。两人在棋风上有着很大的不同。

藤泽面对这个难对付的对手，又是冠军即将在握，便一反平常潇洒豪放的态度，变得拘谨起来，自然也就影响了水平的发挥。

执黑的桥本以1、3、5小目加缔角布局，采取以地为主，以势为辅的战略战术。白2、4以向小目应对，与黑的结构保持平衡。白6高挂至12拆，是现在也常见到的定式。黑13挂后至白18，又是一个小目定式，第三个角也定型了。

黑19对于唯一还没成形的左下角采用大飞挂，意在避免白从上边夹击，使之能占到21位一点，而白20若在A位夹，黑走B位托的定式，白棋损实空不说，左边留有黑C位大飞，也不是能成大空的地方。

白能争到22位的拆二也是很有魅力的一点，若被黑D位逼住，右上角黑空扩大，还留有E位打入，一进一出十分可观，这也是白20小尖守角争先手的原因。

第二谱　23—34

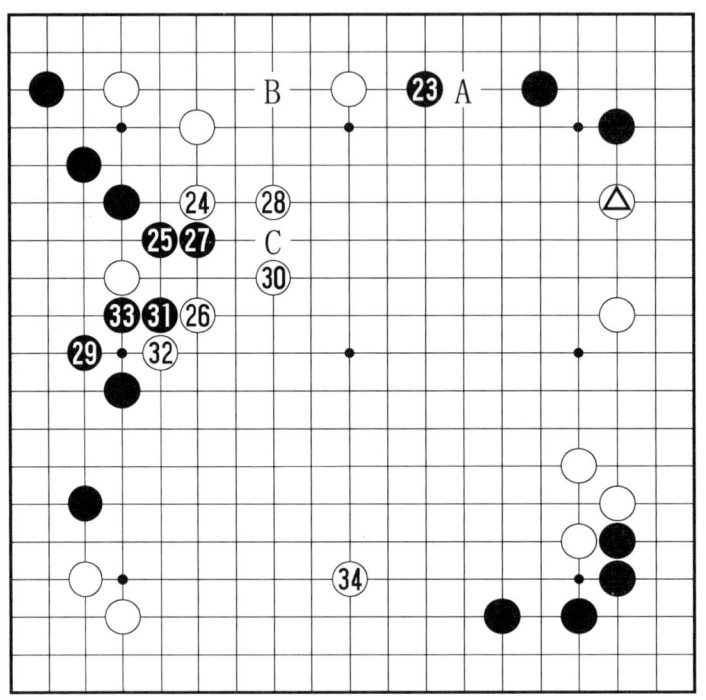

第二谱　23—34

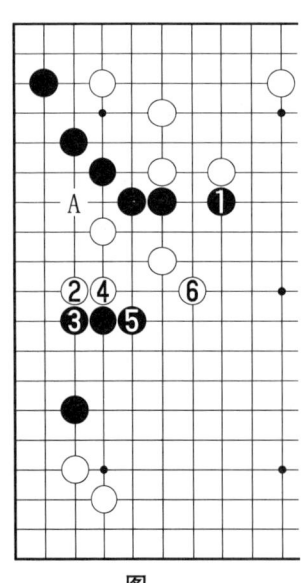

图一

当有了白△一子后，上面再被白走到 A 位，那黑右上的无忧角便要有忧了，所以，虽说黑 23 只是拆二，却也是个不可忽视的要点。

为防止黑在 B 位的打入，白 24 一边跳补，同时对左边一子进行援助。黑 25 尖出必然。

白 26 飞很有趣，如在 31 位小尖或 32 位飞硬逃则显笨重。但如不逃被黑 31 一手跳吃住又太大，便以轻灵快步、可弃可逃为对策。

黑 27 压出，不让白封住头。白 28 趁势将上边加强。

黑 29 小尖是坚厚而又很有必要的一手。若继续 C 位或 30 位出头大攻白棋，白棋在左边有许多腾挪手段。如图一，白 6 后，由于白在 A 位轻易成眼，黑不好攻击白棋。

有了黑 29 一子后，白左边一子已显得不重要，白 30 以中央为重，弃子争先。

黑 31、33 先取实地，也无不满。

白 34 占回下边最后的一个大场，布局到此为止。双方走出一局很平平淡淡，甚至有些单调的棋。

78

第三谱　35—56

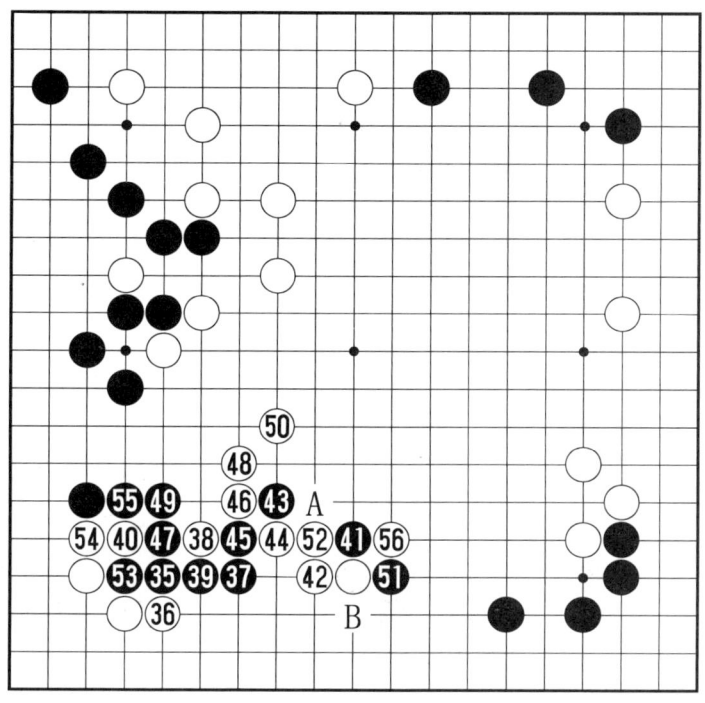

第三谱　35—56

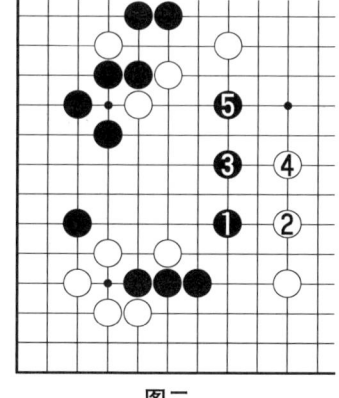

图二

黑35尖冲再37位跳，是常用的侵消手段。

白38先点后40位尖出，是为了让黑棋走重。由此，黑39的接是不是有点疑问呢？在45位贴是可以考虑的一手。

黑41是寻求行棋的步调，但未必妥当。如图二，黑1至5后，白难以收到预期的效果。

黑41与白42交换后再43飞出，似乎让白十分为难，但没料到白44尖断的手段是如此强烈，黑反而使自己不好行动了。

黑45冲出至49，黑几乎全缩在一起走单关，而白顺水推舟筑成外势，一下子就建立了优势。

但刚有优势，白轻率的毛病立即又出现了，白50次序有误，该先于56位扳，黑A长，白再50位小尖，或者白50直接在A位征吃黑一子也行。

黑51扳，弃掉43一子，好手。白忽略了这一点，才走了50位的缓手。

白52只能团，此手可不能轻易在A位打吃，被黑单在B位扳，白的棋形就难以齐整了。黑55补回之前，53位挤是绝对的次序，否则，以后再挤就是后手了。白56断吃补强不可省，但对白50一子的游离位置仍不能满意。

79

第四谱 57—73

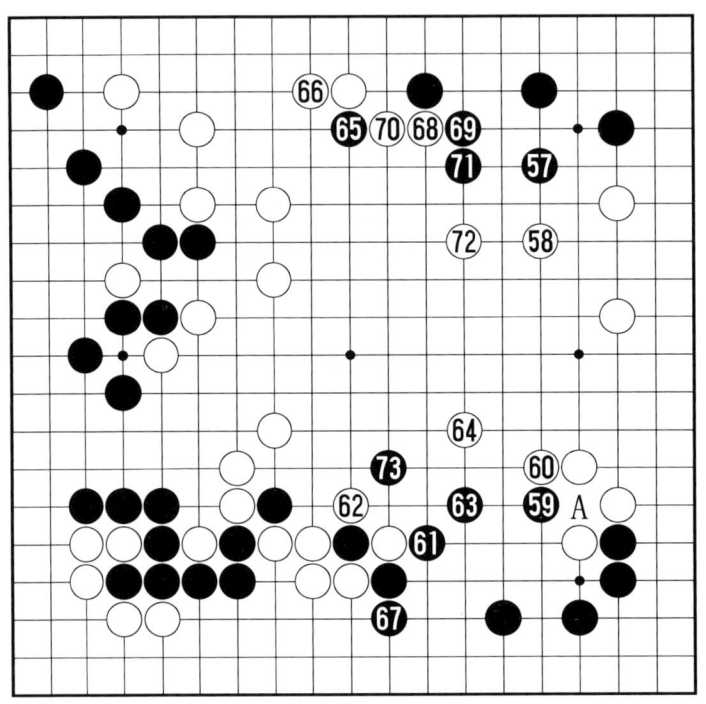

第四谱 57—73

中央白在建筑飞机场，黑57趁势侵消，同时加强自己。

白58飞必然，中央能围多少空，将是胜负的所在。

对于黑59位的点，白60一般都是在A位接的。但在以中央为重点的情况下，从上面压也是常有的。

黑61打吃后，63位小尖，一点点将白中央的势力缩小。

白64飞也属必然。

黑65先手压，与白66退交换之后脱先，虽然白有68反压、70顶回的手段，但从官子上来说有黑65一子黑是便宜的。

黑67是大官子。虽被黑65先便宜了一下，白68、70仍是大官子。白72走回中央是两面都要得到的态度。黑73继续向白中央侵入。全局早早进入了收官阶段。

第五谱 74—95

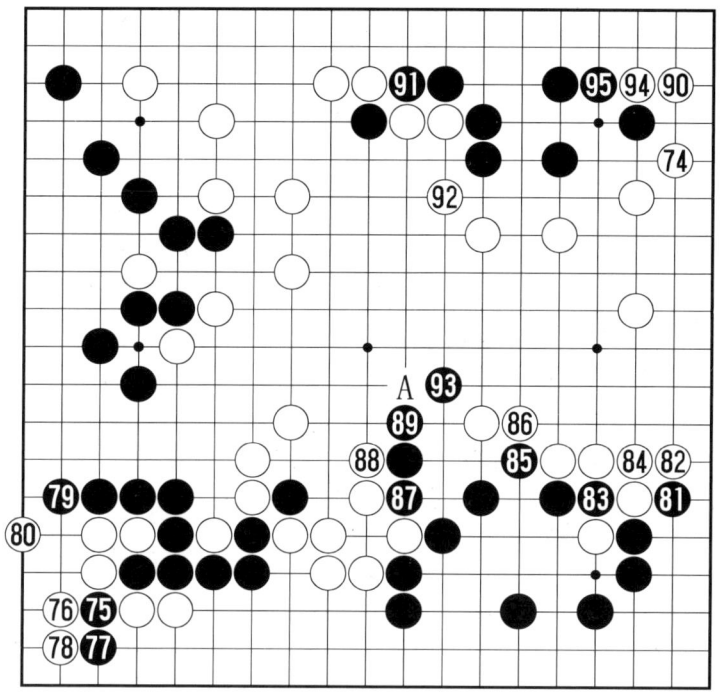

第五谱 74—95

白 74 小尖很大。

黑 75 至 80 是黑的权利。

黑 81 扳,再 83 位断吃,85、87 位补回也是十分大的官子。

白 88 的贴不可思议,当然应该在 A 位飞围中央,这样才是与黑争胜负的态度,而白却不仅不围中空,还将黑棋送进中央,使大家都觉得这不是藤泽下出的棋,但这却是事实。再高的棋手也有犯糊涂的时候吧!

白 90 的跳虽然很大,但仍然该在 93 位小尖围住中空。即便这与当初在 A 位飞已相差甚远,但还是不能放弃的一点。

黑有了 89 一子后,也不用保留在上边出头的手段了,黑 91 断以二路官子为重,与白 92 小尖交换,这都是白 88 的过失。

黑 93 小尖,白的中央之势被瓦解为零散阵地,形势太令白沮丧了。

第六谱 96—167

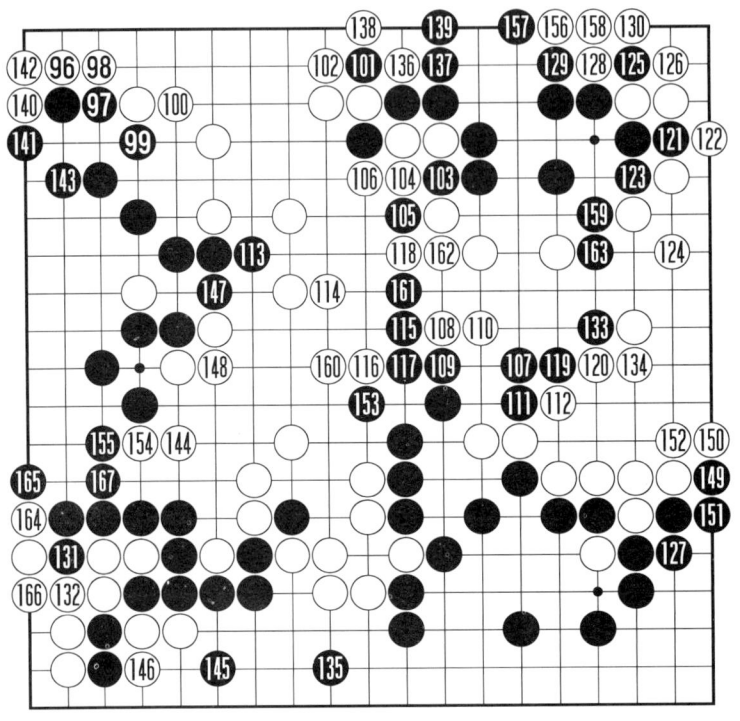

第六谱　96—167

纵观全局，黑全盘的实空远在白棋之上，棋形也十分厚实，白想找点黑的弱处都找不到，而白中央形势已变得顾此失彼，难以成大器了。以下的官子双方正常平淡地应对。白方就这么不起风浪地推枰认输了。可以说，在白没有把握住第三谱黑41的过失之后，这局是白的完败谱。藤泽又在关键的一场大赛中输给了桥本，使得许多好奇之人更津津乐道桥本是藤泽苦手的话题。也许话题就是新闻，就在这一年，朝日新闻社举办了一个临时棋赛，由他们二人下三番胜负。结果藤泽以2比1高奏凯歌，用事实否定了桥本是他的苦手的说法。

共167手　黑中盘胜

第六局

第十六期 NHK 杯争夺战决赛

● 藤泽朋斋 九段
○ 藤泽秀行 九段

黑贴5目半
1969年3月10日弈于 NHK 电视台

秀行作为感觉派的第一人,快棋的水平绝对是超一流的,但至此虽然进入过三次决赛,却都阴差阳错地与冠军无缘,到第十期决赛时又犯了本不该犯的错误,结果三次屈居于第二名,运气仿佛跟他在开玩笑。

朋斋则是大家公认的长考派,但长考派并不意味着不擅长快棋,相反,长考派的棋手下快棋都很厉害,因为在慢棋的读秒中早就身经百战了。但与秀行一样,朋斋的运气也不济,四次进入决赛,也因种种原因与冠军失之交臂。

一个三次未能夺冠,一个四次遗憾而归,两位棋手相遇,一定是场惨烈的激战,朋斋还是秀行的苦手,大家充满了期待。

磊磊

第一谱　1—23

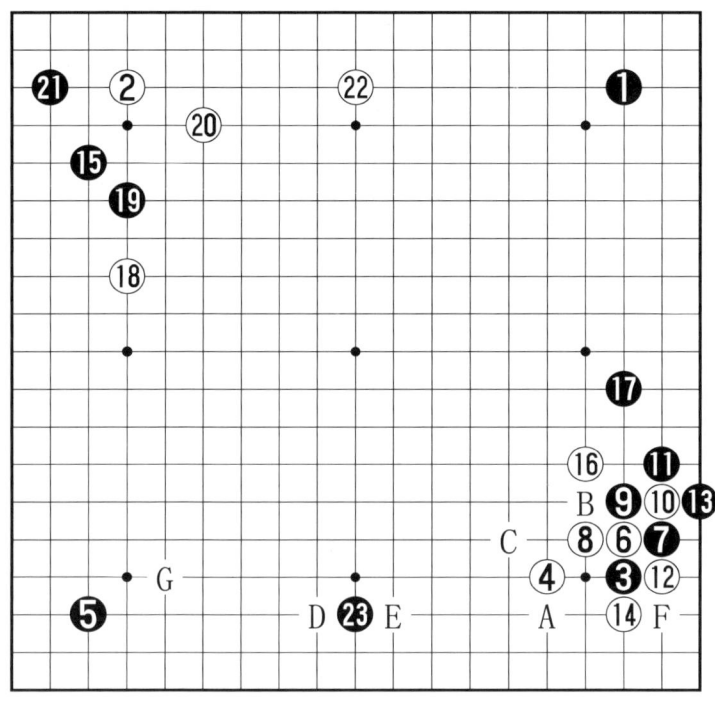

第一谱　1—23

　　三·3是朋斋爱用的走法，坚实的守住角空，这与秀行的棋风正好相反。一个为取地甘于低位，一个为取势力争高位，这一高一低的走法在快棋中谁占优势呢？

　　黑3小目，下一手在A位小飞缔角，这是朋斋爱用的布局。

　　也许是出于一种心理战，白4立即挂角，打乱了黑的构思，虽然此时在左下占角也是可行的选择。

　　既然白放弃了占空角，黑5抢占也在情理之中，但占据哪个位置却颇有讲究，三·3虽是朋斋的最爱，但在这个局面中是不是最为妥当，就另当别论了。

　　倘若黑选择走两个对角三·3的话，那黑现在是在3位挂角，还是15位挂角呢？次序改变一下，就能发现在结构上黑棋并不理想。

　　白6外靠，让黑子全部处于低位。

　　黑9在10位长的定式也有，但右边的位置都太低了，再喜欢低位取空的朋斋也接受不了，扳起来是唯一的选择。

87

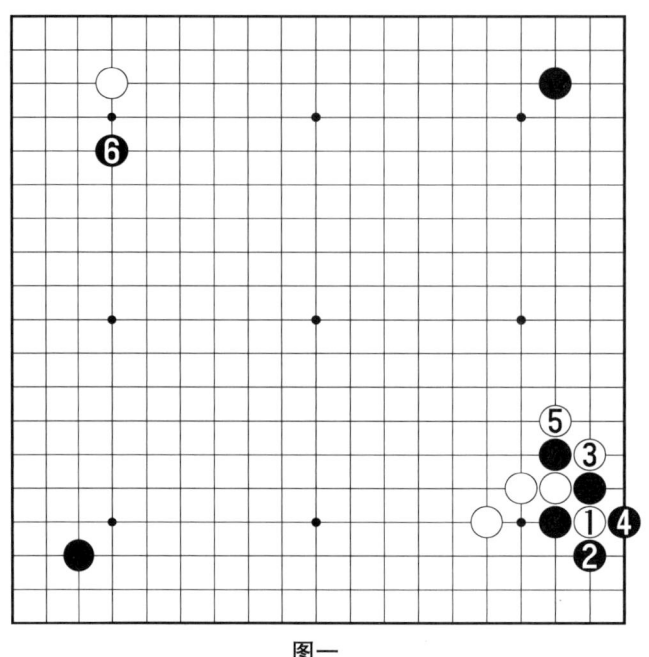

图一

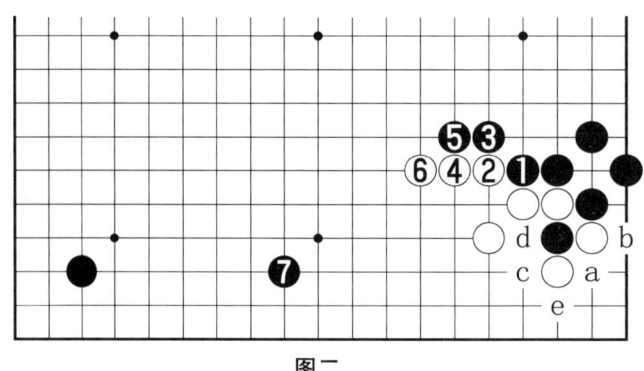

图二

白10的断决定了取势和取地。若断在12位，形成图一，黑6在左上角引征太严厉了。

走至白14，定式告一段落，从实空上讲，是白便宜一点，但白多花了一手棋，算是两分。

黑15挂角当然无可非议，但考虑到黑全局的配置，黑15在B位贴也是很有必要的一个选择，为防止黑下一手在C位的飞封，白会如图二2位扳，走至黑7，黑右边已经提高了位置，有黑7的开拆，白下边也成不了大空，而且，收官时黑有a位断打，白b、黑c、白d、黑e的手段，倘若黑a打吃时，白d位提，那黑b位打就是一个极大的官子。

白16先手跳，右边的黑棋又被压在低位了。从发展上讲，白的空间比黑棋大多了。

白18回过头来夹击黑15的挂角，从进程上看，白占有主动。

黑19小尖，选择了一个常见而又古老的定式。最大的目的是为了争取先手。

黑23抢占下面大场刻不容缓，但在选点上有些疑问，步子迈得稍稍大了一些，退后一路在D位比较妥当，这样使白在下边没有合适的打入点。白若E位逼，将来黑在F位断打的手段依然存在。黑可以在G位小飞，先扩张自己，改善结构上的不足。

第二谱　24—51

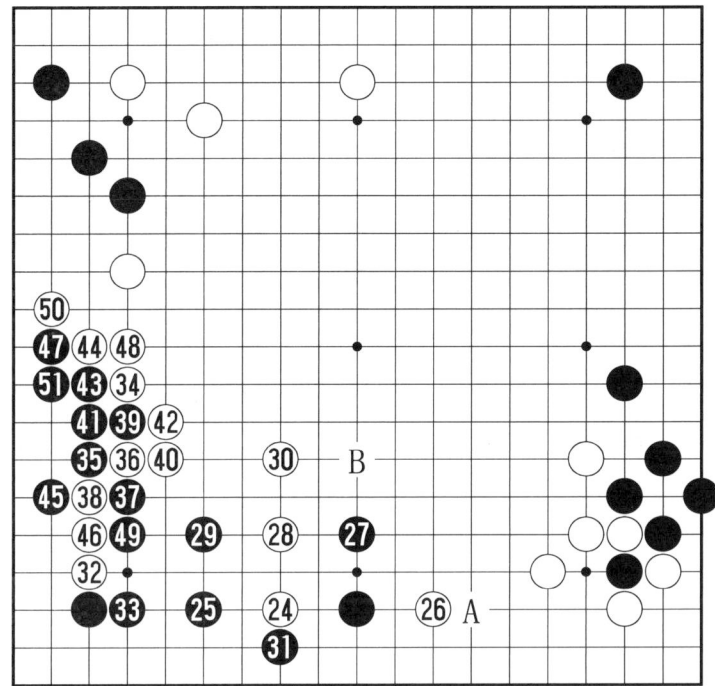

第二谱　24—51

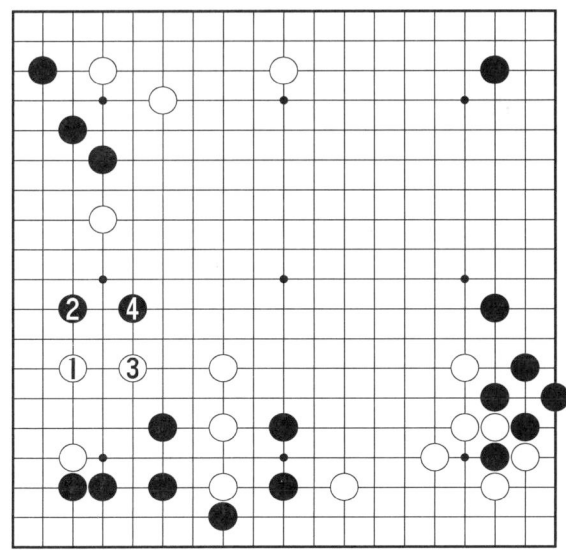

图三

白24抓住机会，立即打入，非常机敏。

黑25二间夹击，期待白28位跳，黑再A位拆二，让白独自出逃。

白26反夹，再次打乱了黑的设想。黑27只能跳出了。

黑31渡过太早了，怎么也要在B位跳出头，二路的托过随时都存在，黑也没到非渡不可的危险境地，现在托过不仅给白棋创造了种种利用手段，使白的孤棋得到腾挪，而且，在中央势力上黑太消极了。

对白32的碰，黑无法动强，因为31位的托太薄，黑33只能忍耐。

白34拆二冷静，若立即动出32一子就会太重，反而会被黑交叉攻击，比如图三。

黑35逼当然。

白36、38靠断，是弃子争势的走法。

走至51，黑如愿以偿获得了实空，白也达到了获取外势的目的，各有所得。

但黑要留意的是左下边并不全是自己的实空，白有图四的手段收官；也有图五的走法，分断黑❷一子成势。所以，从黑31托开始，这手棋的弊就远远大于利了。

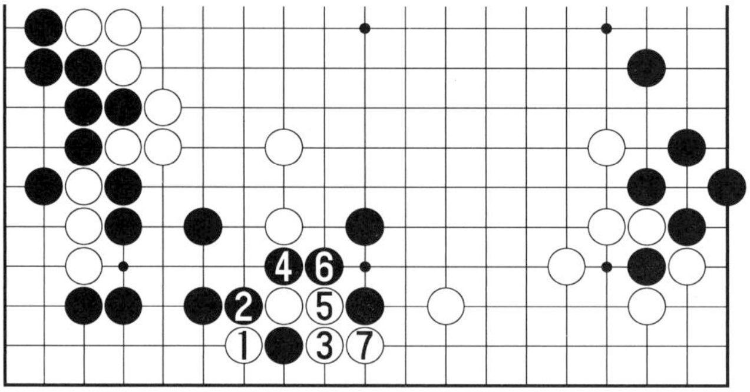

图四

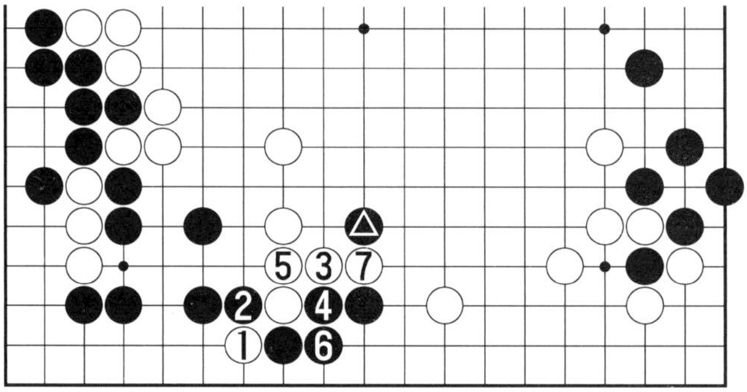

图五

第三谱　52—78

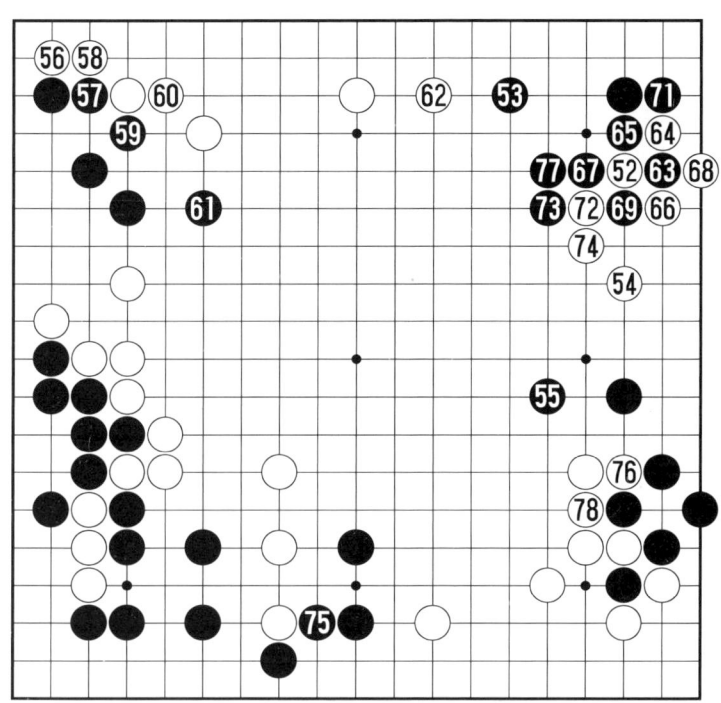

第三谱　52—78　　⑦=❻

白52也可选择在上边挂。实战是为了将黑棋完全打散，更好地发挥白外势的作用。

黑53与白54各自拆二，都是平稳的选择。

黑55的跳固然十分稳妥，但布局时黑棋并没有占取优势，相反比较被动。所以黑可以考虑更积极一点的走法，比如直接在78位冲，如图六，形成战斗，白也没有把握。倘若图中白4单于5位退，那黑a位长，将白△一子吃掉，不仅增加了目数，黑棋也厚多了，再也没有后顾之忧了。有了黑55一子，黑78位冲就不严厉了，因为图六中白△一子变轻了。

白56托，本身就是一个极大的官子，同时，还对黑有攻击力。

黑61跳不能省略，虽然被白封住也能做活，但白

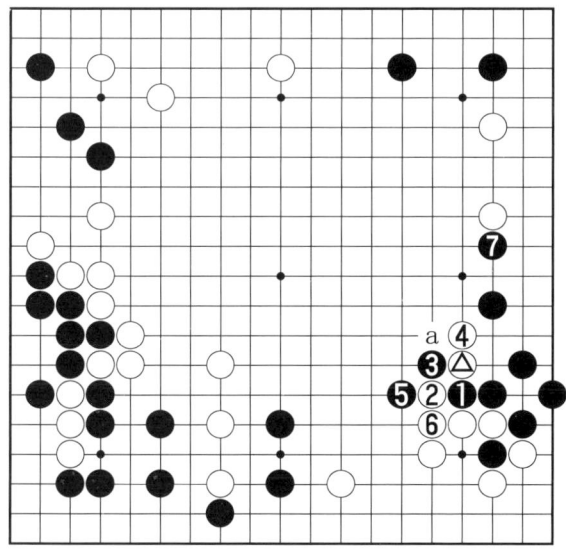

图六

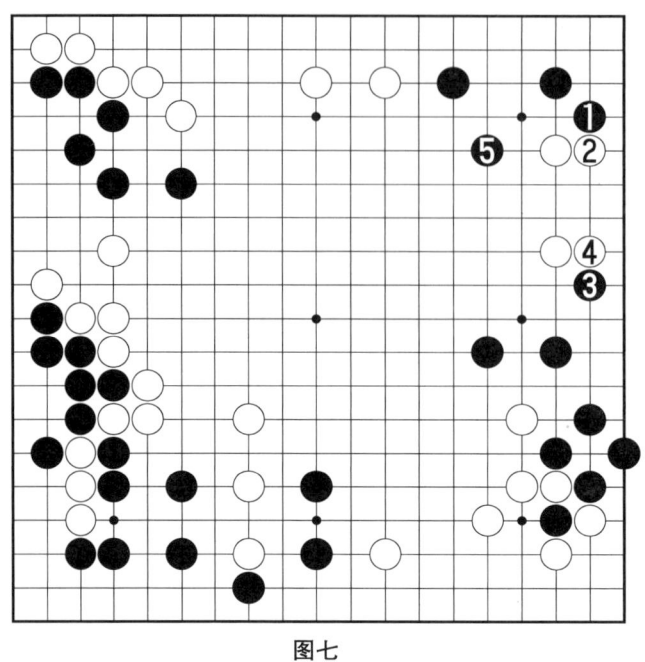

图七

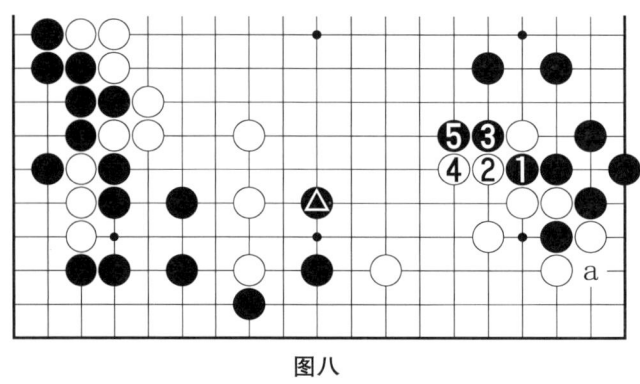

图八

的外势连成一片，规模太宏伟了，黑无法抗衡。

白62拆一，虽然步子很小，但不仅加强了上方，对白左边两子也是种援助。

黑63的托导致局面更加被动，此时不是求稳的时候，必须积极出击才能挽回劣势。比如图七，不管是否奏效，但至少让白棋处在不安定之中，黑可以从攻击中寻找机会。

白64至74，轻松安定好了右边的孤棋，还有7目之多，黑失去了唯一的一个攻击目标，局面益发被动了。

黑75顶，无疑是很大的一手棋，但并不紧急，虽说78位冲断已不严厉，但黑至少可以安定右边几子，并获取相当的目数，如图八，走至黑5压，黑下面❶一子已不惧怕白的分断，而且，角上a位打的官子手段又产生了，这比实战要积极。

被白76挤后，右下已彻底成了白空，而且，黑右边几子变为孤棋，黑棋越来越难下了。

第四谱　79—100

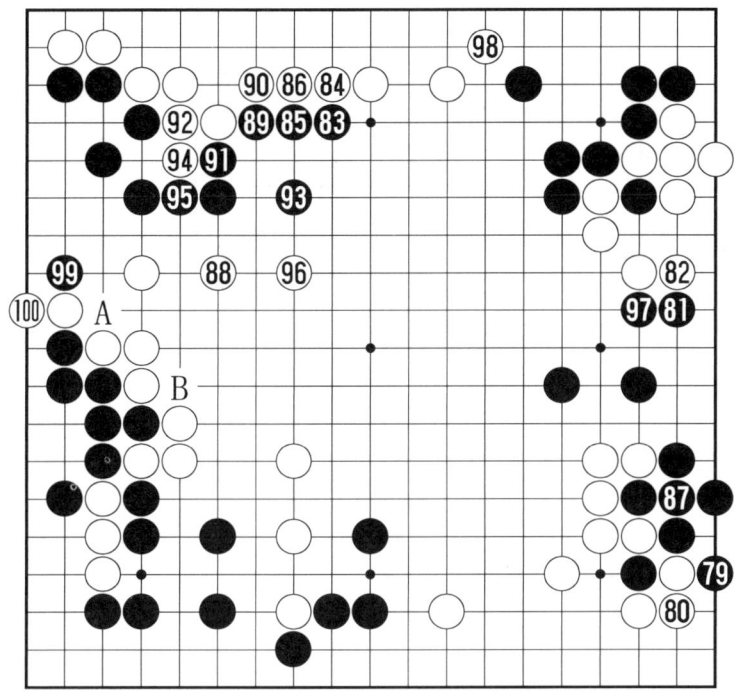

第四谱　79—100

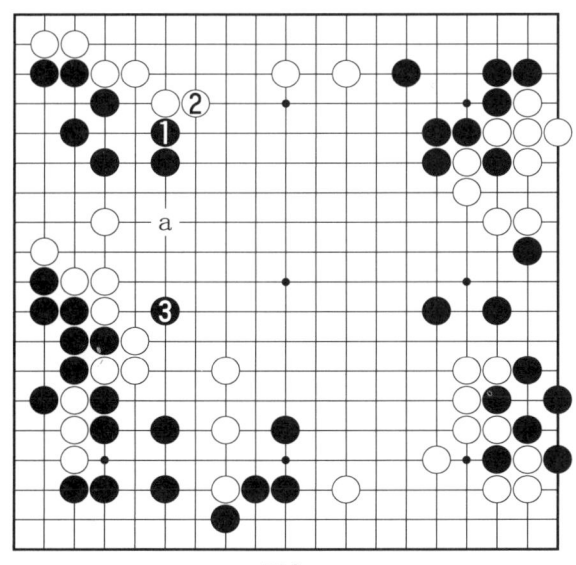

图九

黑83的尖冲，是黑优势下的定型走法，太过于稳重了，现在已是非常时期，必须设法冲击中央白的外势，否则，就只有等待失败了。

黑83如图九，黑1选择补强，白2长，黑3点，虽不能说是攻击白棋，但至少可以借攻击之名，让白的外势失去发展。图九中白2若在a位跳补中央，黑如图十，黑这个棋形可比实战强太多了。

黑87接收官，完全没有向中央冲击的意识，也许是快棋的读秒声影响了黑的形势判断吧。

白88至96自然而然补强了中央，还将外势变成空，优势更明显了。

黑99的夹，使白A、B两个断点变得明显起来，但如何利用这两个断点，是黑唯一能寻找机会翻盘的地

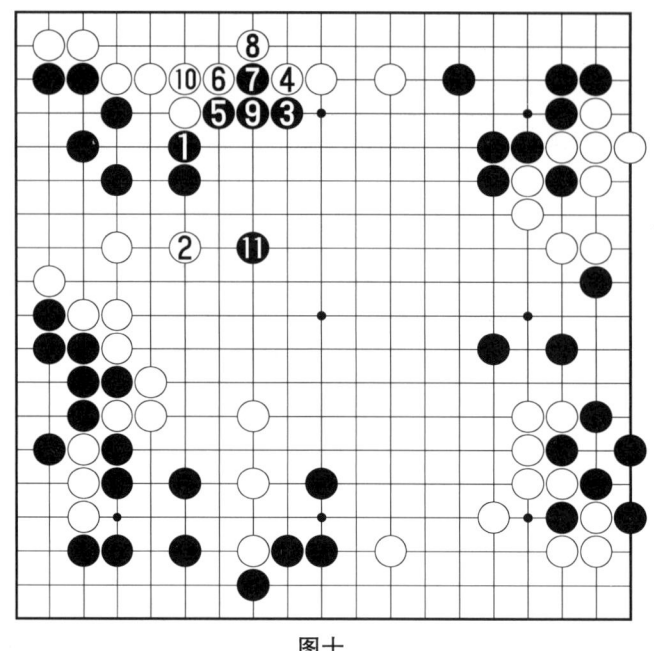

图十

方。倘若仅仅是收官,那黑 99 与白 100 的下立不敢说便宜,因为有了白 100 的立,黑左边的目数要被白搜刮了。

第五谱 1—34（101—134）

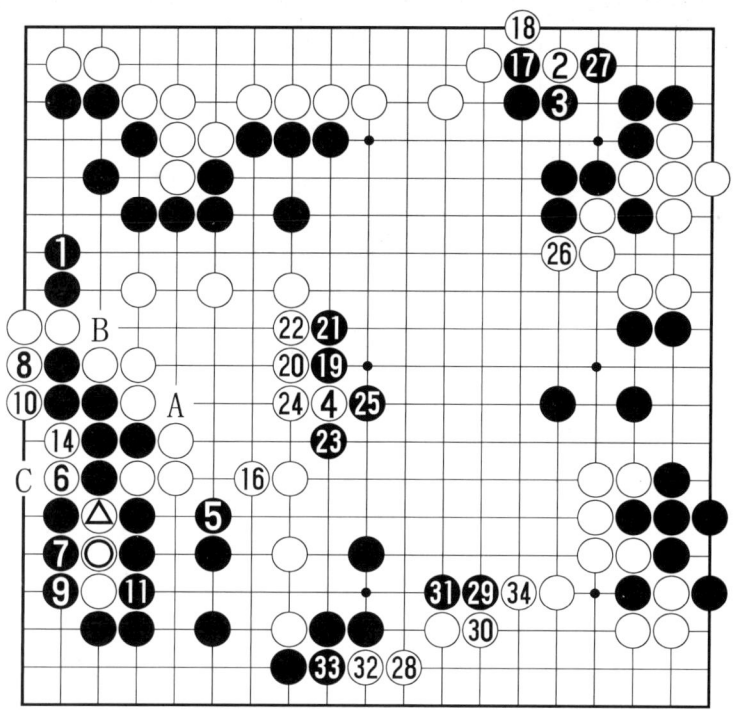

第五谱 1—34（101—134） ⑫⑮=△ ⑬=○

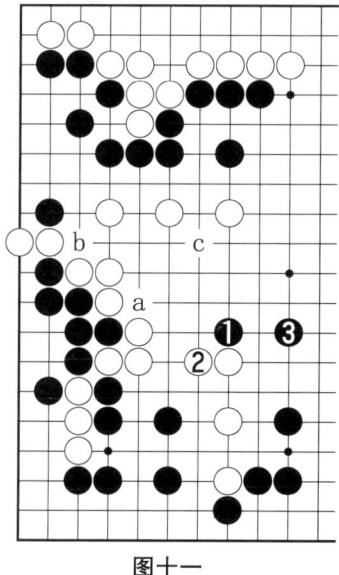

图十一

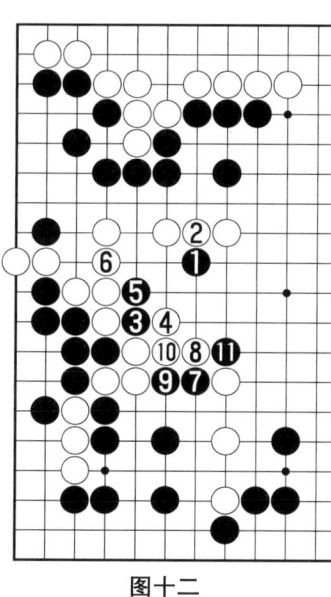

图十二

黑1的退有些无策，怎么也要利用白A、B的断点生点事，否则就完全没有希望了。

比如图十一，由于有a、b的断点和c位的点，黑1碰时白无法用强，黑3跳后，白依然要补棋，中央白至少成不了空了。

又如图十二，黑直接动出，虽然风险极大，但在劣势时也可一搏，图中白4若在5位拐打，黑则8位点，白7、黑4长，或白4位提、黑7位贴，总之就一个目的，将白棋分开。

被白4小飞补后，黑的实空明显不够，而全盘已找不着与白拼命的地方了。

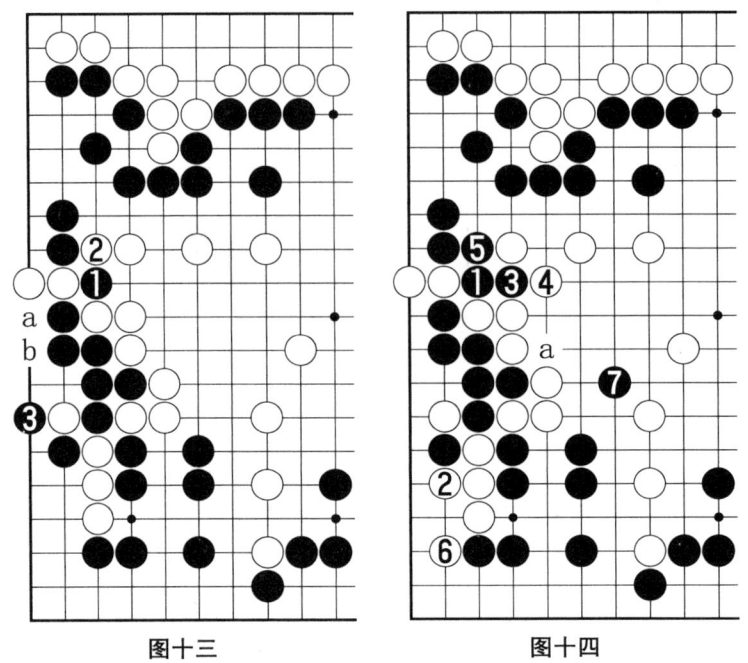

图十三　　　　　图十四

白6断，是收官的好手段。

黑7甘愿官子被利，表明黑棋已没有了斗志，此时无论如何要在B位断，如图十三，白2若断吃，黑3打吃，由于a位打吃先手，白b的夹自然就消失了。

又如图十四，白2打吃活角，从实空上讲黑肯定吃亏了，但黑利用a位的断点，7位飞出挑起纠纷，还是可以把局面搅乱的。

黑7至15的走法没有一点反击的态度，过分地听话，白棋打到哪里就应在哪里，黑从布局开始的消极态度一直延伸到最后。

白16补回中央，可以说是在宣布胜利。

第六谱　35—140（135—240）

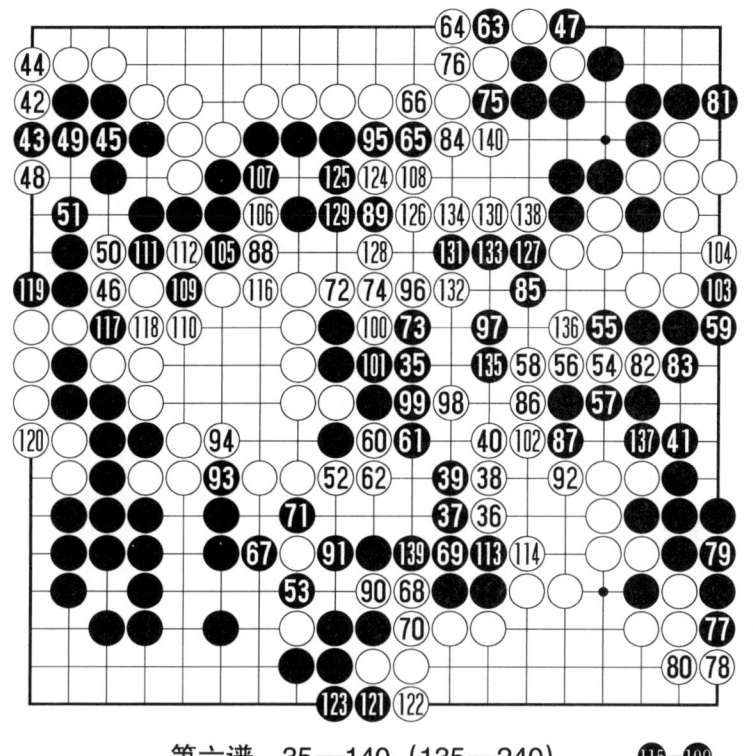

第六谱　35—140（135—240）　⑪⑤=⑩⑨

官子的手数很多，却已无关大局，白棋只要平稳无错，黑怎么也挽不回败势了。

黑的败因是从布局开始的，如果说第一谱中的黑 5 占三·3、黑 15 挂角是一种棋风的选择的话，那第二谱黑 31 的托过绝对是个失误，第三谱黑 55 的跳和 63 的托，都在追求一种平稳，而缺乏积极的出击精神，缓手频频出现，即便到了中盘尾声，也没有主动去冲击白的意向，平平稳稳地听任被利，这与朋斋素有的争胜负的顽强精神是很不相符的，是什么原因导致他这盘棋完全没有发挥出水平，不得而知，但有一点可以肯定，白棋自始至终掌握了全局的主动，并逐渐将优势变为胜势，秀行终于夺得了这个三次擦肩而过的冠军。

共 240 手　白中盘胜

孔祥明与藤泽夫妇摄于藤泽家中

第七局

第四期全日本第一位决定战第一局

● 藤泽秀行 九段
○ 大竹英雄 九段

黑贴4目半
1974年6月20日弈于东京日本棋院

1970年获得名人的藤泽，到达了一个顶峰，然而，从1971、1972年开始走下坡路，陷入了从未有过的长时间的低谷，徘徊在所有大赛的决赛之外，到1973、1974年时，就几乎沉到了谷底，"藤泽已经不行了"的声音时有传来，藤泽真的不行了吗？

当时，坂田荣获了十段、日本棋院选手权、王座之冠，被誉为坂田的第二黄金时代。

1973年林海峰和石田在名人战中上演了三连败后四连胜的惨烈激斗，可1974年林终被石田击破，丢掉了名人，由此，石田便拥有了名人、本因坊两个桂冠。

年轻的加藤、武宫、小林光一等也在各大赛中崭露头角，来势汹涌。群雄争霸不亦乐乎。唯独藤泽一人停立在边缘之外，虽然大家对他的棋艺依然给予极高的评价，但总在外围毕竟是件痛苦的事情，藤泽不能再沉默了。

公正地评价，藤泽这些年除了没拿头衔，成绩还算是不错的。1972年15胜15败；1973年20胜12败；1974年19胜14败。而且，在名人战的循环圈中还位居前茅，只是没有发挥出自己的水平，没走到最后的目的地而已。那么，是什么影响了藤泽发挥水平呢？

原因就是债务和喝酒，债务是赌赛车、赛马时借高利贷欠下来的，日复一日的利滚利像座大山一样压得他喘不上气，本来就喜喝酒，被追债鬼一催，更是沉溺于酒中，逃避艰难而又无可奈何的现实。恶性循环、益激益烈，那份无奈除了当事人，谁都无法体会。然而，在藤泽的内心深处，对下不出自己的水平的苦楚，远远大于被追债和断酒的艰辛，就是在这种完全无法静下心来对局的状态中，藤泽登上了久违两年的挑战舞台，与大竹进行三番胜负，结果如现实一样，藤泽０比２早早败下阵来，两盘棋都是在中、终盘时调子大乱，只因精神无法高度集中，输棋也就在预想之中了。

第一谱　1—24

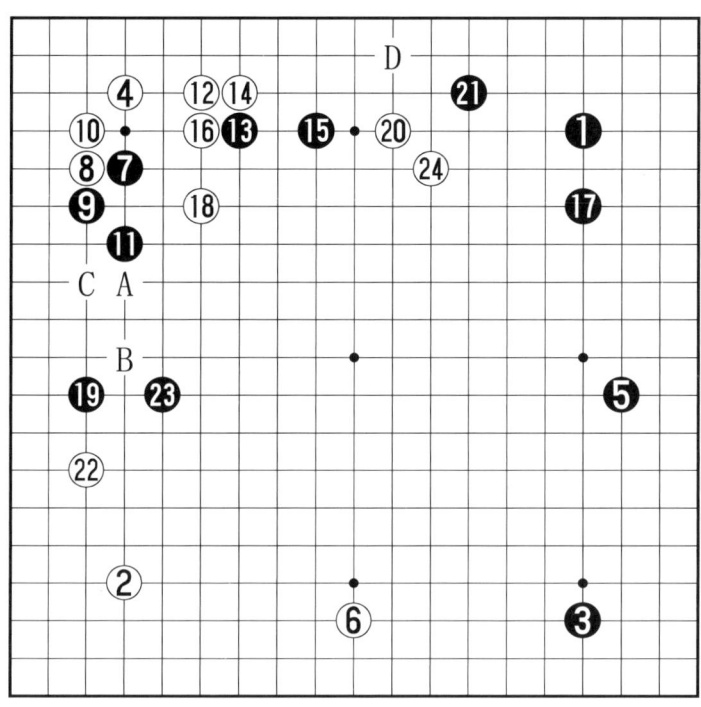

第一谱　1—24

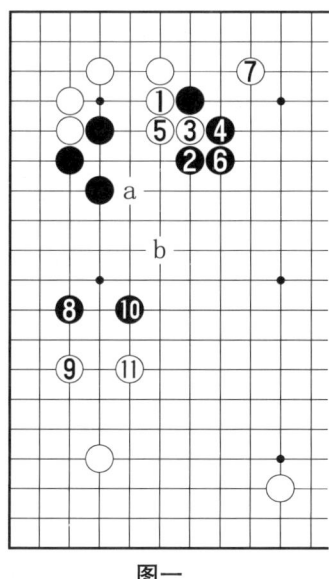

图一

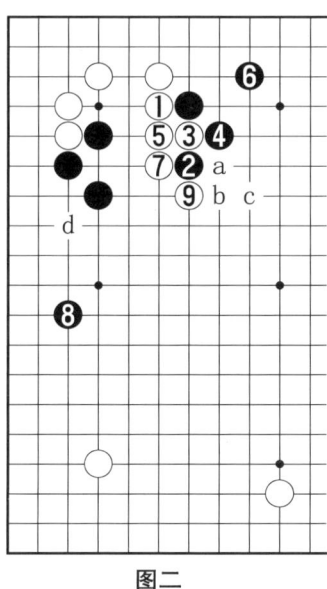

图二

黑1、3、5中国流，至今依然是流行的布局之一。

对黑7的高挂，白有很多选择，除了实战的托，在A位二间高夹也是很常见的。

黑13一般是单在19位拆，先从上边尖冲，是黑的一种趣向。

白14爬，有些如黑所愿，此时还是在16位贴比较积极一些。比如图一，白7跳出头，对黑右边模样就是一个限制。左边白有了9、11两子也筑成一定的规模，而且，将来白有a、b等手段伺机而动，白没有什么不满的。又如图二，黑6先抢占上边，白7厚厚地拐出，黑8拆后，白9就简单地打吃，黑已没有好应手，a位接白b位压，c位小飞又太薄，最令人担心的是白在d位打入，这就像个定时炸弹，让黑始终放不下心。

当然，这两个图就一定白好吗？不敢有这样的定论，但比实战要主动一些是肯定的，白14与黑15的交换，白在内，黑在外，感觉上白有些被利了。

黑17脱先，先于右上方缔角，左边交给白棋去选择，是很灵活的一种想法和走法。

白18跳过于稳重了，在B位夹是第一感，既然黑17脱先不拆左边，那白就应该占到左边的夹击，这样全局的大小分配才能均衡，倘若两点都让黑棋一方走到，白无疑是亏损的局面。而且，有了白18跳之后，白14与黑15的交换更显得没有必要，白子力都凝集在一块，大局上就显得被动落后了。

白20夹是走18时预想好的手段，希望能对黑13、15两子进行强有力的攻击。

黑21弃子转身，让白的预想成空。黑13、15两子已经发挥了作用，意义已经不大了，弃掉也毫不可惜，此时如图三，那就成为白的理想图了，黑逃出两子给自己找了个包袱，周围的黑势也大受影响，弊远远大于利。

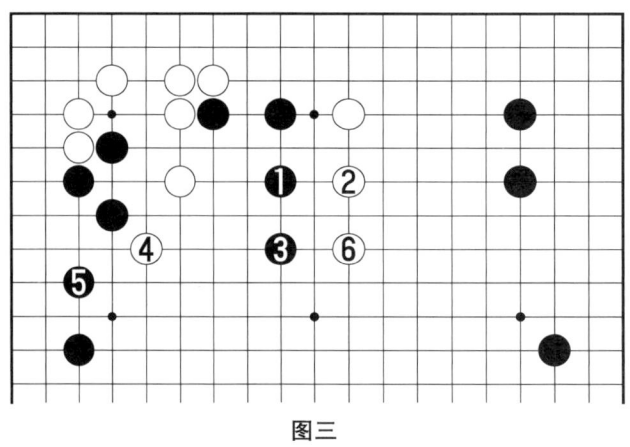

图三

白22大飞逼，不仅是扩大左下角，更是觊觎C位的打入。

黑23跳补很平稳，也很必要。

白24在D位跳无疑是最现实的占空手段，但这只是局部的一点小空，黑则不用去想复杂的走法，就简单地如图四，右边的模样就远远大于白在上边得到的实利吧！所以，此时，白以中央为中心是很有必要的。

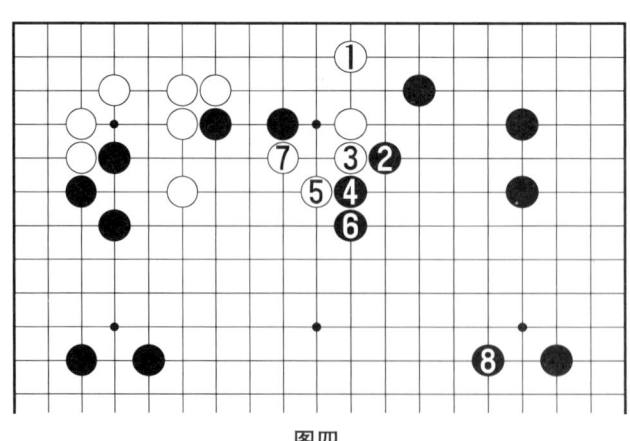

图四

第二谱　25—51

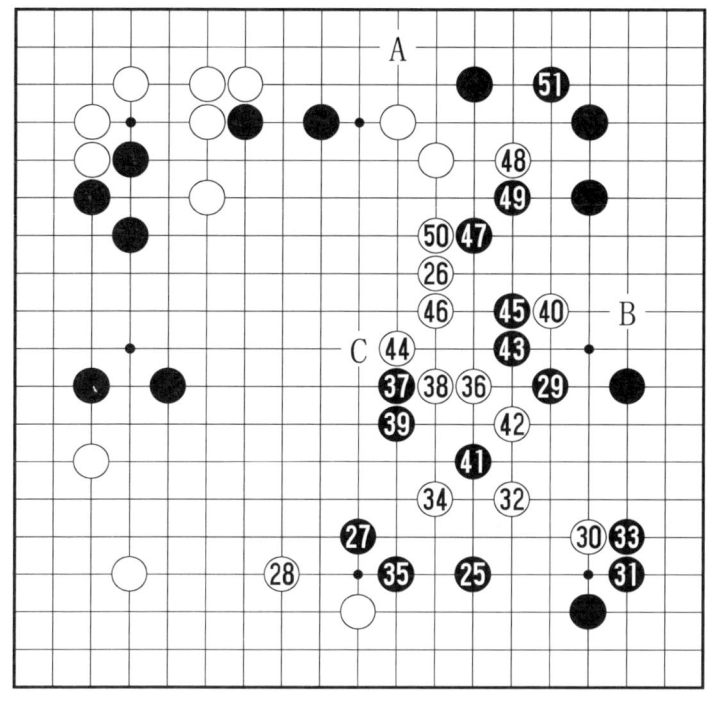

第二谱　25—51

黑25改变方向，于下方大飞，扩大右下角的模样。

白26大跳，继续经营上边模样，非常好的一点。但由于上方有黑A位小飞的侵消，白在上边的空很难做大，白26考虑在27位跳也是一个抢眼的好点。两点都是张势，各有利弊吧。

黑27飞镇，是非常舒畅的一手。

白28补不可省略。

黑29跳，兼顾上下两方的形势，可以说在布局尾声，黑已掌握了全局的主动。

白30打入必然，再不侵消，再被黑补一手，白再想消就难了。

黑31小尖，不给白做眼的余地，在外围全是黑棋势力的局面下，黑猛攻是必然的。

白32在中国流的情况下，一般都会在29位镇或25位大飞，可这两点都早已被黑占去了。白也就只能逃出为大，也顾不了形好不好了。

黑33爬，摆明了就是要把白赶出去攻击，同时，也收获了实空。

白34跳与黑35小尖交换后，白36大飞通连稍稍有些损，白34单在36位飞连变化更多一些，等黑来分断白棋时，白再利用黑下边的弱点来处理孤棋，以静待动，这是大竹局后的感想。

黑37反夹，看似在攻，但更多的是逼迫白单关连通，黑借机得利，并在中央又成一个厚势。

白38顶很损，可为了不被黑分断又不能不走，很不情愿。

白40并不是真正的侵消，只是不肯再单关连通，想以此有些借用，顺势连上，是很灵活的一个想法，但效果如何就要看黑的应对了。

黑43在B位应是不能考虑的，尖断白棋以攻为守，才是最严厉又最有效的。

白44扳，诱黑在C位扳，这是一个眼见的好点，走成图五，白4顺利救回△一子，黑在右边不好补棋了，若在a位跳，白有b位靠；若在b位飞，白有a位靠，黑c、白d，黑怎么补都留有余味。虽然中央黑1、3挺头十分快心，但实战黑更偏向于实空。

黑49完全吃住白40一子后，右边加上角空，不算右下角，都近50目了，黑51后，不仅实空上领先于白棋，在棋形和厚薄上也不输于白棋，应该是黑主动而又好下的局面。

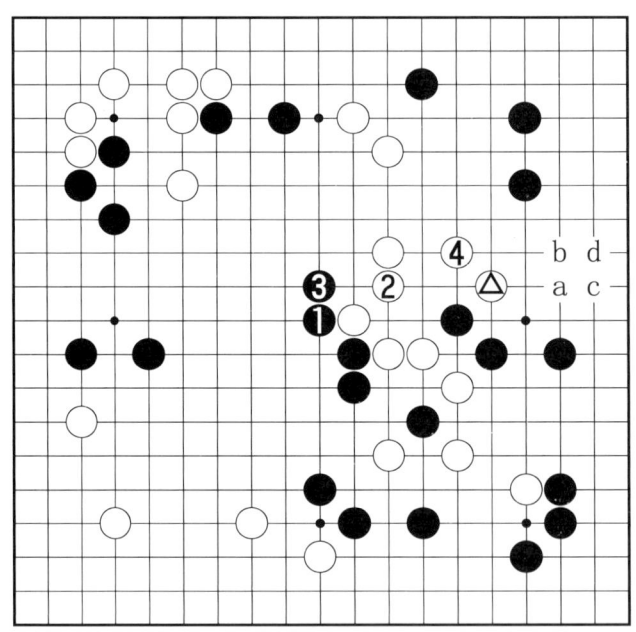

图五

第三谱　52—85

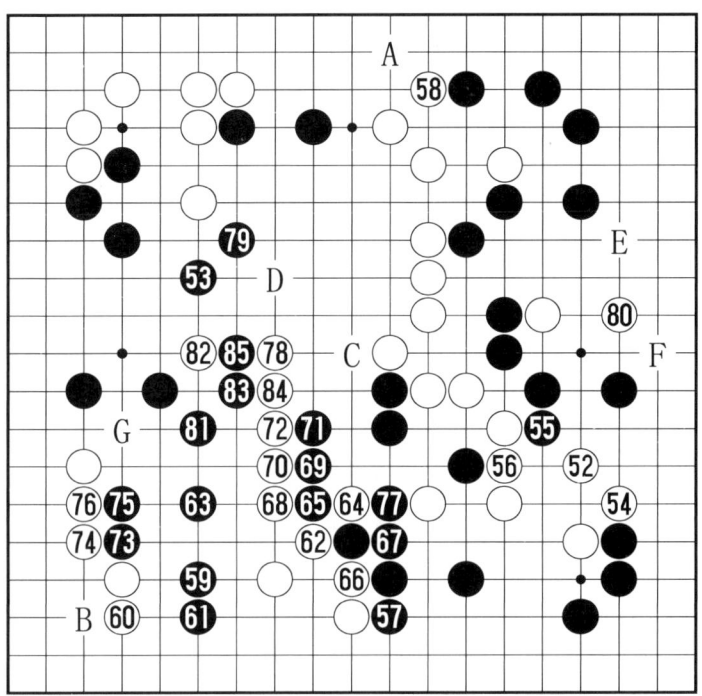

第三谱　52—85

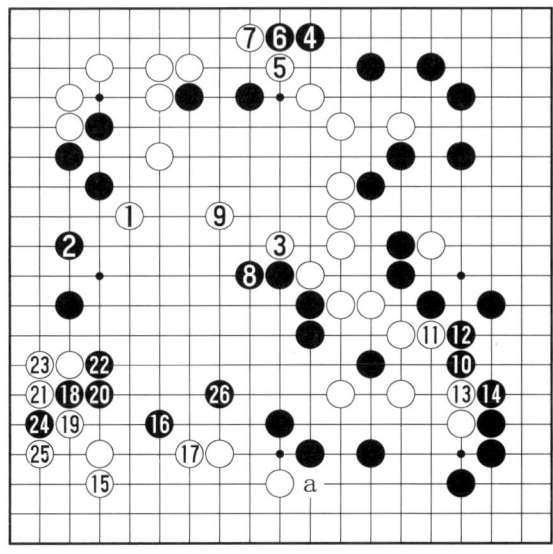

图六

白52防止黑右边的大空连成一片，同时，有了52、54两子之后，白期待在右边黑的大空里能产生些手段。此时如图六也是很诱人的走法，但被黑趁势走到4位先手小飞，白实在是很不情愿。以后双方都按正常收官，黑右边的大空上下连片，若能走到a位挡，有近90目的巨空，而白上边的大空不足50目，左下全成为空也就不到30目，且不说黑还有左边和中腹的目数，白是怎么都不够的。所以，白52先占实惠的官子，不去围中腹，黑在上边的官子也不能成为绝对先手了。

既然白放弃了中腹围空，黑53小飞也是双方势力消涨很重要的一点。

白54继续贯彻52的方法。

黑 55、57 补强自己。

白 58 以实空为主，不给黑在 A 位飞的机会。

黑 59 打入毫无必要，单在 79 位小尖就足矣了，只要白在右边的黑空里走不出棋来，白实空是无法与黑抗衡的。而且，黑 59 的打入，使 B 位点三·3 的手段也消失了，有弊无益。

白 60 冷静，先守角空。

黑 61 为分断白棋，又花了一手棋。

白 62 至 72 是非常好的腾挪手段。

黑 73、75 与白的交换为时过早，一没有加强自身，二帮白解消了角上的种种余味，连连的失误，棋的风向开始转变。

黑 79 小尖是一个不可置疑的极大的官子，但如果对黑下边几子的联络有所担心的话，那黑 79 就直接在 81 位小尖，白若依然在 82 位跳补断，黑 83、白 84、黑 85，黑 79 一手就省略了，以后的 C 位扳、D 位跳都是先手，白上边的空也成不大。

白 80 跳，试黑应手。

黑 81 若想稳妥，便 E 位小尖，若不肯被利就在 F 位小尖，无论哪种选择，黑都不能在这个时候脱先。

突然间，黑担心下边黑几子的联络问题，竟然置右边白 80 不理，去补断了，实在有些难以理解。下边黑几子再单薄，白也只是占点官子便宜而已，没有大的问题。而且，如若要补 81 位，那当初 73、75 两子更显得多余了。

白 82 虽然有些损，但却是先手补断。

黑 83、85 冲断白一子虽然很有收获，但 79 一子的位置就不是最佳了，而且，右边自己的大空里，白有了 80 一子，白再动手做活，那就是轻而易举的事情了。

第四谱　86—106

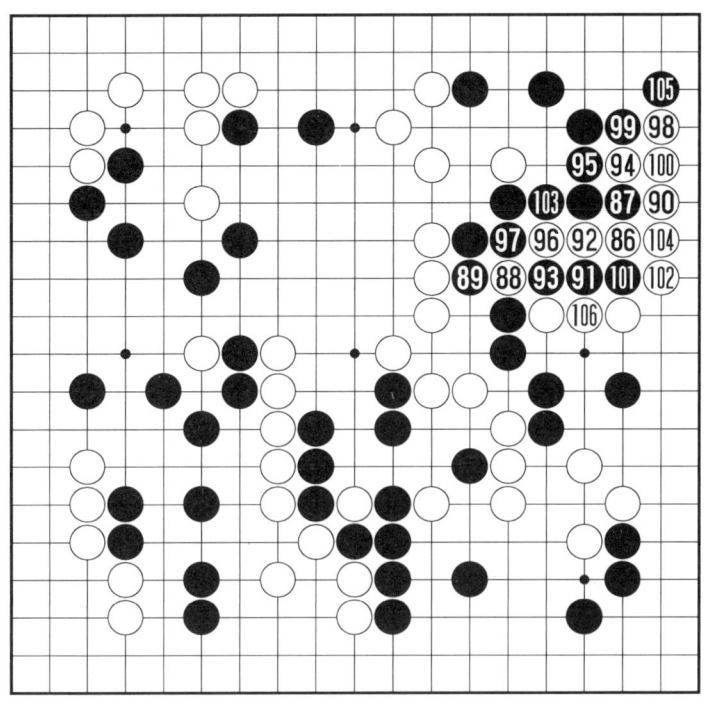

第四谱　86—106

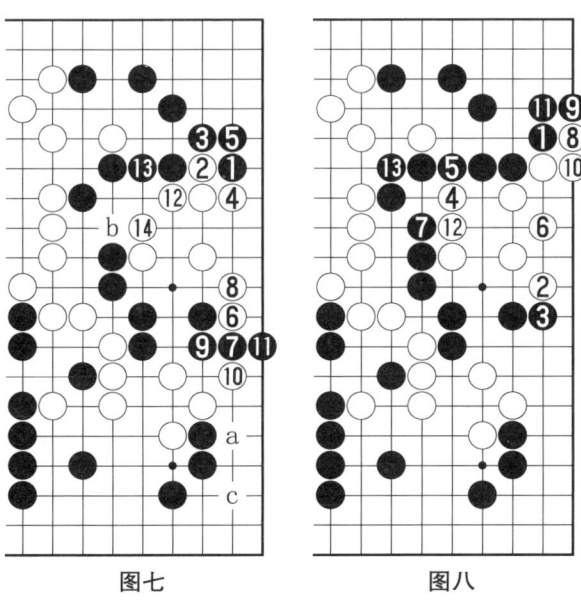

图七　　　　图八

白86拆一，眼形就非常丰富了。

黑87若在90位跳，是缩小白眼位的最有力的走法，可白简简单单如图七就活得很干净了。

黑91已经处于不冷静的状态，明知攻不了白棋，还强行去攻，让损失越来越大，此时应该考虑如何善后，减少损失，而不是一错再错。黑91如图八，虽然让白先手做活有十二万分的不情愿，但事已至此，冲动只会有更坏的结果。

有了白92的冲、白94先手扳，再98位虎，走至白106成为必然，黑的边空全被破光，角空也大大缩水，与图八相比，黑又明显地瘦了一大圈，棋形还变薄了，而这一切，只因上谱黑79、81的思维断链，右边的大空就消失殆尽，还给白增加了好几目。

第五谱 7—29 (107—129)

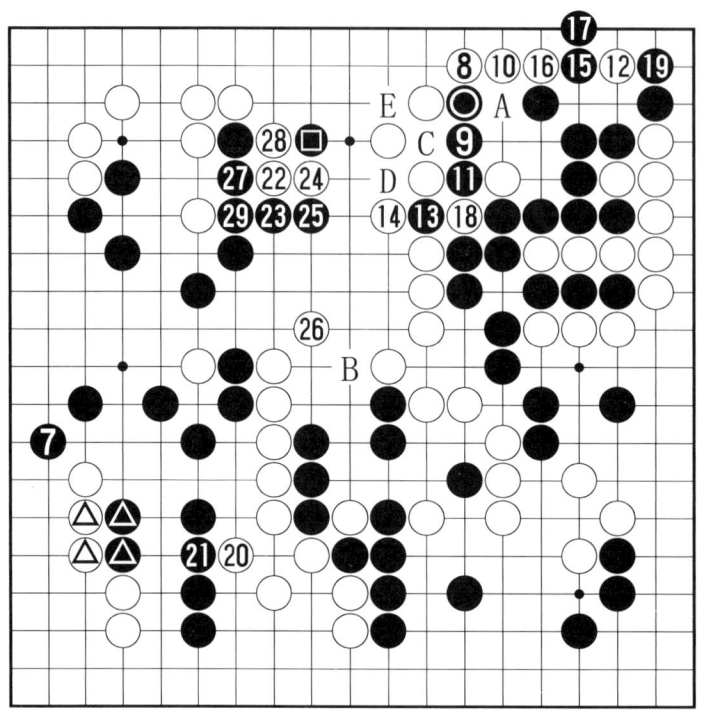

第五谱 7—29 (107—129)

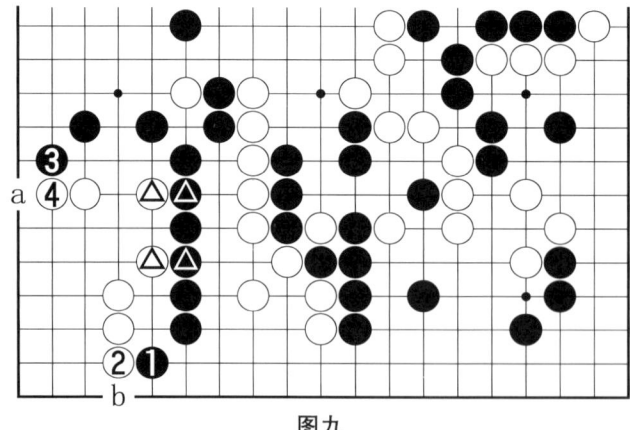

图九

黑7小尖，很大的一个官子，可倘若当初没有黑▲两子与白△两子的交换，黑7且不说在角上设法产生手段，就是单纯收官，也比实战省出一手棋来。如图九，图中白△与黑▲就算是白先手交换掉的，黑1、3两个小尖都是先手，以后a、b两个扳仍是先手，这样，黑先手在上边收官，还可以一争胜负。

对白8的扳，黑9在10位虎是确保角空的走法，但被白9位先手打吃，又是十分难受，不如索性不应，将右上角也让给白棋，只要能做活就行，先抢中央的官子是当务之急。

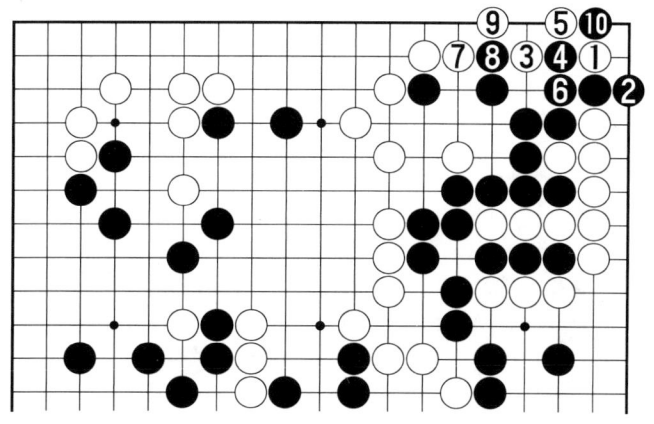

图十

黑在右上角脱先,白并没有杀黑的手段,最强的走法如图十,黑也轻松做活。又如白单在 A 位打吃,黑则 16 位立,以后有机会再于 9 位长,黑◉一子已经无关紧要了。

黑 9 脱先在 23 位先小尖是很重要的一点,下一手在 B 位就能扳断白下边一块了,白若仍在 26 位小尖补断,那黑◉一子就已经逃回来了,这与实战的差别是相当大的。

白 18 提劫是为了补断,若在 19 位夹过的话,黑有 C 位打吃,白打不赢这个劫时只能 D 位接,黑 E 位断,白上边几子就危险了。

白 22 争得先手将上边黑◉一子吃掉,黑很难有地方再与白棋争胜负了。

第六谱 30—57（130—157）

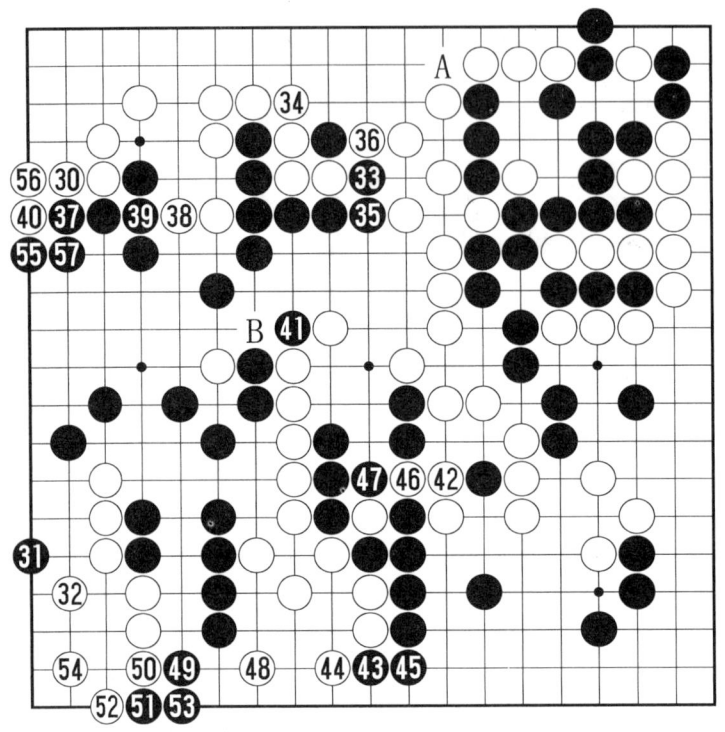

第六谱 30—57（130—157）

白 30 立是为了走成先手官子。

黑 35 接之前在 A 位先断是正确的次序，在形势不利的情况下，黑并不惧怕打劫，走成图十一，黑先手提了劫，将来还有 a 位先手跳的可能性，虽说可能依然挽救不了败势，但局势一定会接近许多。

黑 41 是逆收官，白 B 位虎本是先手，但白能补在 42 位，黑也并不便宜。

白 48 跳补，是优势下的安全走法，从官子上讲，白 48 在 57 位扳更大一些，但最好的次序是当初白 38 不要着急走，57 位扳

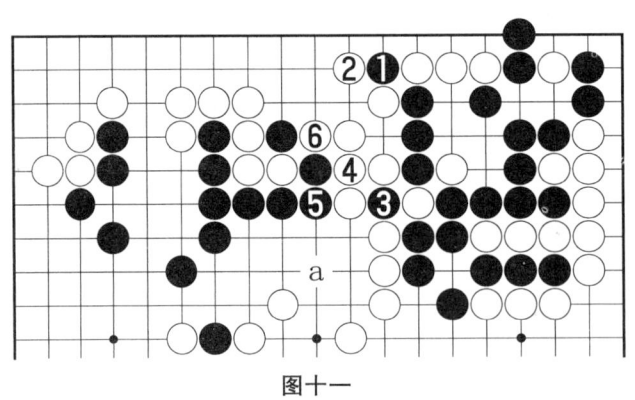

图十一

就让黑难以收官了，白 38 应等黑 55、57 走后再走，才是最佳的走法。不过，白棋的胜势已定，也就不太拘于这些小地方了。

第七谱 58—140 （158—240）

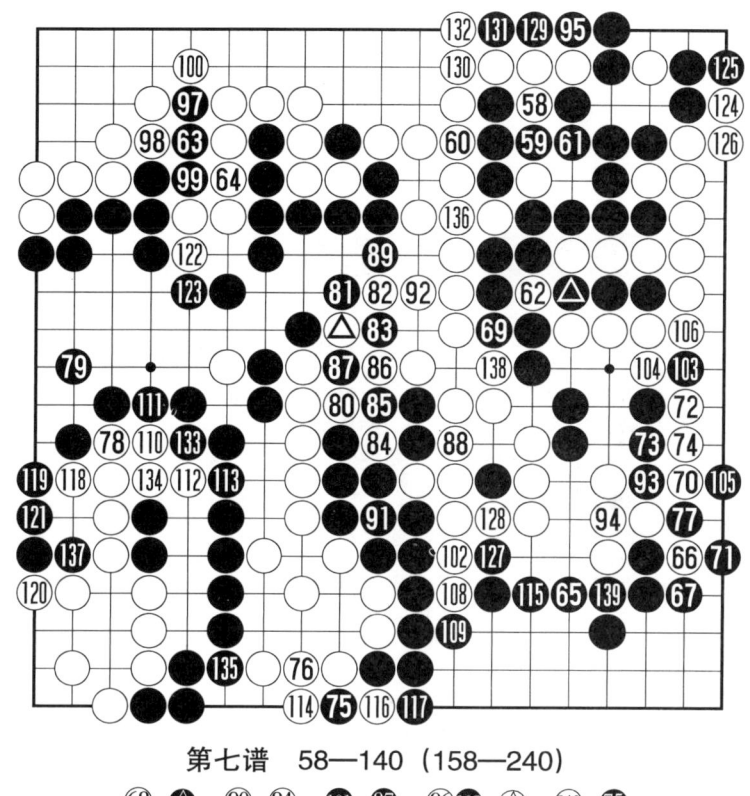

第七谱 58—140 （158—240）
㊻=△ ⑨⓪=㊷ ⑩①=㊿ ⑨⑥⑩⑦=△ ⑭⓪=㊆

进入本谱，黑在盘面上都落后于白棋，白若不犯极大的错误，黑是回天无术了，而白最终将胜势紧紧地握在了手中。

序盘上白的构思发生问题，黑占据了大局的主动，到中盘时已经明显优势，可就在进入终盘的前夕，黑接连的失着，将大好河山拱手让给了白棋，这不光是黑的精力没有集中，就是心神也很不稳定了，才会这么错误连连吧。

大竹在这个全日本第一位赛中的成绩非常突出（此赛前身是日本棋院第一位决定战），加起来一共也就举办了七期，而大竹就获了四次优胜，有人开玩笑说，这比赛就是为大竹办的，也不是完全没有根据的。

共240手　白胜5目半

秀行老师与孔令文下指导棋

第八局

第一期天元战第四局

● 藤泽秀行 九段
○ 大平修三 九段

黑贴5目半
1976年1月8日弈于日本

藤泽在1962年夺得名人之后，仿佛就与冠军头衔绝了缘，成绩是一落再落，降到了无底的深渊。在此期间，坂田荣男手握十段、日本选手权、王座之冠，被誉为他的第二个黄金时代；石田芳夫荣获名人、本因坊两顶桂冠，占尽风采。年轻一代的加藤正夫、武宫正树、赵治勋、小林光一也顺波崛起，崭露头角，可在棋艺上得到高度评价的藤泽却默默无闻，毫无建树。最糟糕的是1967年。全年只下了30局棋，胜负为各占一半。这成绩当然是排不上名的。为什么藤泽会如此不振？最真实的原因应归之为债务和喝酒。藤泽后来坦言："你就算最厉害，可在赛前的晚上还被讨债人追得东藏西躲，怎么能赢棋？"的确，讨债人的苦苦困扰，搅得藤泽的心没有一刻得到过安宁。为了解闷，他便借助于酒精来麻痹自己，一醉方休。休得不只是苦闷烦愁，也休了棋盘上的将军威风。为此，藤泽的痛苦更大于还债的痛苦。所以，他在回顾低谷时期时曾这样说："我的确迷恋酒，但绝没有忘记对棋艺的追求。即使是在那低谷时期，我也是拼命地在学习。"对藤泽来讲，棋就是他的生命。在承受着不能静心下棋的痛苦折磨时，他没有放松学习，没有放松对棋艺更高境界的追求。正是凭借着不懈地努力，他的低谷时期在1974年画上了终止符，重振雄威，取得了向蝉联了七届全日本第一位战冠军的大竹英雄的挑战权（其前身日本棋院第一位战）。虽说未能夺冠，但两局棋都是藤泽将优势保持到了中盘，而在后盘乱了阵脚丢失好局。这也是精力和注意力不集中所致。但毕竟已从低谷中复活，以他的实力一步步向各棋赛的头衔走近。1975年经过浴血奋战，在1976年初夺得了当时最大的棋院冠军，就是第一期天元战。

天元战的诞生颇有戏剧性，这是因为名人战改换了报社的原因。日本棋院中止了与读卖新闻十多年的契约，以更高的价格与朝日新闻社签订了新的合约。虽说这也是为了提高棋手的收入，保证棋手的生活，但对创始名人战的藤泽来说，是一件十分痛心的事情。

第一谱　1—16

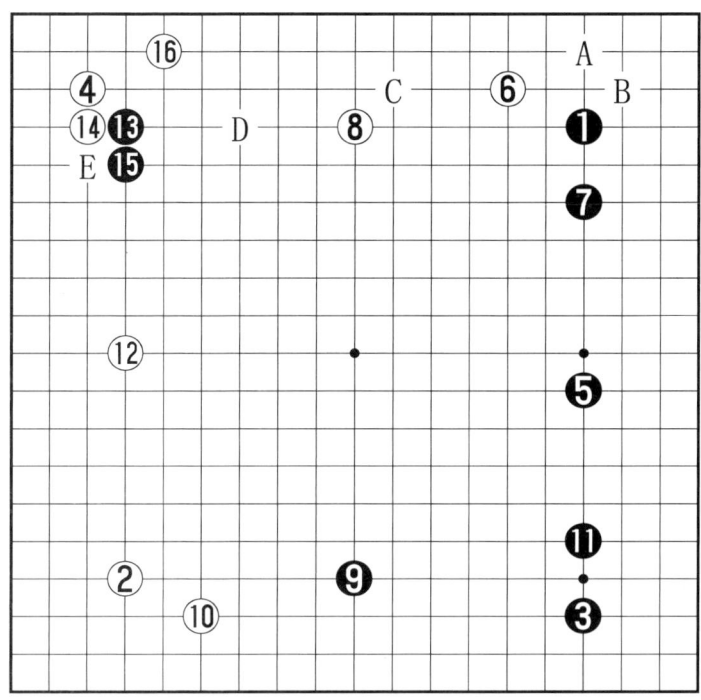

第一谱　1—16

就在名人战转约之前，日本棋院与新闻社（北海道新闻、东京新闻、中日新闻、西日本新闻）一致同意终止已办了二十二期的"日本棋院选手权赛"。将此战发展为包括关西棋院也加入进来的天元战。何谓"天元"：一局之中，万物之主。新棋战的名称夺人耳目，更何况冠军奖金是500万日元，这可是前所未有的，高出名人战200万。难免令一流棋手们激动不已。藤泽更是为之动心。参与创办天元战的三社联盟记者能智映曾有过这样的报道："我在秀行事务所见到藤泽，他好像不知道此事似的，很巧妙地问我：'真的是出500万吗？'我回答说：'当然。''啊，太诱人了!？'这么一个素以淡泊自居的人竟也这样吞吞吐吐……"

决心要拿到这500万的藤泽，显示出了惊人的冲击力。除了在对加藤执白是半目胜之外，其余全是完胜。而与他争夺冠军的大平修三和他有着16年的亲密友情。在大平还未入段时，已是三段的藤泽还指导过他。但友情归友情，一坐在棋盘前，再好的朋友也是敌人。一场激烈的争夺就在这两个好朋友之间展开了。

黑以1、3、5高中国流布阵。白则以星、三·3抗衡，将势与地浑然为一体。

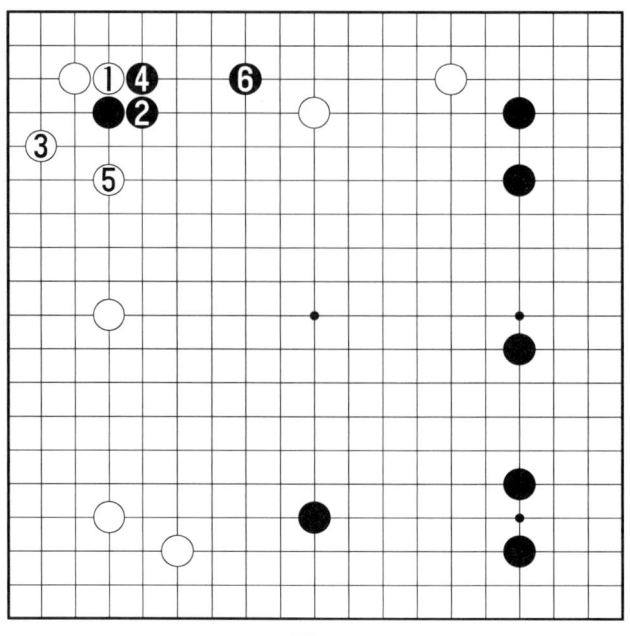

图一

　　白 6 选择上面挂角，可能是顾忌左上白 4 的位置过低，黑容易形成大模样的关系吧。

　　白 8 于 A 位飞，黑 B、白 C 拆二，是现在流行的下法。可如此与白 4 的配置是否为佳，则要根据对局者的考虑方法与棋风来断定了。

　　黑 9 单拆，不直接于 10 位挂，可能是不愿被白在下边夹击吧！

　　白 10 小飞，不仅看到这手棋是黑棋挂角的好点，也体现出大平稳步行进的棋风。

　　黑 11 缔角，在右边与下边连成了一片，构筑了黑压压的大模样。

　　白 12 大场，此时在 15 位小飞守角也未尝不可。但棋风有异，选择也就百人百样了。

　　黑 13 绝好的一点，将白左上方的模样化整为零，没有什么不满。

　　白 14 如走图一的 1 位，右上边的两子便显薄弱，将形成与实战完全不同的布局结构。虽说同样是一步爬，但方向的选择却会造成天壤之别。

　　白 16 飞后，黑是选择 D 位跳，还是 E 位拐呢？

第二谱　17—33

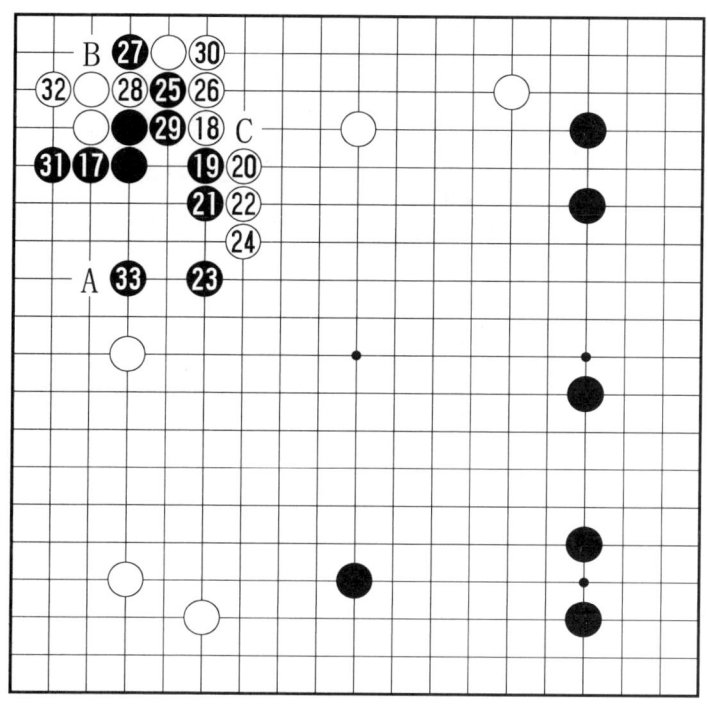

第二谱　17—33

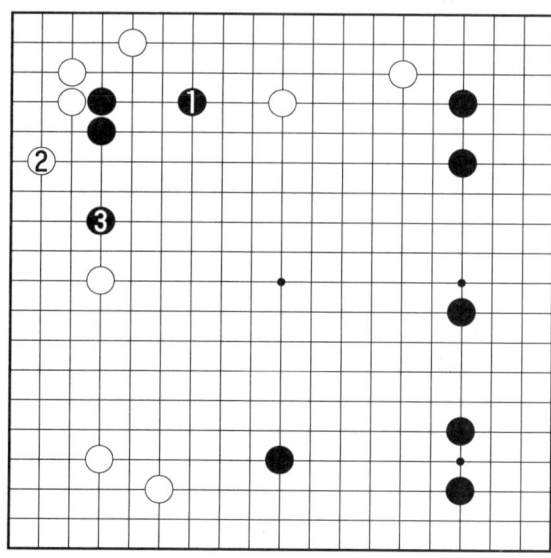

图二

谱中黑选择了17位拐。因为此时若选择图二的走法，黑落一后手。对白上、下、右三方都毫无影响，便有华而不实之嫌了。

既然黑17拐了，白18飞也是必然的。

黑19若如图三走A位自补的话，白顺势加固上边，黑反而出头困难。

图三中的黑3如走图四的2位就地生根，既让白外势太厚，自身还留有a、b等不少缺陷，也不是理想之形。如此，黑19还不如直接动出。虽说让白上边得以加强，但黑也坚固了自身，对白左边一子也是一种威胁。

白20扳势在必行，走至白24几乎是双方都没有别的选择。

黑25尖顶、27扳，是常用的整形试白应手的手段，

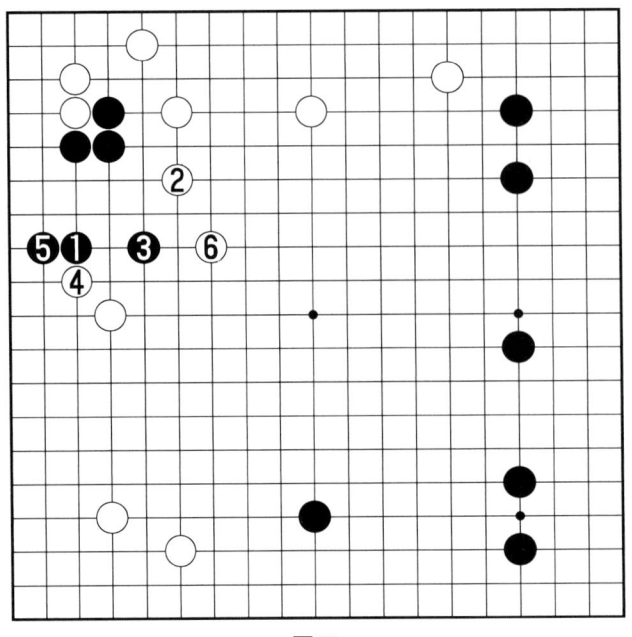

图三

图四

时机掌握得正是火候。

白30如在B位打吃，黑31的立便成为后手。但黑却由此有了30位的断打，那C位的断便将成为白的隐患，对黑的攻击也就心有顾忌了。

黑31先手利后，33位跳回，将左上一块完全安顿好了。布局也到此告一段落。中盘战从何处着手，令人拭目以待。

在进入第三谱之前，穿插点闲谈。话说这第四局行至黑33，竟然与第二局的走法是一模一样的。这不仅是出于双方棋手倔强的性格，更出于双方对自己的构思充满了自信吧。这是一种不屈的精神，也是一种气势！

第三谱　34—47

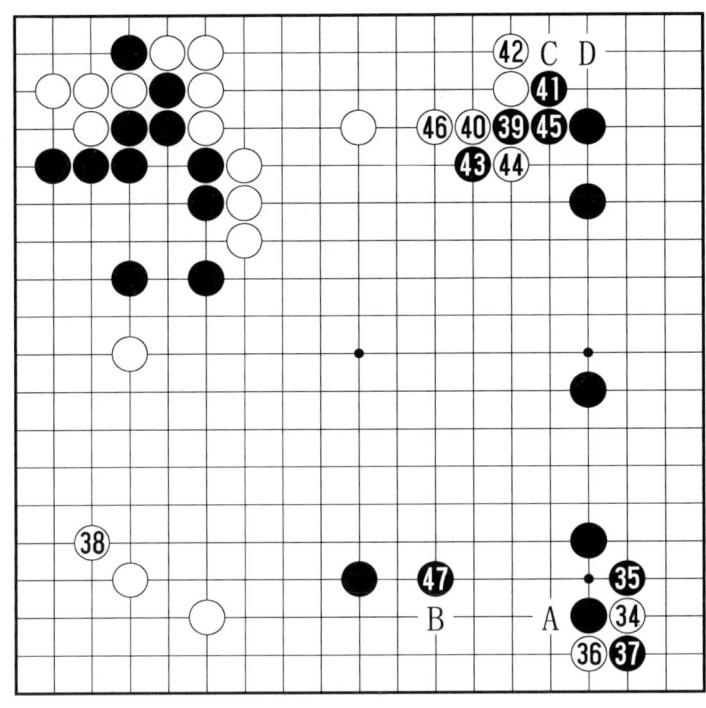

第三谱　34—47

白34选择了右下角碰。

白36扳是否操之过急呢？应该保留A位的夹。

白38小尖补角是一个很明显的好点。但局后大平的感想是此手应于A位先手打吃后，再B位拆更为积极一些。

黑39压，进一步加强右边。

白40的扳虽在棋理之中，但在这个局面下可能显得不够灵活，太遂黑的意愿了。在C位尖或D位飞不失为一种有趣的想法吧！

黑41至白46一气呵成。不仅达到了加厚右边的目的，又将白上边势力缩小，还掌握着先手，心情十分愉快。就从这一点上讲，白棋有被黑牵着鼻子走的沮丧。

黑47跳一，坚厚而又有效，将形势转化为实空，早早地取得了优势。

第四谱 48—65

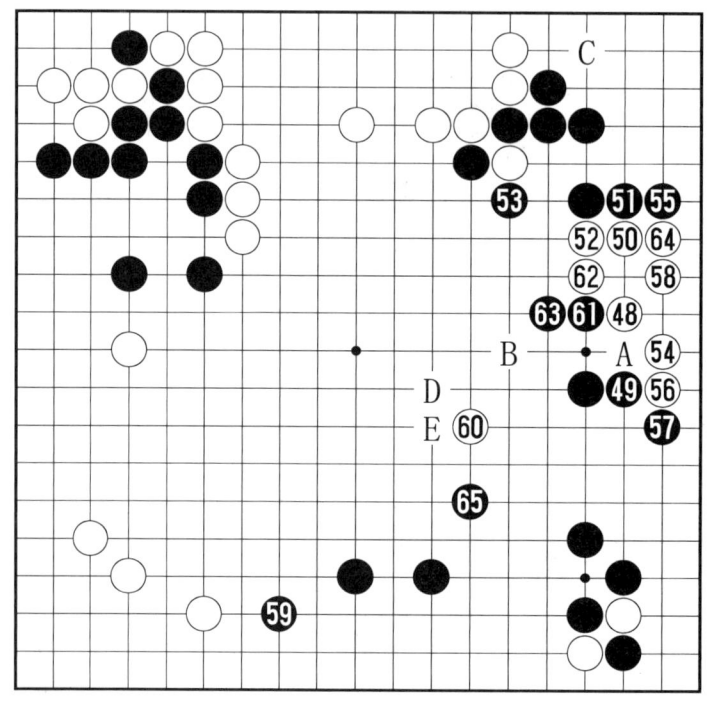

第四谱 48—65

白 48 打入已是刻不容缓,再放任黑在右边加补的话,那白在实空上是无法与黑抗衡的。

也许是优势意识作怪,黑 49 的立过于稳重了,当然应该在 A 位尖顶。不论白是 61 位长还是 63 位跳,黑都在 B 位飞攻,不给白喘息的机会,趁势也将右下方的大模样进一步扩大。

白 50 就地求活,十分机敏。因为往外逃只会加重负担。黑 51 挡必然。白 52 贴,看似笨拙,却是做活的应急手段。黑 53 抱吃一子确保了右上角的安危,也制止了白的出头,守中有攻。白 54 小尖做眼。

黑 55 应在 56 位挡。同样是让白做眼,加强右边当然胜于加强右上角。因为右上角还留有白 C 位的跳入,黑 55 立的价值就打折扣了。

白 58 做眼,黑已无法再对白进行强攻了。黑 59 改为下边小飞,这是一步很大的棋。若让白走到 59 位的拆一,双方的势与空都将有极大的改观。

白 60 侵消,可以说是打完一个成功的战役,能在黑右边模样没得到扩张的情况下,在右边做活一块棋,又得到侵消的机会。黑优势的局面已因此而改变为黑稍稍领先一点而已。

黑 61 很想强攻白 60 一子,如 D 位尖罩之类的。可白 E 一步步贴,也看不出黑能有什么收效,反而有徒劳无益的担忧。黑便改变战术,先在右边压长,迫白 62、64 做活,黑 65 小飞坚守下边,以空为重,保持局面的均衡。

第五谱　66—83

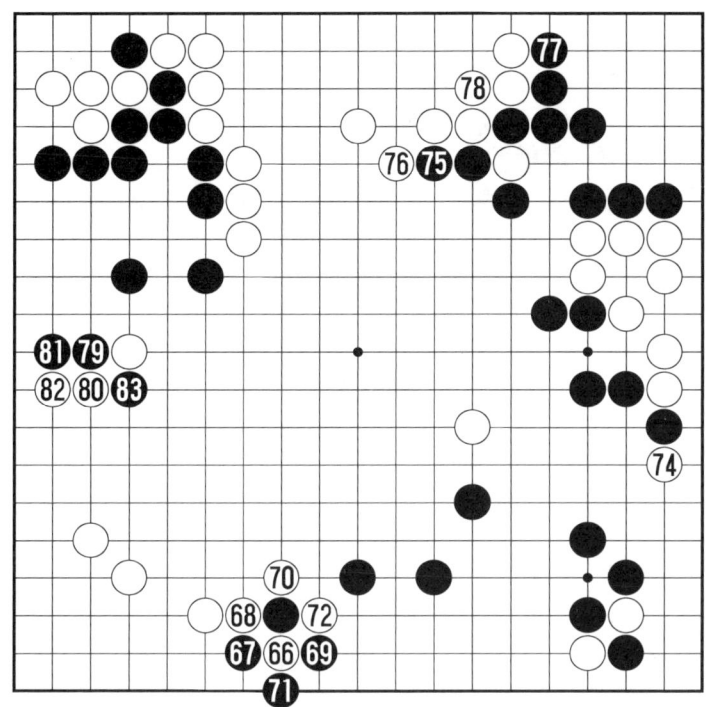

第五谱　66—83　　　73=66

白66是收官的常用手段，试探黑是选择实空还是外势。

黑67选择了实空。这是一种最实惠的选择。

至黑73，白虽然边空有所亏损，但取得了外势，收支平衡。

白74应该说是一个很好的伏击手段，但时机却有误。好不容易在左下方得到了外势，继续在左边发展不是更为生动吗？如图五，至白7，不仅经营了左边的模样，同时还留有A位跳入攻黑的手段，局势将会显得十分漫长吧。

黑75、77先手定型，将右上角据为实空。那白74若不走图五，也该在75位拐吃为大吧！

黑79、81托立，解除了白如图五的手段。这实空与势力的一进一出，真是无法同日而语。

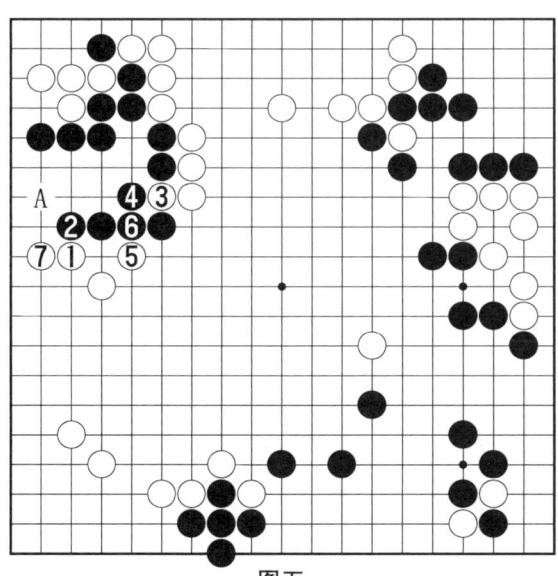

图五

第六谱　84—103

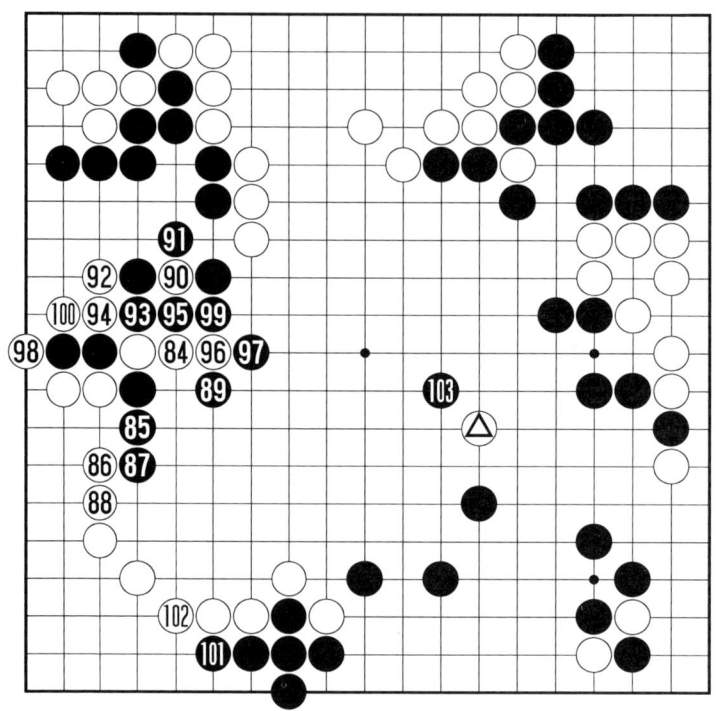

第六谱　84—103

白84长是唯一的反抗，这一手若在93位顶虽是先手，但被黑94位硬挡，白就没有下一手了。在86位拆一弃掉一子虽是一法，但那样实空就远远落后于黑棋了。只有顽强外逃，拼死一战。

黑85、87绝对先手。

黑89的跳是一种弃子手法，真正的目的是要将中空据为己有。但此手在93位顶就已很充分。

白90挖是手筋。黑若贪恋左边两子于92位立，白96贴就轻松逃出了。

白92夹，确保左边黑两子为口中之食。白92若走图六1位，虽吃掉黑左边四子，但外面构成黑的一道封锁线。白吃掉四子并不见得就比吃掉两子便宜。

到白100，局部的战斗告一段落。可以说是各有优劣。但黑在大局上占到了103位，将白△一子圈入自己的领地之中，取得了全局的主动权。

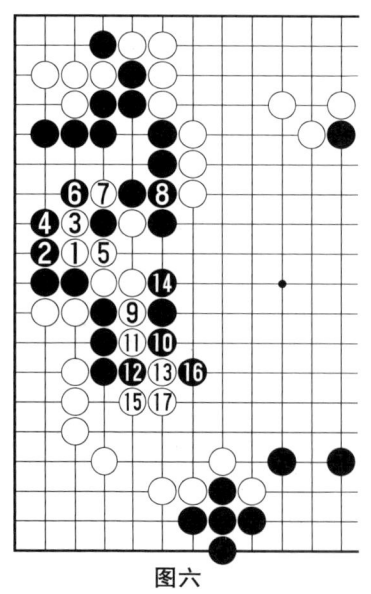

图六

第七谱 4—29 (104—129)

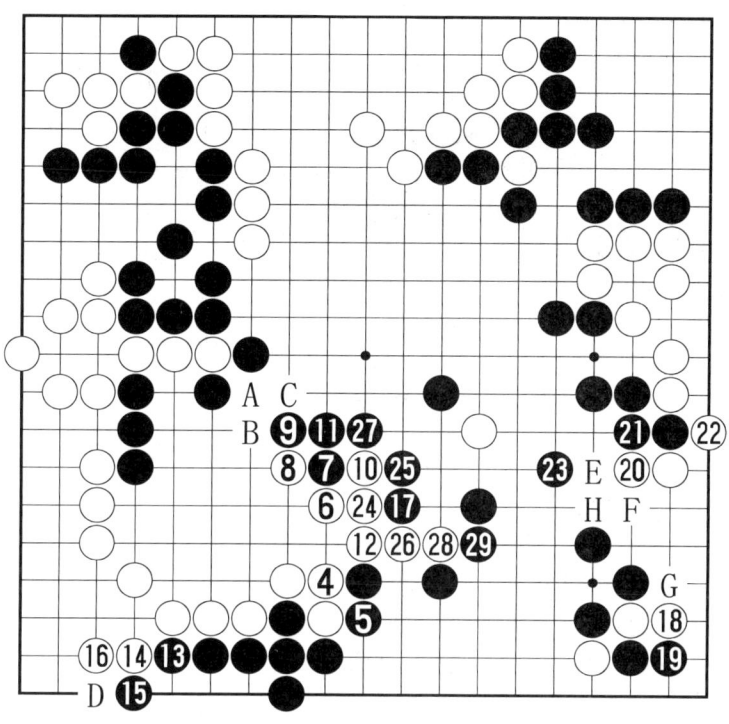

第七谱 4—29 (104—129)

白4若在A位断，黑B、白C、黑9一直贴过来，由于黑左上边一块已没生命危险，白A位断也就失去了意义。但白4即使不能在A位断，也应在9位点，与黑A接交换，白再走4位接、黑5、白6、黑25、白13。这样将会是一盘细棋。

白4、6单走，本意是想保留A位的断，谁

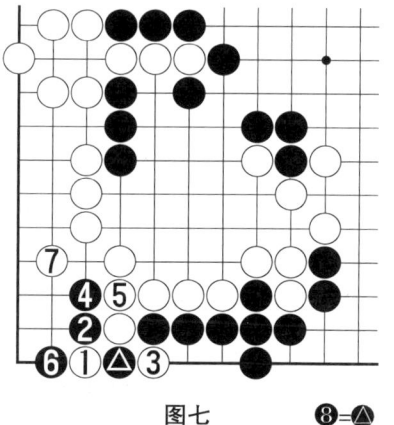

图七　　⑧=▲

知却遭到黑7碰的好手，将两处都补上了，还得到厚形。白真是有点后悔莫及。白8至12是没有办法的选择。

黑13、15先手官子。

白16不能在D位打吃。因为黑有图七的手段，至黑8形成劫争。此劫对白来说太沉重了。如打输，损失的实空远远大于黑棋。

黑17补回中央，一步步走向胜利。

白20单立，不在21位打吃，是为了给黑中央制造一点缺陷。

黑23若在E位扳，看似好形，却正中白的下怀。白F后，H位的冲与G位的拐回形成见合，黑反而顾此失彼。退后一步补是很明智的。

白26还是在27位长出更优于实战。

第八谱 30—110（130—210）

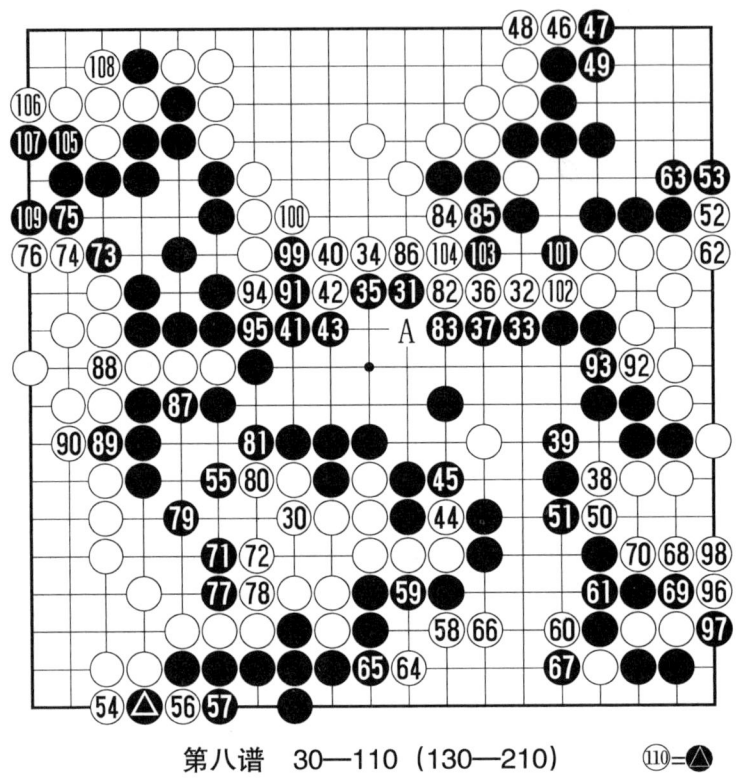

第八谱 30—110（130—210）　⑪⓪=△

白 30 补是很大的官子。但在 A 位消也是相当有魅力的大官子。

黑 31 一手将中央左右都围成了空，明显拉开了与白在实空上的距离。

白 32 跳，诱黑于 102 位冲断，白便 84 位打，黑 85、白 104 长逃出，黑毫无收获。所以，黑 33 挡补是正确的。

既然黑不上当，白 34 也就只好围空收官了。

以下的应对双方都没有失误。即便白 58 破罐破摔时，黑也应对得当，不给白一点机会，将优势保持到了最后，取得了此局的胜利，也取得了本赛的冠军。

藤泽的优胜，再次证明了他擅长新棋战的说法。"食新物的秀行"这个绰号叫得更响了。但不论是擅长新棋战，还是食新物，都是需要真正的实力的。藤泽的夺冠不是最好地证明了这一点吗？在那么低谷的时候，他没有放弃努力，不断地充实自己，当身心具备了能战的条件，便如滚滚波涛汹涌向前。1975 年他以 28 胜 10 败的战绩，名列胜局数和胜率的第 3 名。就如随风的浪，给人一种压迫和威胁感。

共 210 手　黑胜 9 目半

第九局

第一期棋圣战第一局

● 藤泽秀行 九段
○ 桥本宇太郎 九段

黑贴5目半
1976年12月2、3日弈于日本东京

自1975年开创了天元战之后，新棋战相继诞生。碁圣战、新人王战接踵而来，特别是读卖新闻社丢失了举办名人战的权利后，开办了惊人的冠军奖1700万日元的"棋圣战"。并且，棋圣战的参赛规模也是最大的，关东、关西两棋院的所有棋手都能参加。第一阶段将各段的优胜者决出；第二阶段为全段争霸赛；第三阶段为最高棋士决定战，由全段争霸赛的冠军、棋圣战审议会推荐出的棋士，再加上四大棋赛的冠军拥有者（名人、本因坊、十段、天元）进行淘汰赛，决胜为七番胜负，优胜者为首届棋圣。以后每年的进程也大致如此，但最后的决胜则为三番胜负，优胜者向上届棋圣进行七番胜负的挑战，这个规则至今也没改变。

当时最引人注目的是王立诚三段。他不仅在三段战中脱颖而出，就是在全段争霸赛中也跃马横刀，过关斩将，使高段棋手纷纷落马，一举进入了最高棋士决定战，群情的沸腾到达了顶峰。

藤泽当时拥有天元头衔，便直接进入第三阶段，免去了层层突破的辛劳，这对容易打勺的藤泽来说是一种幸运。他的注意力只集中在几局棋上，身心两方面的状态都到达了高潮。所以，在首战对加藤正夫一局时，藤泽虽在中盘之后已成败局，按他以往的性格可能早投子认输了，可高昂的斗志与充实的精神状态，使他顽强拼搏，扭转了逆势，艰难地迈开了第一步。之后不论是对石田芳夫还是武官正树，都是波涛不平，几经历练，但他坚强地挺住了。真是步步艰难，来之不易。

棋界的老前辈桥本宇太郎取得了另一张决赛入场券。他不仅是活跃在第一线年纪最大的棋手，也是关西棋院的统帅。在群雄鼎立的激战中，他浴血奋战而出，的确是大大出乎人们的预料，惊讶之中更有敬佩和尊重。

一方是"棋艺秀行"，一方是"天才宇太郎"，两个在赛前呼声并不高的人将争夺首届棋圣的宝座。鹿死谁手？一场好戏拉开了决战的帷幕。

第一谱　1—17

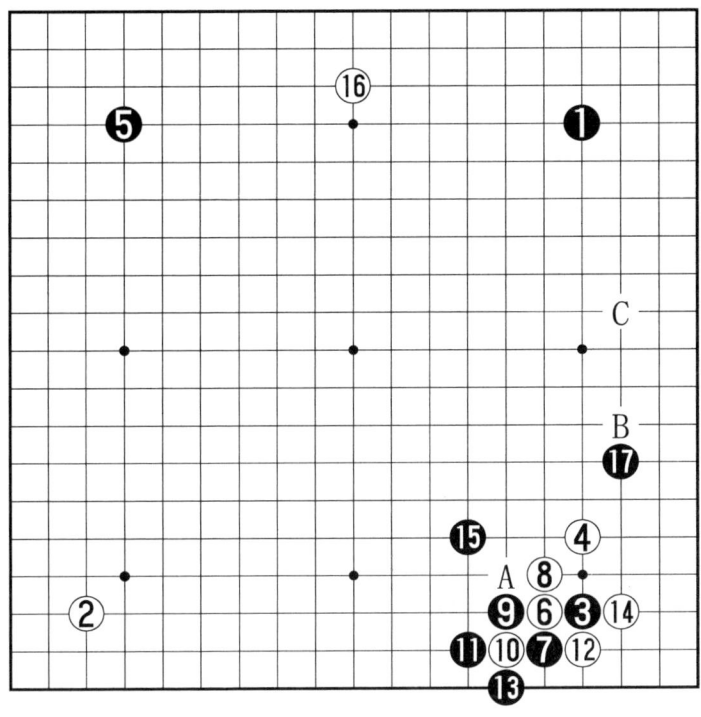

第一谱　1—17

也许是为了避免黑构成中国流布局，白4采用了立即挂角的战术。

黑5占空角，将右下角定式的选择权交给了白棋。这可能跟黑在内角，白在外角有一点关系吧。

白6外靠，是取实地的选择。

黑9在10位长也是一种定式，但考虑到白2的位置在三·3，下边属于低位，黑棋否决了这一选择。

白10在征子不利时，只能在外面断。

到白14，双方各吃一子互有收获。

黑15在A位贴的走法更为常见一些，小飞相对见得少了些，便有人说这是新手。但藤泽说早在古时本因坊丈和就尝试过这种走法，年轻一代的加藤、武宫也曾下过。由此可见他学习之广泛和大量。

白16先占大场，将局面化开。这一手在B位补有步子缓慢之嫌，但如在C位大拆却十分有趣。

黑17紧逼，即有拆右边大场之意，也有对白攻击之意。

第二谱　18—34

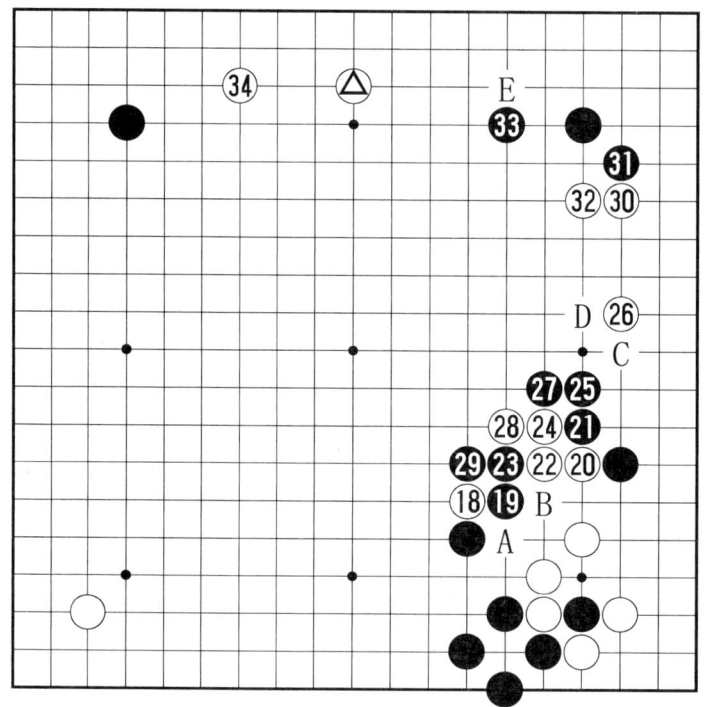

第二谱　18—34

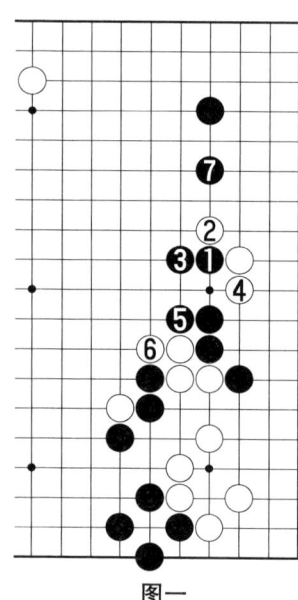

图一

白18的碰是富有机略的一手，比单在20位压出有想象力。

黑19是出于一种正面迎击的心情。其实，单在A位长、白B、黑19、白23、黑C拆二已是足矣。

白20立即动出18一子是件吃力不讨好的事，从右边压出是行棋的调子。

行至黑25，双方都是必然。

白26逼是必然的一手，若再于27位压或28位拐都是愚手。

黑27的拐似乎有些违背棋理，走一个假征子略显俗拙。但黑的目的是29能坚实地拐吃白一子，将下边形成厚势，也就不在乎27的龟步了。当然，此手在D位压是众目所向的一点。如图一，至黑7又是另一种格局，另一番风雨。

白30拆二挂角好点，在安全自己的同时，也窥视着黑右边四子。

黑33在有白△一子的情况下，在E位小飞的为多。但在此局势，因为要关照右边几子，同时牵制白右边三子，高跳就要比小飞有力得多。

白34拆二，上边的战役告一段落。

第三谱　35—45

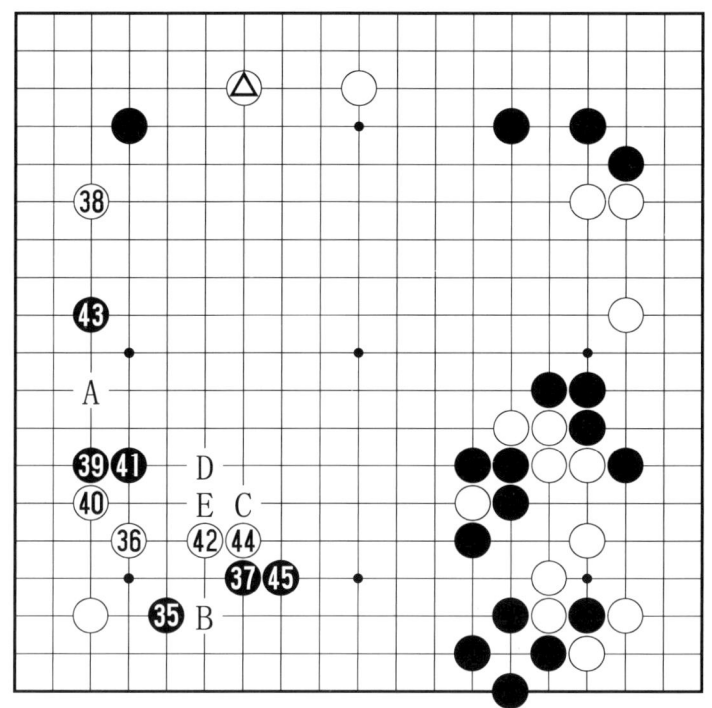

第三谱　35—45

黑 35 最大限度地挂拆，充分发挥右下厚势的作用。

白 38 在 A 位拆也是很大的，但为了⊙一子的效用，采用了立即挂的着法。因为当初黑 35 如走 38 位，白便占 B 位，这两点属于见合。现在下面既然已被黑占去，白当然也不能再让黑走到 38 位的好点。

对白 38 的挂，黑 39 置之不理，这不仅是在左上暂时没有好点可应，更是为了一种心情和气势，既然白不补左下，那黑 39 紧逼也就当仁不让了。

白 40 尖顶虽不情愿，但在此时却是必需的。

黑 43 有两种选择，也可先在 44 位压，白 E、黑 C、白 D，黑再 43 位拆三，效率可以说达到了满分。但由此使黑左边三个子显现薄形，这与藤泽坚厚的棋风有些不合。

白 44 先手压，放弃打入下面的念头是很明智的。在敌强我弱的时候，是不宜恨空而孤注一掷的。对不可能打入的地方，从外面稍加压缩才是上策。

第四谱 46—59

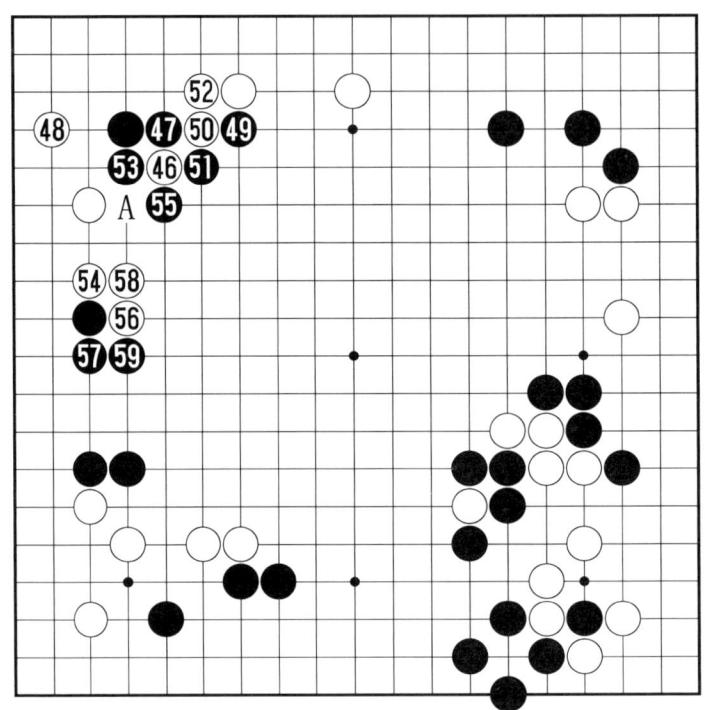

第四谱 46—59

白 46 对黑左上一子发起进攻，是最直接、最强烈的手段。

黑 47 试白应手，白若 51 位退，那黑就 48 位跳就地做活，这样白在实空上有所损失，而且，还失去了攻击目标。

白 48 不给黑做活，逼迫黑往外逃。也许有人会奇怪，既然如此，那当初白 46 单飞 48 位不是更为明了吗？

不然，若没有 46 一子，被黑在 A 位压后，白在左上就难以出头了。

黑 49 压，比单在 50 位长要生动、快速。

白 50 挖也是针锋相对，一步也不退让。

黑 51 只能外面打吃，若在 52 位打，被白 51 位一接就无棋可下了。

白 54 碰，是在走 50 位挖时就想好的手段。

一般来说，被碰一方，顺势长或扳都是不会损的，但现在由于顾忌白在 55 位逃出一子，黑 55 提掉白 46 一子，先确保左上这块棋。

白 56 扳是舒畅之形。

黑 57、59 忍耐，是因为左上已占有提一子的便宜，左边多少吃点亏也是值得的。

至此，左上的接触战以互有所得而结束。全局好像是黑容易下的局面。

第五谱　60—76

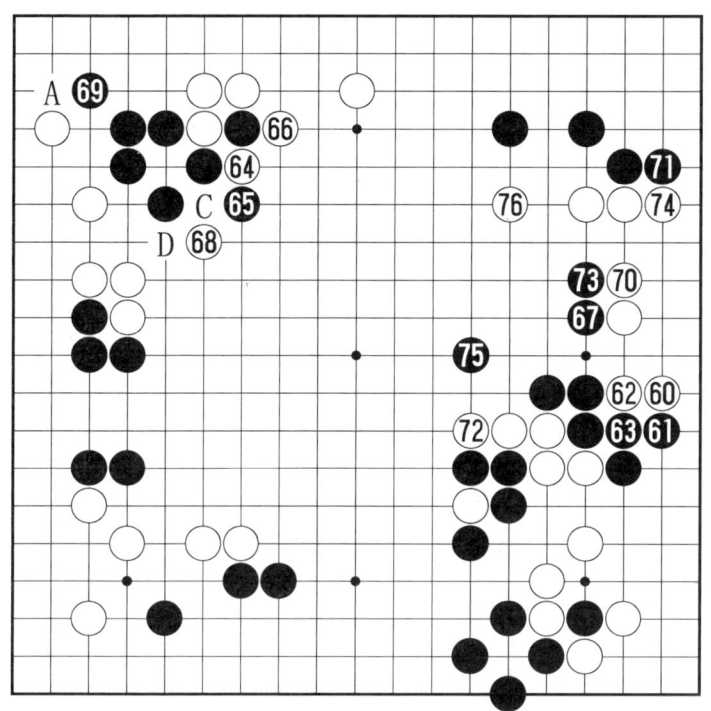

第五谱　60—76

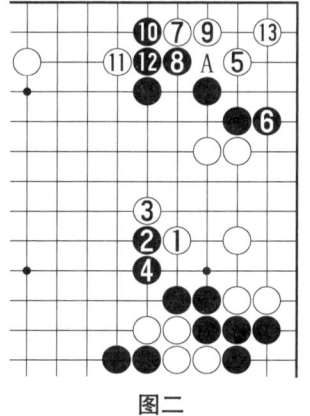

图二

白60将重点转向右边。

白64突然放弃初衷，又回到左上的战场。打拔一子固然坚实，但对黑的攻击并不有力。由此而落一后手，是否可以待机再下呢？

吴清源先生摆出了图二的变化，这恐怕是黑很讨厌的图形吧，但黑又很难有别的选择。若图中黑6改为A位挡，白6位先手扳，这个损失也相当可观。这样白棋比实战主动得多。

黑67压，先下手为强。白68想先手便宜一下，没想到遭到黑69尖三·3的反击。由于黑A位一挡便是活棋，白C位的断就失去了意义，并且对黑D位的冲断还需要提防。可以说，白在C位的断是不成立的。那白68与黑69的交换是否还有必要呢？

黑71随机补角，解除了白如图二的手段。至此，可以说黑松了口气。

走到黑73时，距离封盘时间还有近一个半小时，藤泽提出以此手为封盘。年近古稀、精力已经不支的桥本就势下了74位挡，作为封盘之手。将余下的1小时28分平均计入双方的用时内。经过一夜的休息后，黑75飞，在加强自身的同时，对右边白上下两块都具有影响力。白76跳，还期待着对黑右上角有所手段。

137

第六谱 77—100

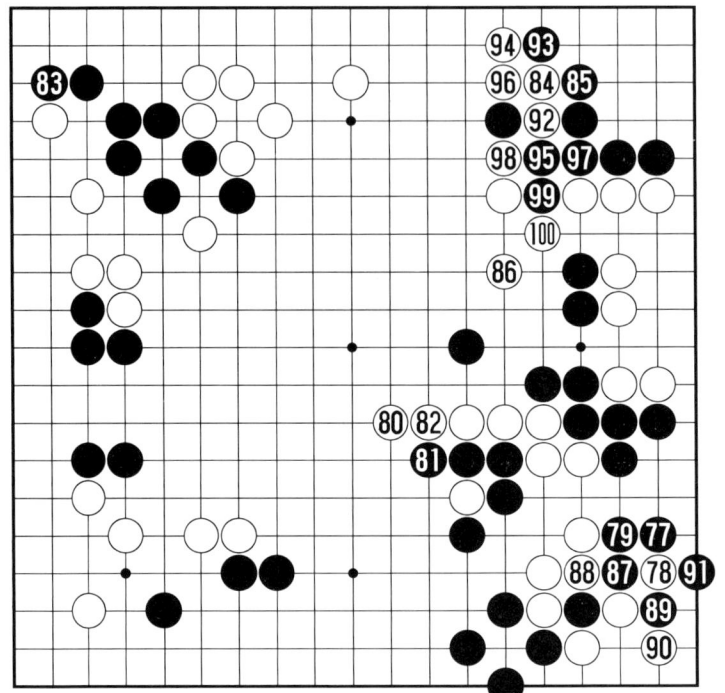

第六谱 77—100

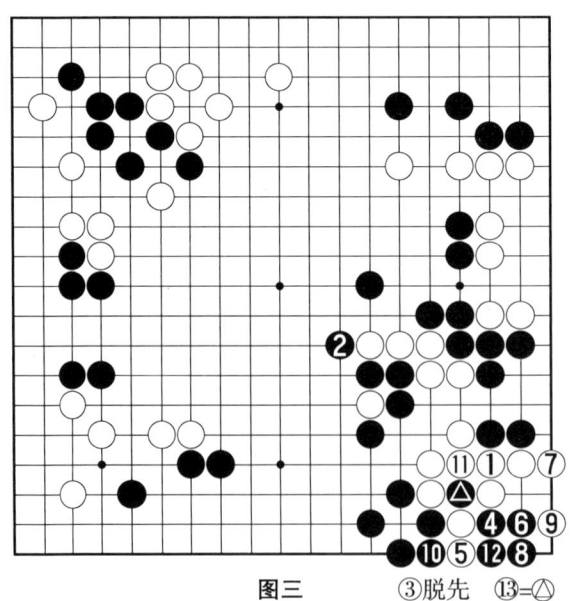

图三　③脱先　⑬=△

黑77、79先手做眼，同时又破了白的眼。

白80很想在87位团，但被黑82位先手扳却是不堪忍受。为何说是先手，有图三为证。白80走图三白1，至白13，白角不活。

黑83确保了左上角的安危，对左边白几子构成了威胁。

白84强手，意在缩小黑的角空。

黑85挡坚实，在92位接最为常见，但如图四，至白8，角空被白占去，黑得一外势也并不厚实有用，反倒华而不实。

白86跳，是为了补强右边后，再在右上用强。但让黑87至91吃掉白一子，从实空上来说还是一个损失。

做好了准备工作，白92冲是最强之手。

对于白94的扳，黑是

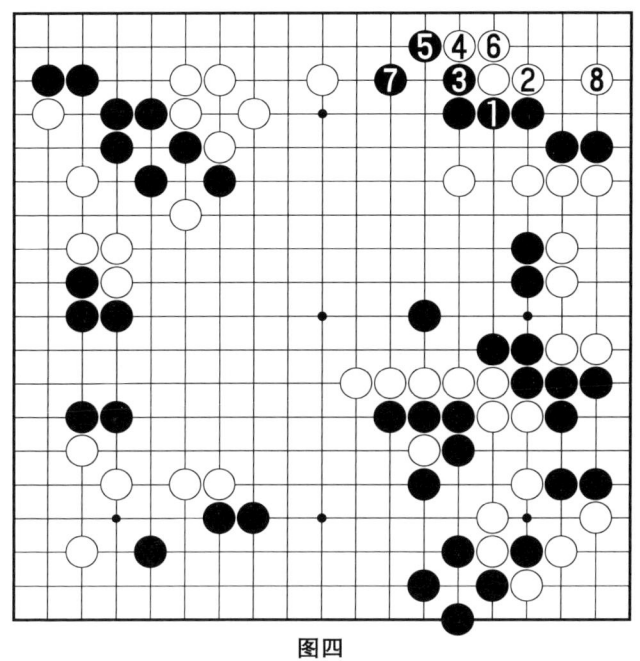

图四

不能在96位断打的。如图五，至白12，黑角上慢白一气而死。

黑95只能从上面打吃。既然如此，那黑93单在95位挡，让白96位拐，黑93与白94不交换是不是好一些呢？也许，黑93如单在95位挡，顾忌白在93位顽强立吧！

到白100，上面形成白空。局势好像在改观，但仔细看看白各处的不完全之形，仍是黑握有主动权。

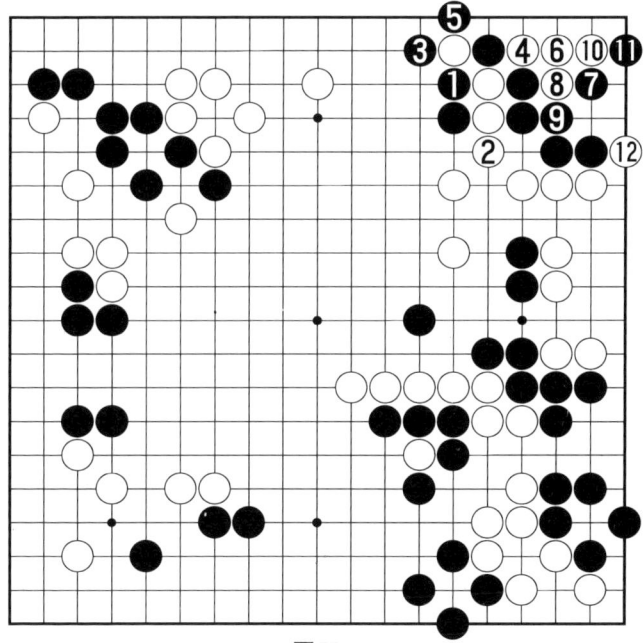

图五

第七谱 1—20（101—120）

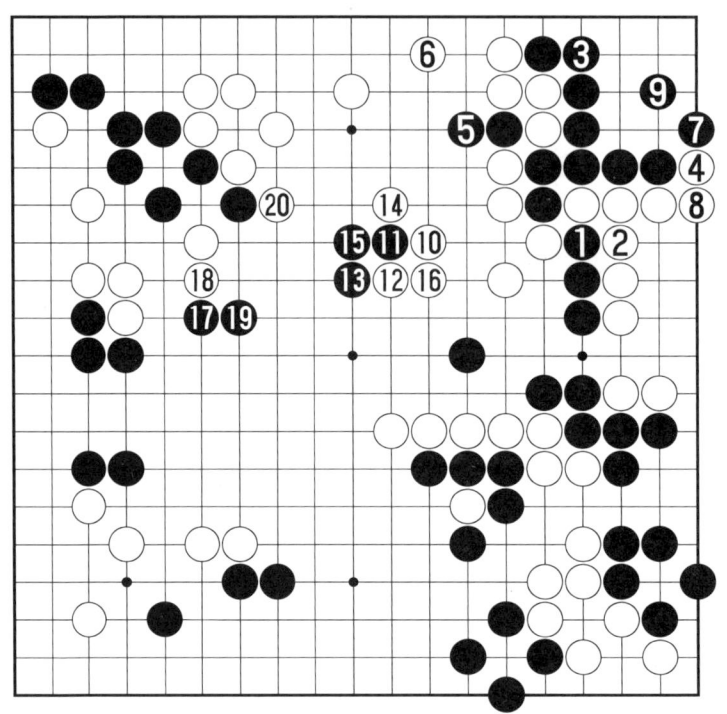

第七谱 1—20（101—120）

图六

黑1先手断，白2接必然。

黑3接很大，虽说在8位扳是先手，角上不存在死活问题，但被白3位先手断吃一子，这厚与空的差别是天壤之别。

白4抢先扳接。对白来说，右边并不增加目数，但可以减少黑角上两目。

黑5先手长后再7、9位补回，次序井然。

白10小飞，大吃黑两子，从实空上讲，黑似乎有落后之感。

黑11并没设法去逃出黑两子，而是采用了碰，催促白吃牢黑两子，似乎有些不可思议，但这却正是黑方纵观全局的定型法，虎视着白右下与左上两块孤棋。

白14不敢在15位断吃用强。如图六，至黑16，白右下大龙无法求生。

黑17、19又对左边白展开了攻击，将白逼得只得处处防守而黑棋占尽先机。

白18、20是迫不得已，没有反击的条件与机会，就只有忍耐了。

第八谱 21—53（121—153）

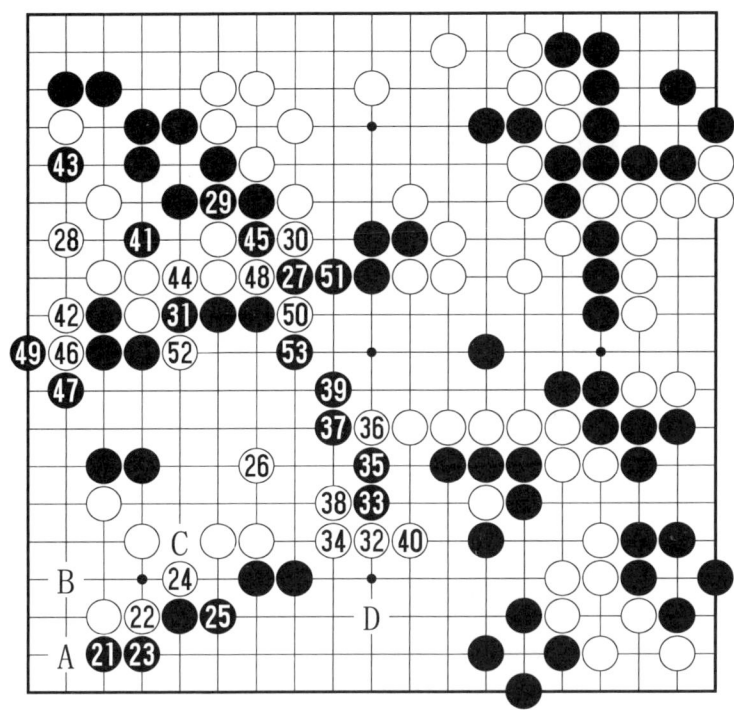

第八谱 21—53（121—153）

黑 21 可不单单是一步大官子，对白左下角是有威胁的。

白 22 如在 23 位扳吃，被黑 22 断是肯定不行的，在 A 位扳虽很常见，但黑 23 退后，因白留有 B 位点的缺陷而不能脱先。

黑 23 若能先在 24 位长，与白 C 位接交换是最理想不过的了。但白是不会于 C 位接的，而会于 23 位拐。

黑 C 位冲断白两子时，白 26 位跳，黑无法大吃白两子，反而得不偿失。在这种地方，"贪"是禁忌之物。

白 26 补强，也缩小黑左边的模样。

黑 27 小尖好形，攻守兼备。

黑 31 既防止了白在 52 位扳出拼命的手段，也是破白的眼形。

白 32 如在左边补一手则安然无恙，但被黑在 38 位补后，实空上无法抗衡，白 32 也就只能鱼死网破，做最后的顽抗了。

黑 33 在 D 位围空虽也是优势，但若算清了能吃掉对方却放弃，在气势上就是一种妥协，这乃是番棋中的大忌。所以，黑 33 至 39 补强中央后，黑 41 露骨破眼，行至黑 53，白无隙可乘，无处可逃，第一局就以 153 手而告终。

在赢下第一局后，第二局藤泽以出名的轻率自制悲剧。关键的第三局，藤泽的布局犹如行云流水,华丽而又清新,可中盘之后却屡失战机,与布局判若两人。导致进入收官时,败势已定,藤泽回天无术。不曾想,一贯谨慎的桥本却下出了轻率之着,将到手的胜利拱手相让,大金元宝又让藤泽拣了去。这个打击使得桥本一蹶不振,在第四、五局中难以发挥自己的水平。最后,藤泽以4胜1负获得了首届棋圣战的冠军。

共153手　黑中盘胜

心如水

第十局

第十一期快棋选手权决赛

○ 武宫正树 九段
● 藤泽秀行 棋圣

黑贴5目半
1978年10月7日放映于电视台

按理下快棋十分了得的藤泽，却在1969年取得过NHK杯和快棋选手权冠军后，十年间就与优胜绝了缘，连决赛都没有打进去过，这也不能完全说是他轻视快棋，未加注重，但快棋赛与名人战、棋圣战等这些大头衔比赛相比，毕竟只是个排在最后的小弟弟，鉴于他有限的体力和精力，相对地淡然也在情理之中。

　　打进久违十年的决赛，藤泽在赛前的晚宴上说："我被大家称为'尝初物'的秀行，在拿到第一期快棋赛的冠军后，就再也没有声响了，这次能进入决赛，我要为再拿一个冠军而努力。"展示出他高昂的斗志。

　　武宫曾两次打进NHK杯的决赛，却都屈居第二，在快棋上还不曾有过建树，这次能打入决赛，夺冠也是志在必得。

　　武宫在赛前接受《周刊棋》的采访时说："近来棋下得很不顺，从去年的本因坊战以来，就缺乏了对胜负的执念，前不久刚被秀行老师叫去训了一顿：'不好好努力不行哦！'我现在就是在努力学习，所以，对成绩的好坏不会去介意。再说快棋这比赛，就是失误的交叉和重复，运气好的一方取胜，拿了冠军也只是运气好而已，什么都证明不了。"

　　这就是武宫的个性。就是这个对胜

负不介意的武宫，在这之后的第二年，在名人战、本因坊战两个循环圈中都取得全胜，并再次夺回了本因坊，这可不光说明了他的运气好，更证明了他的实力，也是他努力学习的回报。

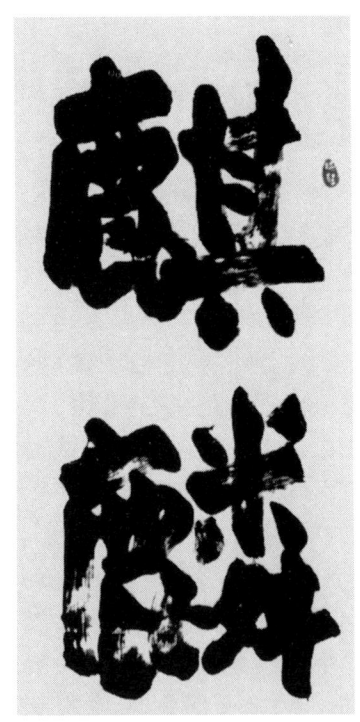

麒麟

第一谱 1—25

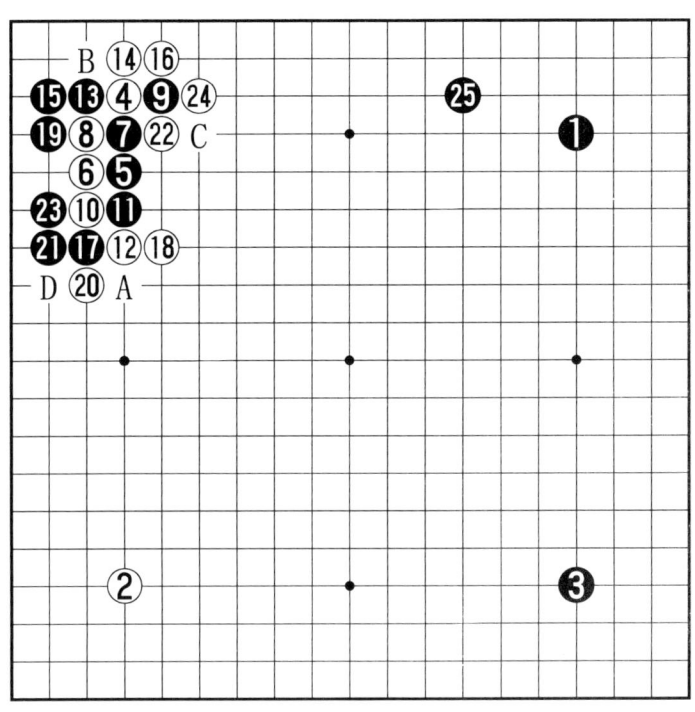

第一谱 1—25

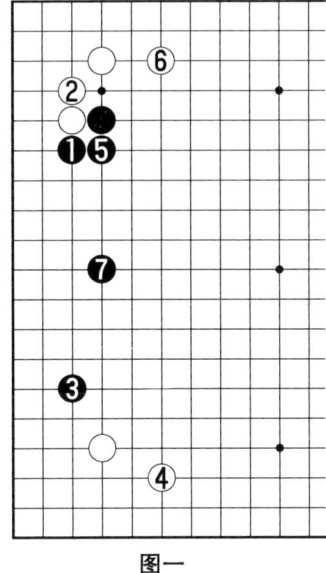

图一

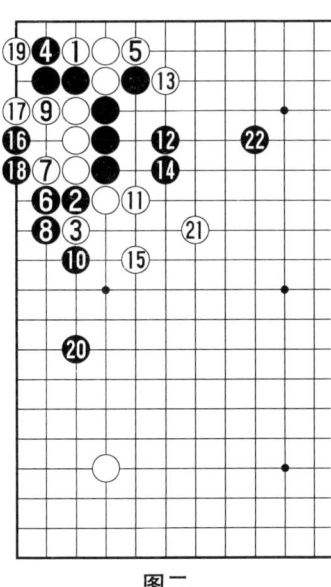

图二

以"宇宙流"著称的武宫，执黑时一般都是采用二连星或三连星的布局。

对黑5高挂，白6在A位二间高夹也十分常见。

黑7在10位扳，形成图一，是大家都熟悉的走法，双方均可下，但白取得先手，是黑不大乐意的吧！

当白10长时，黑11再压，就成了大雪崩的定式。

白16若在B位内拐，形成图二的变化，对于喜爱中央势力的武宫来说，把角空让给白棋是预想的结果。当然，这个图白也没什么不好，可出于一种心理战，白16外拐，以取势为主，将边空让

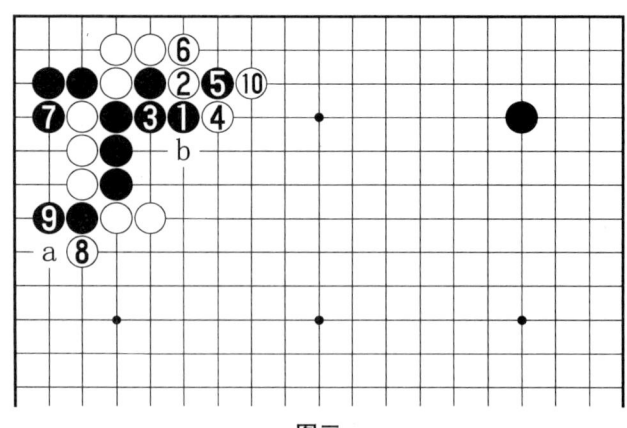

图三

给黑棋,一个定式的选择,双方在读秒声中就较量了几个回合。

黑 19 按照常规是在 C 位虎,走至图三,这虽也是定式的一种,但黑白双方都认为黑不可行,因为白有 a、b 两个先手的选择,让黑今后的行棋受到牵绊。

白 22、24 提一子非常厚,黑出头的可能性是没有了,但白在 D 位的先手挡也由此消失,各有所得。

黑 25 大飞绝好点,白左边的外势受到了限制。

第二谱　26—41

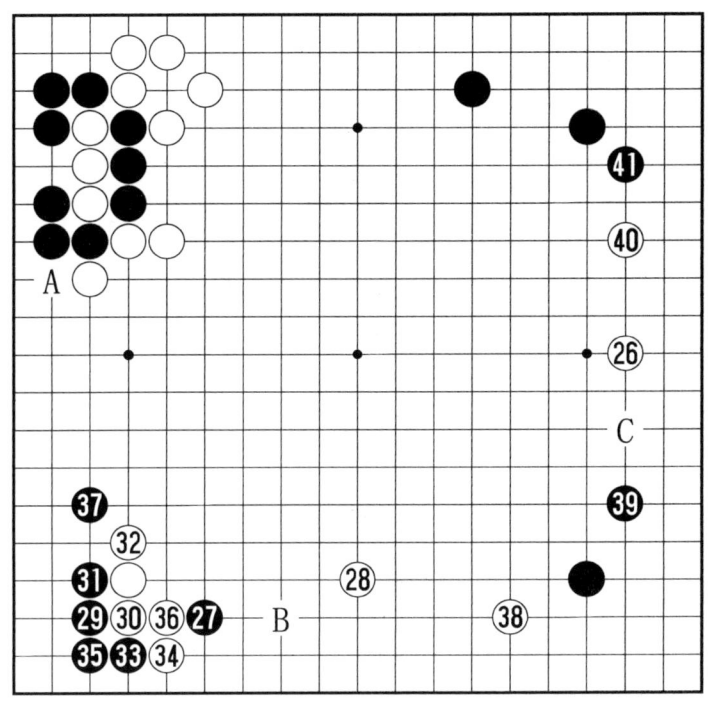

白26分投,最大的大场。

黑27的挂角是步疑问手,藤泽认为在左边的A位挡已不是先手,白在左边的发展本就难以做大,黑也就没有必要着急去动手。如果对白左边的势力发展有顾忌的话,黑27单在28位拆大场就足矣,白B、黑C,先做自己的势力,顺势去减小白左边的势力,这样遵循自然,避免了刻意而为。

白28夹好点,喜欢大模样的黑棋被打散了。

黑29点三·3走至黑37,从左边的结构来看,黑37的出头并无大的发展,白在左边并无模样,也就谈不上对白限制,可以说黑在全局配合上不充分,结构很不理想。

白38挂角,将下边走成白的模样,黑却以边角为阵,没有一个可以扩张的地方,这对"宇宙流"的武宫来说,是一件很别扭的事情。

走至黑41小尖,布局大致告一段落,由于黑27的选点不妥,可以说是白打开了局面。

第三谱 42—66

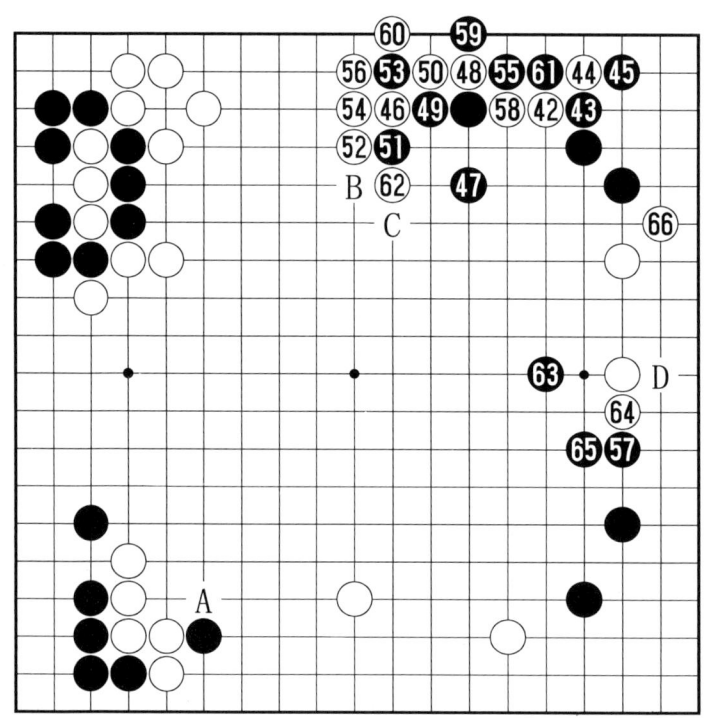

第三谱 42—66

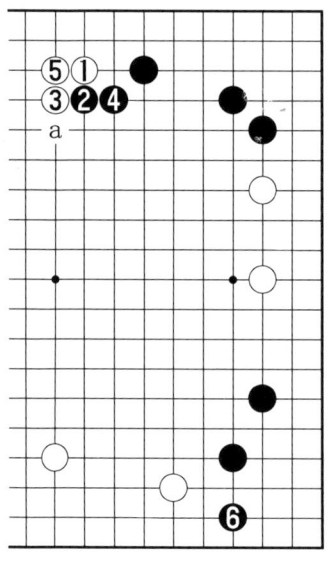

图四

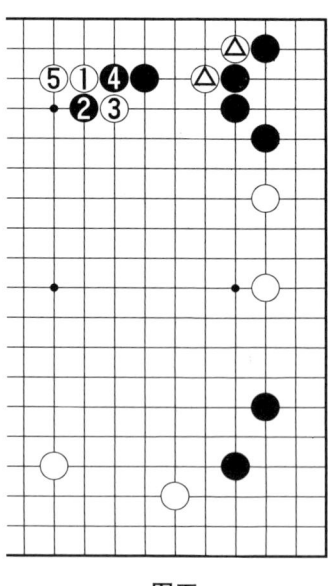

图五

白42、44并不是立即想在黑空中搞出棋来，而是想借助这两个弃子，有利于以后的行棋，是一个非常好的次序。

白46逼，白42、44的作用显现了出来。倘若单走46位逼，那黑47不会老老实实跳，而会走在51位压，走成图四，黑获得先手争取右下6位跳守角，俟机再走a位扳头，白的效率就不充分了。

黑47若执意要在51位压，白将如图五，这个战斗有白△两子做伏兵，黑不乐观。

白48立即托，继续发挥42、44两子的作用。

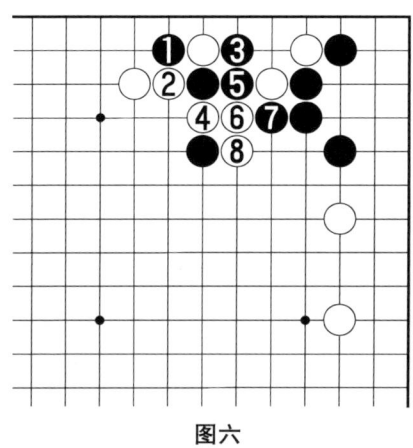 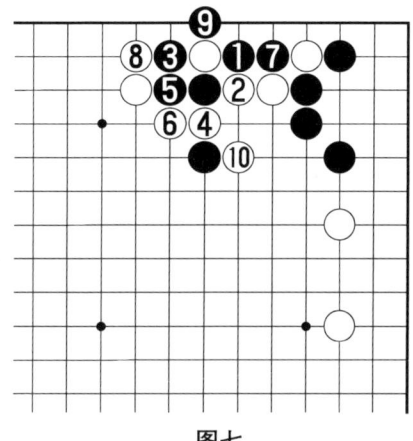

图六　　　　　　　　　　　　图七

黑 49 顶，虽然有些俗，但却是此时最佳的应对，此时无论是在 50 位或 55 位扳，都会给白棋更多的利用，比如图六、图七。

黑 57 一间拆，更多的是想对白右边两子有所攻击。

白 58 先手断，使黑的棋形变薄了。

至此，是白一帆风顺的局面，序盘领先，进入中盘又得利，白棋掌握了全局的主动。

然而，这种时候是最容易犯错误的，一个放松，就可能前功尽弃。白 62 的打吃就是这样，此时在 A 位虎补事关大局，上边已经不重要了，即使黑在 62 位长，白 B、黑 C，黑又落一后手，目数增长极有限，所以，黑也不会现在去走，那白 62 的打又何必着急？更何况全局还留有 A 位这么一个至关重要的地方。就是这么一个疏忽大意，白前面的苦心经营化为了泡影。

黑 63 镇，先将右边构成外势。

白 64 顶无奈，单走 66 位小尖，黑有 D 位托。

走厚了右边，黑要对白下边动手了。

第四谱　67—101

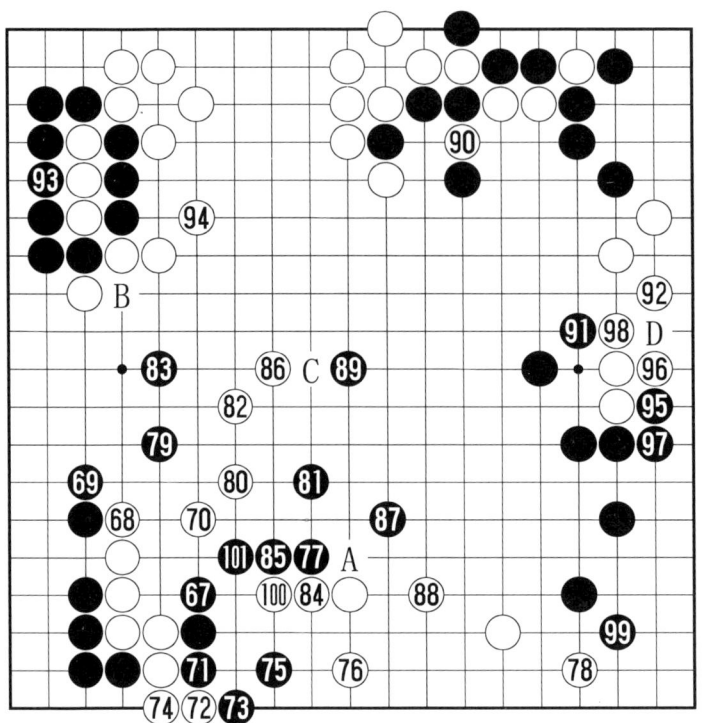

第四谱　67—101

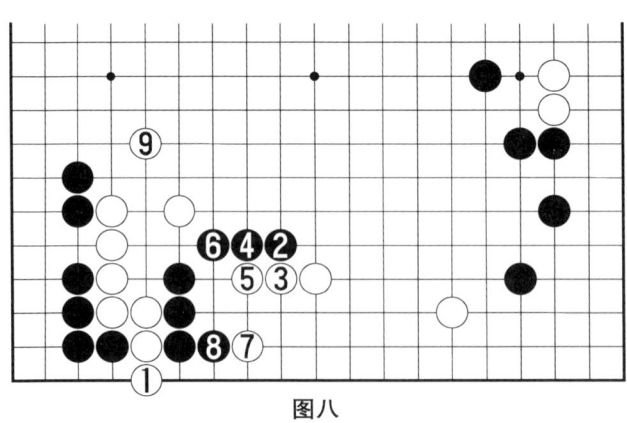

图八

黑 67 长，盼望已久的动出。

为了走到白 70 的跳，白只能 68 压先损。

黑 71 夹，先切断白的联络。

白 72 单在 74 位下立对右边的空会好一些。比如图八，这样白的出头会宽敞许多，下边也存留下不少目数。实战走至黑 77，黑不仅多出了眼形，白的棋形反而变薄了。

白 78 小飞实空非常之大，但却让自己更加被动了，此时在 79 位小飞仍然是要点，走成图九，黑 2 尖顶后角空固然很大，但对白的攻击已经荡然无存，而白在 a 位却对黑有很大的攻击力，而且，有了

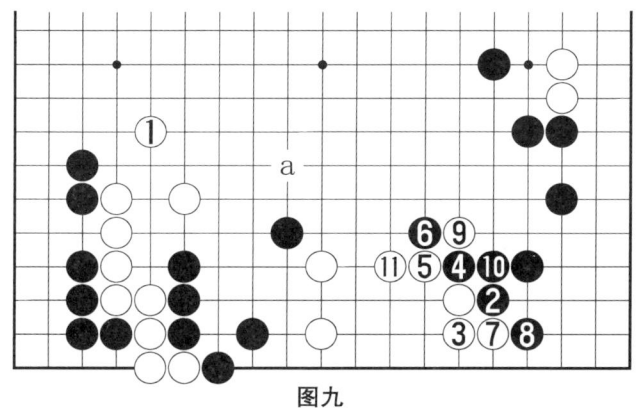

图九

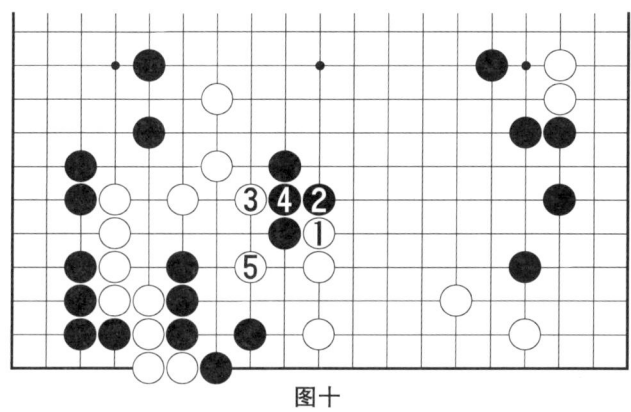

图十

白1后,白上边的外势才有可能得以发挥。总之,白不能把下边这块棋陷入被攻境地,这是全局的重点。

白78注重实利,黑79抢占小飞要点,白的棋形一下子变薄了。白从主动变为被动。

黑81、83都是顺势的好点。

白84贴次序有误,应先于A位贴,看似在有了黑81之后,这有点不合情理,但白却正是利用黑81一子的欠缺,试探黑的应手,如图十,黑2虎固然很开心,但走至白5,黑被分断了,下面几子难以生还。由此,当白1贴时,黑2只能在4位补断,白再走实战86位小尖就不大一样了。总之,白84与黑85的交换只是替黑解消了种种余味,有弊无益。

由于顾忌黑在B位的断点,白86都不敢C位小飞多迈一步。

有了白84与黑85的无益交换,黑再也不用担心白A位的冲击,黑87小飞成为好点。

黑89大飞,中腹的天王山。

白90打吃,终于使当初白62的打吃发挥了作用,可这仅仅是一个大官子,对全局毫无影响,此时还是在99位小尖更为合适,同样是大官子,但多多少少对黑右边与中腹有点影响。

黑95、97扳粘次序有误,应98位先冲,白D,黑再95扳,这样不仅便宜两目,厚薄也有差别。

黑99补回右下角,已经是黑有利的局面了。

153

第五谱 2—60（102—160）

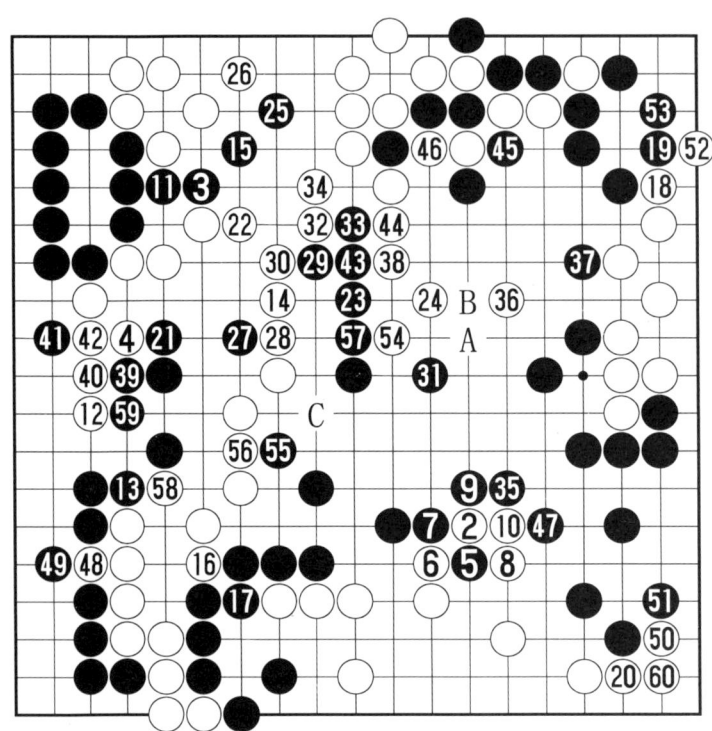

第五谱 2—60（102—160）

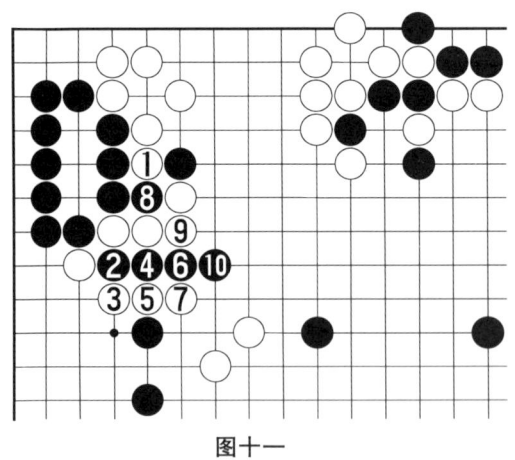

图十一

白2小飞，只为破黑的模样，可见厚势的潜力有多大。

黑3靠，为白设下陷阱。

白4若冲动地11位冲断，形成图十一，白就难以为继了。实战虎补是正着。

黑5先靠送白吃一子，是为了先手定型。

黑11接，从布局开始白在上边的厚势与模样消失殆尽，损失太大了。

白14还得忙于联络，可即便是这样，仍有可能被黑棋冲击，可见从第三谱白62之后，白就一直处于被动之中，到处被黑欺负，形势也从根本上发生了改变。

黑15小尖，不仅仅是对白上边空的侵蚀，对白外面的大龙也有影响。

黑21、23是对白的示警。

白24鉴于形势不利，无暇去顾及自身的弱点，先破黑中

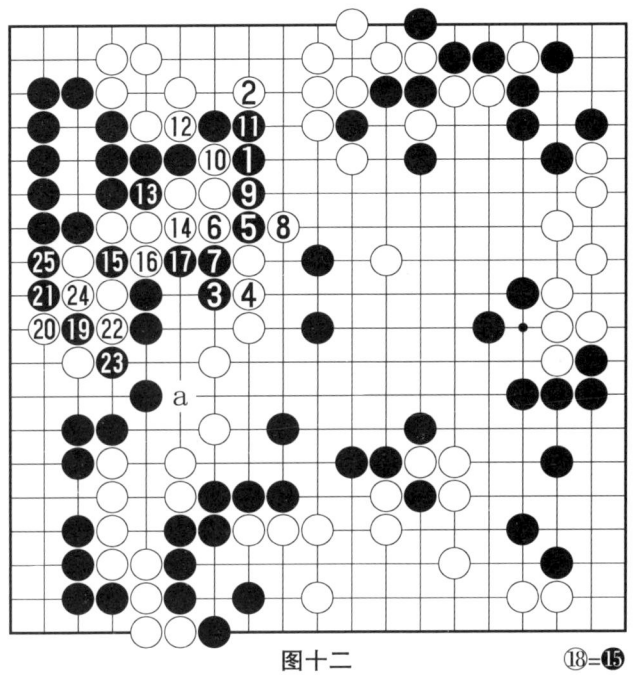

图十二　⑱=⓯

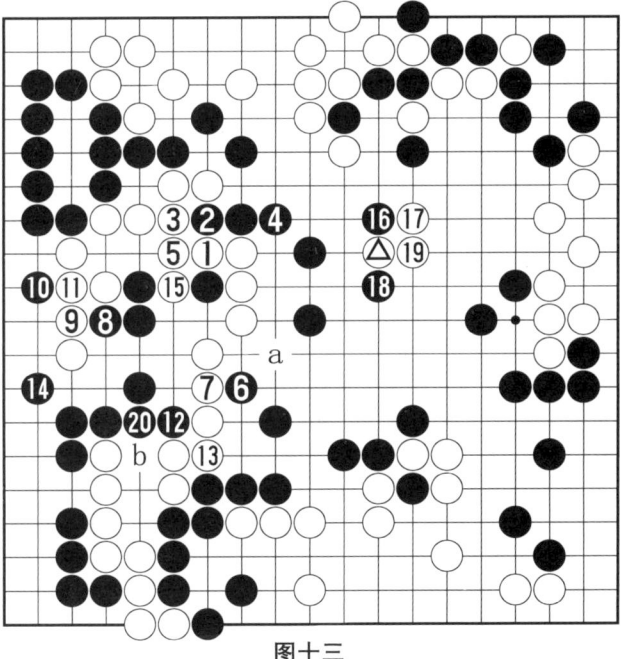

图十三

央空再说。

黑 25 小尖，放弃了预定的分断手段，可能是因为形势已好，担心算路有误，反被逆转吧。但在有时间计算时，黑图十二的手段是完全成立的，白气不够而亡。又如图十三，白若不肯弃掉△一子，黑 16、18 补强后，白大龙被歼。

黑 25、29 完全没有攻击的意思，这也许就是赢棋不闹事吧。

黑 31 跳回中央，即补强了自身，也围住了中央的目数，是黑稍好的局面。

黑 37 失着，近似单关，单在 A 位小尖，白 B、黑 C，这样黑盘面好 10 目是没有问题的。

黑 47 的扳不如在 60 位扳大，而且，由于走了黑 47，反而给自己造成缺陷。

白 60 接后，局面变得复杂了。

第六谱 61—169 (161—269)

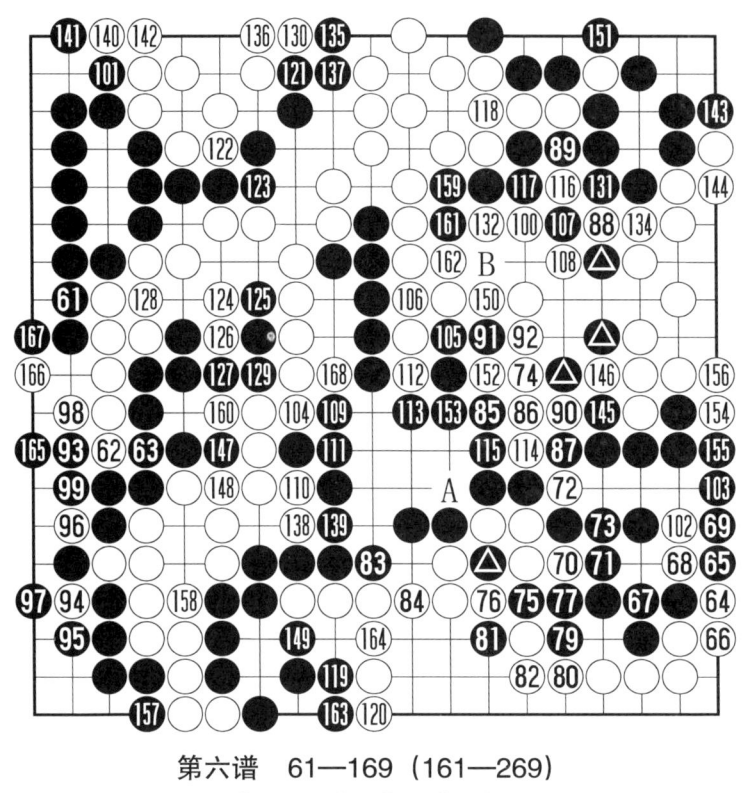

第六谱 61—169 (161—269)
㊆=▲ ⑬=⑩⑦ ⑯⑨=⑪⑥

有了白72一子之后，白74靠的手段就成立了。

黑75已不能在86位扳，白有85连扳，黑152、白114、黑92、白A，反把黑中央两子吃掉。但即便是这样，黑还是应在86位扳，当白85连扳时，黑114位粘，白152、黑153夹，这样可将损失降到最低。

实战被白88、90冲吃掉黑▲三子，形势又逆转了。

但就在这见到曙光的时候，白下出了104的败着，直接在117位断，白可胜1目半。

黑107挖好手。

白为了保留117位的断，只能在里面打吃，这样就被黑便宜了。而且，将来白再于117位断时，黑116位也成了先手，因为有B位的点。

以后的官子虽然手数众多，白却再也没有机会翻盘，以1目半之差未能再拿冠军。

快棋与慢棋最大的不同，就是形势变化更快更大，稍有不慎，就可能将大好河山付之东流，容不得一丝一毫的松懈，即便是自始至终毫不放松，也有个像武宫说的运气问题，这盘棋就是武宫的运气要好一点吧。

共269手 黑胜1目半

第十一局

第四期天元战决赛第三局

● 加藤正夫　本因坊
○ 藤泽秀行　棋圣

黑贴5目半
1978年11月29日弈于东京日本棋院

在棋圣战中刚刚输给藤泽的加藤，许多人都认为他在短时期内很难站起来，可就在这之后不久，加藤在十段战中击败了林海峰的挑战，用事实证明了他坚韧和不屈的个性。

十段战的就位式上，他是这样阐述心境的："棋圣战中的受挫、失望痛苦到了只要有时间就想昏睡不醒的程度，然而，我没有那样放任自己的时间。在这次的十段战中，就比至今为止的任何一个棋赛都更为拼命。因为我知道，在精神上垮了，以后就越来越站不起来了，所以，我拼尽了全力，并充满了气合……"他的这种强韧不息、坚强不屈的精神，获得了藤泽的大力赞赏："在遭受到那么大的痛苦创伤后，能这么快地振作起来，加藤君了不起！"之后，加藤又在本因坊战中击退了石田的挑战，保住了硕果，同时还在天元战中进入决赛。

此时的藤泽，被一些人戏称为"一年就靠四盘棋生活的男人"（指棋圣战的七番胜负，胜四局便为优胜）。藤泽则发出了"希望能夺得钟情已久的名人和天元两赛的头衔"的宣言，可名人战未能打入循环圈而遥不可及，天元战决赛对手却是刚在棋圣战拼搏结束的加藤，加藤雪耻的心情可想而知。果然，在第一局失利后，加藤连胜三局，获得了天元，粉碎了藤泽的美梦。

1994年秀行先生70生日庆祝会。第一排左第三位起依次为加藤正夫、曹薰铉、林海峰、藤泽秀行、青风（青风俱乐部老板）、石田芳夫、工藤纪夫

第一谱　1—32

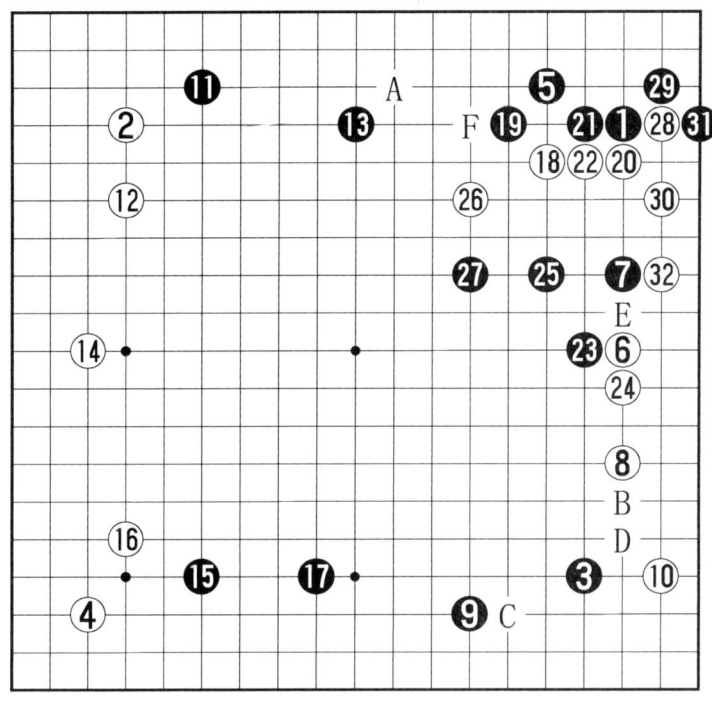

第一谱　1—32

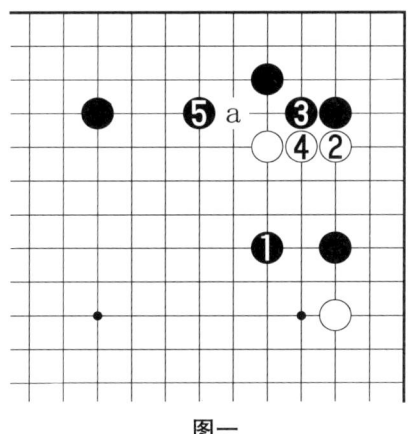

图一

白 2 占星，4 走三·3，高低搭配，体现出藤泽行棋的自如，虽然对外势与厚势格外青睐和重视，但像三·3 这样的低位一样随心应用。

黑 5 小飞守角，现在更多是在 11 位挂，白 12、黑 A 位拆。

白 8 在 B 位挂也很常见，黑 C 位小飞，白脱先，形成另一种布局。

黑 9 大飞，将 D 位小尖的价值增大。

白 10 大飞进角，也是不肯将 D 位的好点让给黑棋。

黑 11 挂角后走至黑 17，双方都小心翼翼地应对，十分慎重，也许，在五番胜负 1 比 1 的情况下，第三局就成了天王山，主导着比赛的流向吧！

白 18 侵消，也是最为常见的选点。

黑 19 的小尖有些过于坚厚了，此时在 25 位跳更为积极，比如图一，白 4 接后，黑 5 小飞，就比在 a 位小尖有效。

白 20 先于 21 位小尖如图二，虽然

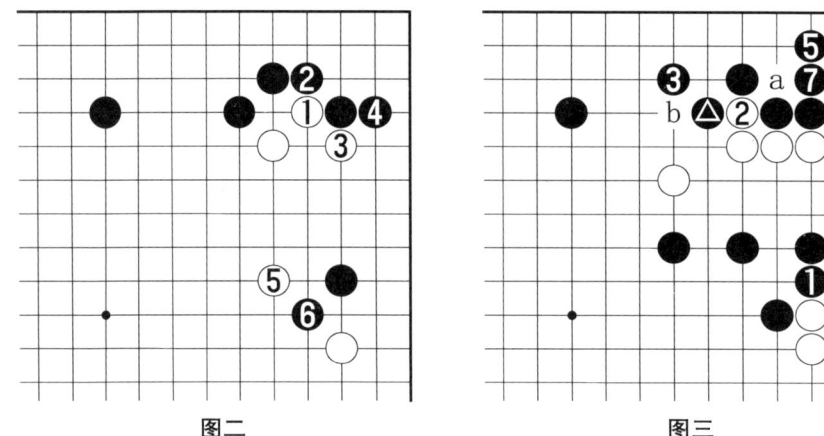

图二　　　　　　　　　　图三

在右上角争得了先手，但被黑6小尖分断后，白棋形很薄，这有些不符藤泽的心意。

黑23压，是为了寻求一种调子，却完全没有必要，使E位的先手顶成了后手，使白很容易腾挪，可以说是布局上第二个问题手。

当白26小飞后，黑19一子的位置就不如在F位妥当了。

黑27跳是要点，对白继续攻击，可由于黑23的过早交换，黑对白的攻击力已大大减弱。

白28、30扳虎，好时机。

黑29非常想在E位顶，可走成图三，白基本上活了，黑的角空也没了。图中白2挤时，黑3若走a位接，则白b位夹，一样可以处理好孤棋，各种变化都说明了黑19小尖有些不妥。

喜欢和擅长攻击的加藤，放弃了穷追不舍，改为31位打吃，固守角空，展示出加藤棋风灵活的一面，当然，现在的忍耐也是为了以后的爆发。

白32托过，将孤棋连回家，再也没有被攻之虑，应该说是白成功的布局。

第二谱　33—51

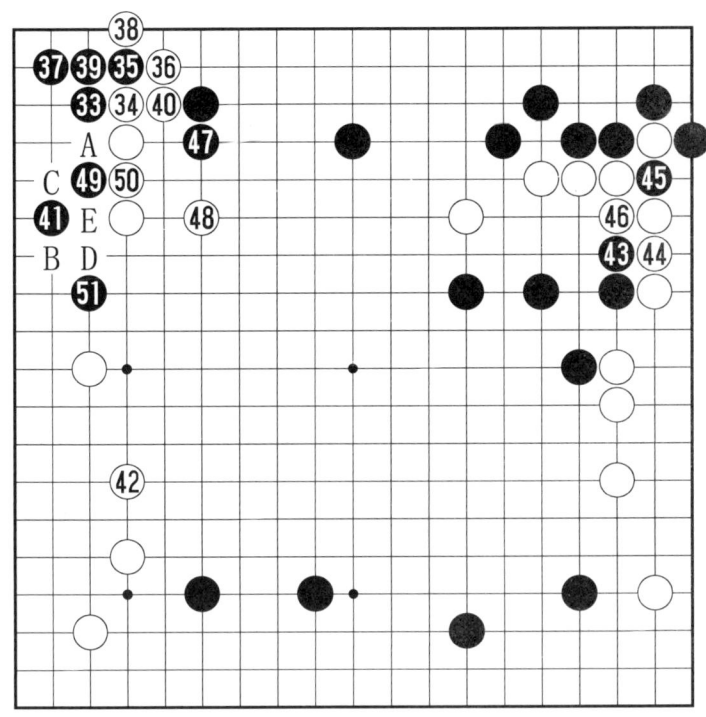

第二谱　33—51

黑 33 点角，另辟战场。

白 36 若选择在 A 位拐，则形成图四，虽然确保了左边的模样，但被黑 6 位跳后，黑上边的规模也十分可观，白不肯。

黑 37 一般是在 39 位接，则形成图五，黑虽活出了一个角，但被白占据外势，黑全局更被动了。

黑 41 大飞，比图五黑多走了一路，不敢说好，但至少白不能那么轻易走成好形并将黑封锁在内了。

白 42 跳非常之大，也是走白 36 时就预想好的，但在此之前，白忘记交换一个重要的次序，使主动的局

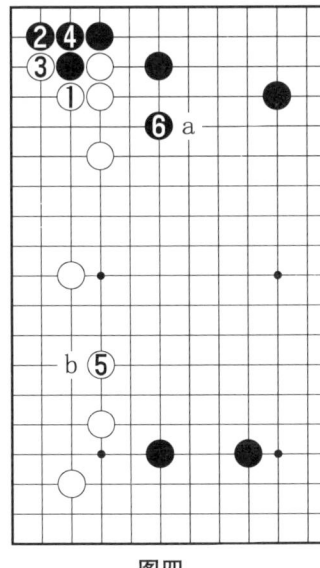

图四　　　　　　图五

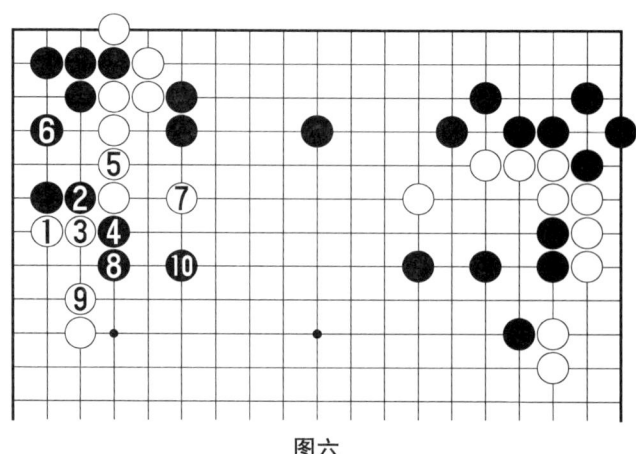

图六

面又趋于混沌。

白 42 应先于 B 位靠，此时黑只能 C 位退，白再 42 位跳，以后 47 位与 D 位形成见合，白总能走到一处，那白棋就掌握着全局的主动权了。

黑 43、45 先手。

由于白的疏忽，黑 47 长时，白 48 已不能在 B 位靠了，因为黑有图六的反击。

白 48 在 E 位顶、黑 C、白 51 位跳是安全地连通了，但这个形状与白 B 位靠后再 D 位长相比却差太多，白已经没有再联络的心情。

黑 49 小尖后，51 位小飞，在扩大角空的同时，对白仍然是个攻击，白棋一个次序的错误之后，又面临着怎么去处理左上孤棋的问题。

第三谱　52—80

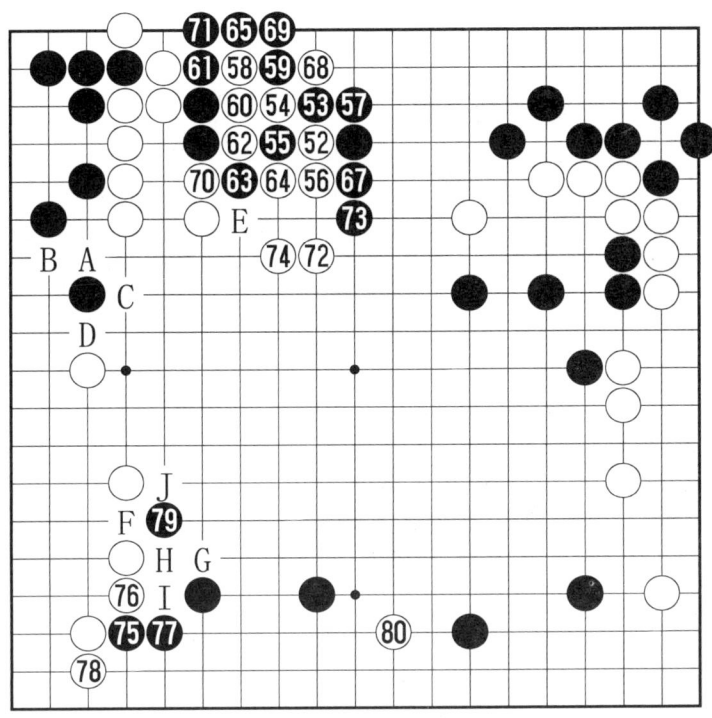

第三谱　52—80　　㊻=㊺

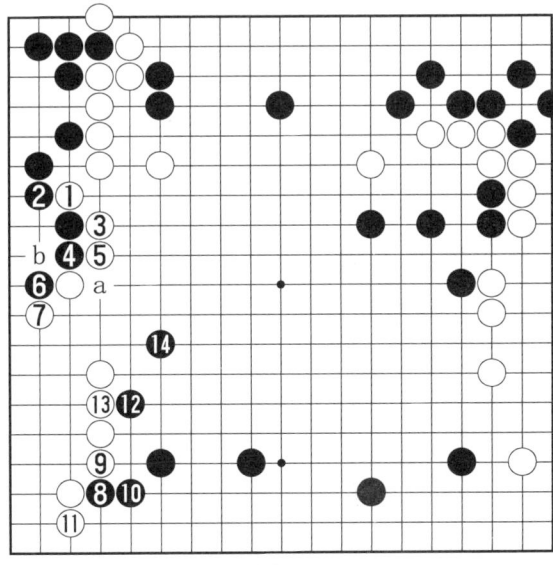

图七

白52在A位尖顶，黑B、白C虎，是最容易想到的走法，但走成图七，白棋实空受损太多，外面的厚势在黑14的限制下无法发挥，而且，黑还留有a位断打，或者b位的先手接，白以损为前提的连通也就没有必要了。

白52立即于54位打入是眼见的点，但形成图八后，白不仅落了后手，还没活干净，黑外面却成厚势，白不肯。

实战白52碰，再54位扳，是一个复杂的战斗。

白58小尖，是白最强的选择，单在62位打，黑59、白64、黑60，白52碰的意义就完全失去了。

黑59最简明的是在64位贴，形成图九，应该是黑不惧怕的战斗，图中白2若于5位扳，黑a、白b、黑

165

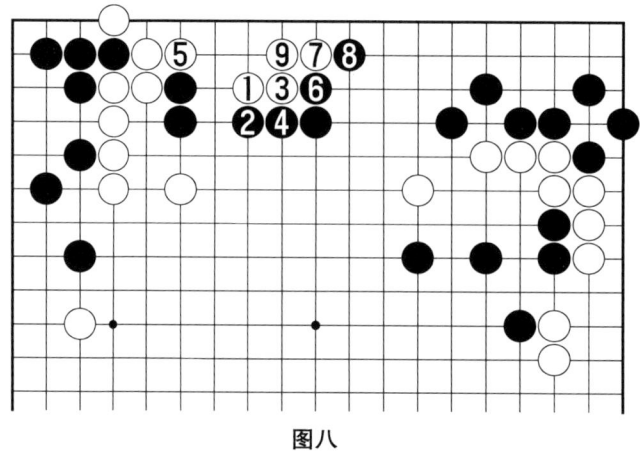

图八

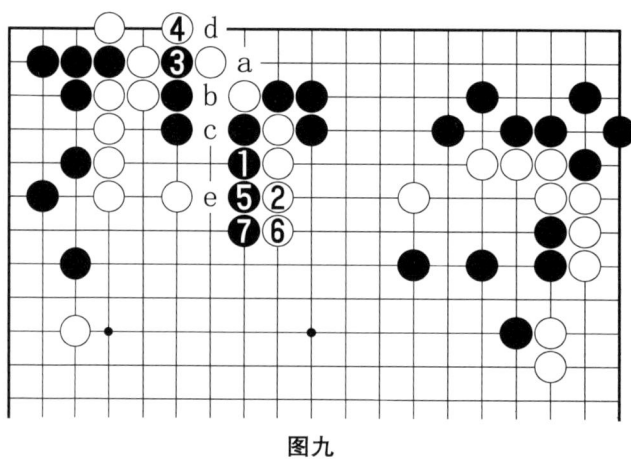

图九

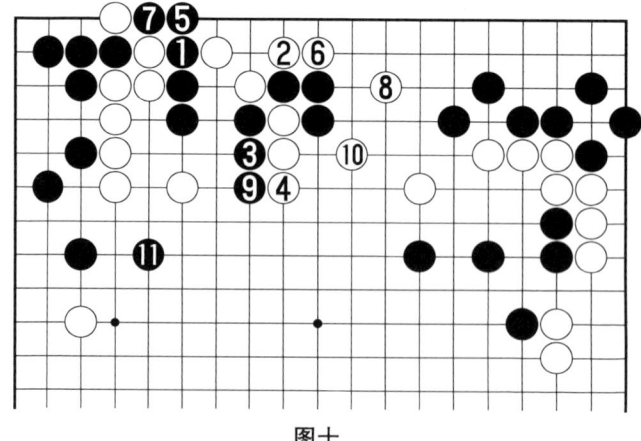

图十

3、白4、黑c、白d、黑e，白的棋形就崩溃了。

黑59还可以单在61位冲，白如图十是最顽强的抵抗，虽然白10吃掉黑三子，收获颇丰，但被黑11跳后，白左上一块处境危险。图中白4若在9位扳，则形成图十一，黑冷静地8位单接，白上边四子就被黑杀死了。

总之，图九至图十一这三个图任何一个选择都比实战好。黑59先打，再61位冲，看似是好次序，将白滚成一团，却损失了实空，而且被白70断吃一子后，白的眼形已经无忧。白上谱42忘记交换次序的错误也由此得到弥补。

可就在这历经艰辛得来成果之时，白72犯下了第二个错误，这手棋无论如何要在73位扳，走成图十二，不仅形比实战舒畅，将来a位一压就能成空，b位小尖还能破黑上面的空，c位拐头可以威胁黑右

166

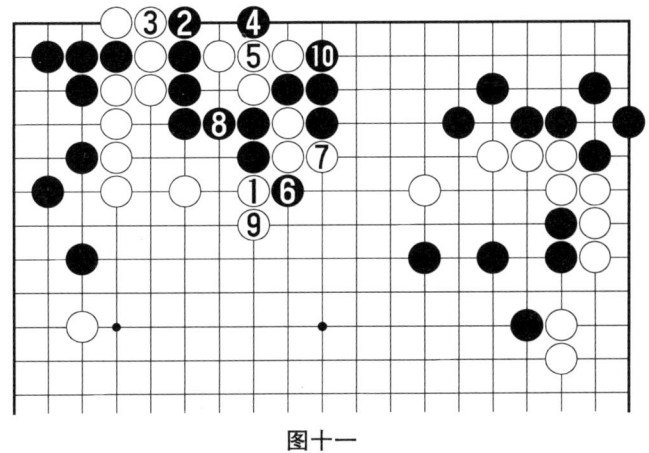

图十一

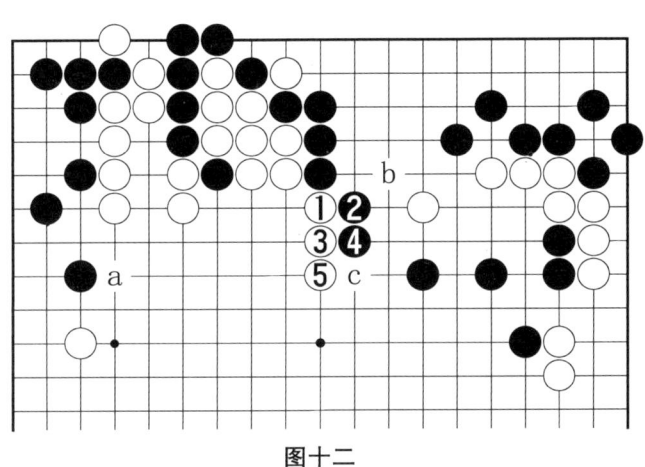

图十二

边几子，这是白好下的局面。

由于白陶醉于得了便宜，放松了心情，立即就下出 72 跳的缓手，被黑 73 先手，白 74 并，白的棋子全凝在一起，效率极低，刚挽回的形势又送还给了黑棋。

白 80 已经不能在 F 位老老实实接，必须挑起新的战端，否则无法挽回劣势。立即在 G 位靠断是首先想到的，黑 H、白 I、黑 J，黑看轻 75、77 两子，白反而无趣。实战直接打入以破空为目的。

167

第四谱 81—100

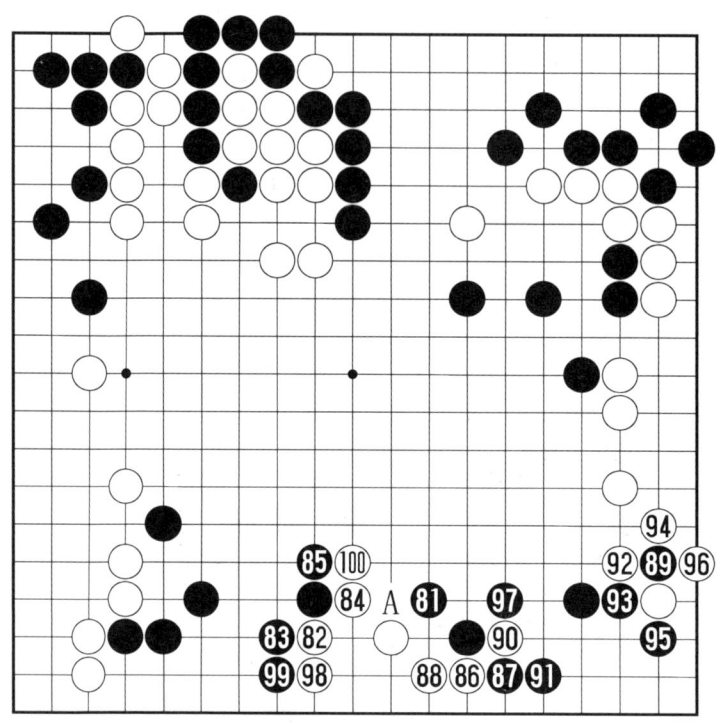

第四谱 81—100

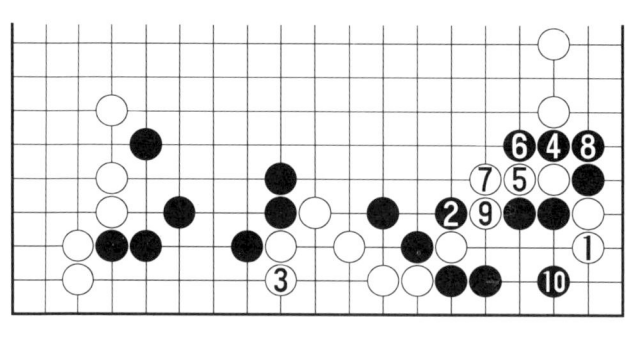

图十三

黑81在A位可将白封在里面，但白也很容易在下边做活，也就达到了破黑空的目的，黑的外势能发挥多少却是一个未知数，所以黑81小尖，不让白活得太容易。

白82、84托虎，希望黑98位打成劫，这样可以搅乱局面。

黑85长冷静，并不急于去破眼，以静待动，白反而为难。白86很想在99位扳开劫，但劫材黑并不逊色，白不敢轻易开这个劫。黑89靠正是好时候。

白94在一般情况下可以在95位长，但此时不行，黑有图十三的手段，白两子被吃，损失惨重还没有收获，所以白94只能忍耐。黑95先手打吃守住角空后，再97位抱吃，非常好的次序。白98已经没有可能走99位扳开劫了，因为自身已走重，无法弃子，而且劫材也不充分。

第五谱　1—55（101—155）

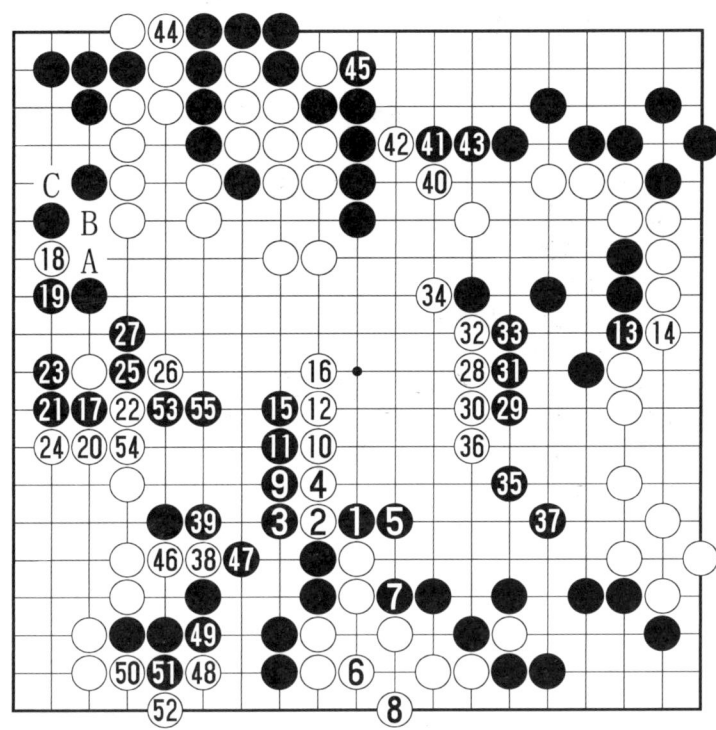

黑 1 扳先手，白若脱先，黑在 7 位挤，白下边一块就做不出两个眼了。

白 2 断是不甘委曲求全，想借断生棋，却是将劣势导向败势，此时白在 6 位做眼忍耐是冷静的走法，胜负也会漫长一些。

黑 3 打吃，防止白在 3 位长的先手，再 5、7 位两个先手，白依然只能 2 目做活，完全出不了头。更为重要的是由于多出了白 2、4 两子，让黑 9 至 15 都成为先手，这对白左边的空影响太大了。

黑 17 碰，借助于中央几个援子，黑毫无顾忌地在白空里捣乱。

白 18 试黑应手，黑若 A 位挡贪吃一子，白 B、黑 C、白 23 位下立就成为先手，那黑就因小失大了。

黑 19 夹，不给白任何

第五谱　1—55（101—155）

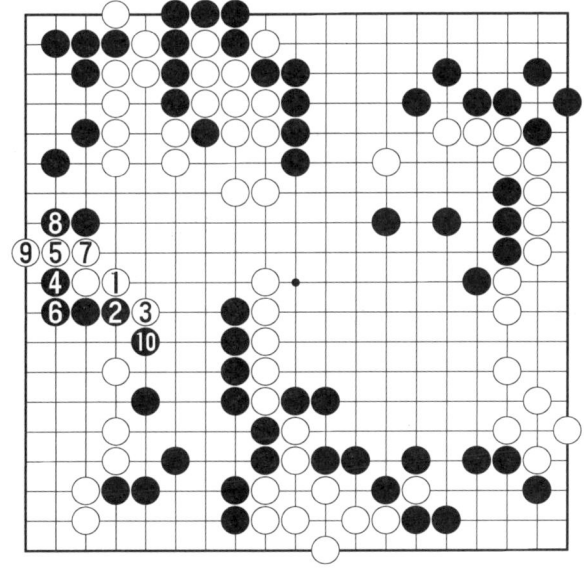

图十四

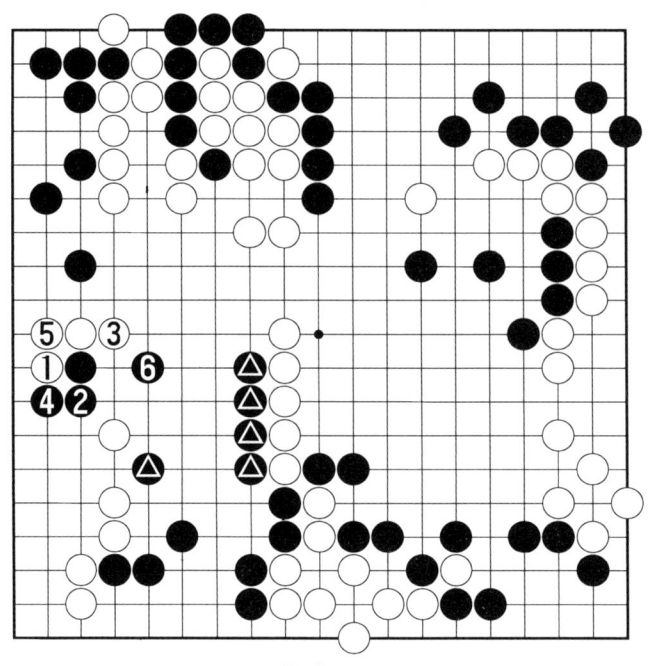

图十五

借用。

有了黑19后,白对黑17一子更无能为力了。当初白18若直接于25位长攻击黑棋,形成图十四,白棋反而陷入危险境地。又如图十五,白一样不行。而这一切都是因为黑在中央有几子的关系,也就是为什么说第五谱中白2的断,加速了形势的恶化。

白20至24是没有办法的妥协。

黑25、27断吃一子后,全盘实空已明显领先。

白28至36,虽然在中央也围出几目棋,但黑37小尖后,下面的空也得到增加,白依然无法挽回败局。

这盘棋有五个关键点,序盘黑19、23过早定型,中盘白42次序疏忽,交战时黑59先打过于情绪化,得到便宜后白72跳是前功尽弃的缓手,终盘时白102断冲动,加藤早早地取得了胜利,命运的天秤也由此偏向了加藤一方,给藤泽留下了一个遗憾。

共155手　黑中盘胜

第十二局

第二期棋圣战第七局

● 加藤正夫　本因坊
○ 藤泽秀行　棋圣

黑贴5目半
1978年3月22、23日弈于盛冈

1977年叱咤日本棋界风云的人物有两位最引人注目。一个是刚夺得本因坊，并在碁圣、十段卫冕成功，三冠在握的加藤正夫。一个是创下24连胜、大胜大竹英雄、重登名人宝座的林海峰。这两人正如人们所预想，展开了争夺棋圣战挑战权的白刃激战。不论是谁获胜挑战，人们都认为藤泽卫冕艰难，甚至不足以成为挑战者的对手。可见当时加藤与林的超群实力。最终加藤以2比1遏止了林的25连胜，也取得了挑战权。

加藤是藤泽研究会的第一期生，两人的交往甚是密切，不光是师徒之谊，更有朋友之情。藤泽生性坦荡，加藤的直率也是受藤泽青睐的原因之一。就在藤泽刚获得首届棋圣之时，恭维、吹捧之话遍布身边，可加藤却在祝贺老师获胜之后，紧接着说："如果现在与老师争胜负，大概是我六四分领先。"不含一点点虚伪，也不带一点点心机。藤泽大声说："希望明年你能是挑战者，我将让你输得一塌糊涂。"

果不其然，加藤成为挑战者。

但此时的藤泽状态十分不佳。为了下这七番棋，他再度戒酒。但由于时间不够，竟没有完全戒断。体重虽由75公斤下降到57公斤，但酒精中毒的症状还存于体内，很难适应两天制的高注意力的比赛。一过布局，注意力就很难再集中。七错八错，反优为败。担任第一局解说的吴清源先生感叹道："这样的棋都赢不下来那还有什么棋可赢？"第二局，藤泽又是把握不了后半盘而负。第三局藤泽虽抢回一分，但第四局的内容让坂田荣男尖锐地批评道："秀行先生竟会走出如此令人失望的布局，实在想不到。"3比1的险境，藤泽已无退路。只有用最大的毅力去克服生理上的困扰，以最大的顽强去拼搏后三盘棋。他曾说："即使已被逼到了走投无路的地步，一局一局全力争胜的念头也依然未变。比赛都会有胜有负，但我想无论结局如何，都要下出自己能够接受的内容。"

就是这种精神，就是这种心境，藤泽拿下了第五、六局，迎来了决定命运的第七局。

第一谱 1—22

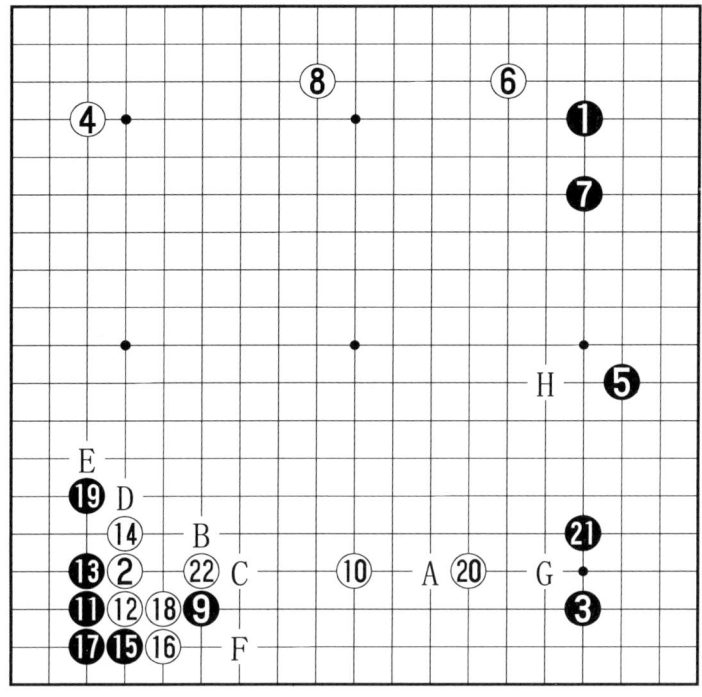

第一谱 1—22

第七局是重新猜先的,藤泽猜到了白棋。

黑1、3、5低中国流是加藤爱用的布局之一。

白4面对黑星小目,是诱黑5立即来挂吧。

既然黑5不改计划,白6、8在上面也构成了理想之形。

黑9单拆下面大场也是一法。这要由各人的棋风与构思来决定。

白10三间高夹,化解黑在右边的模样。黑11也有在19位双飞燕的选择,那整个布局的结构将会形成另外一种风格。到黑19,完成了定式。

白20单在22位虎补是定式上的正着。但定式是可以根据周围的情况加以改变的。如若现在立即补22位,那黑在A位拆就成为绝好点。右边中国流的模样白难以抗衡。

黑21是不是可以立即动出黑9一子呢?B位跳出,白C、黑22、白D、黑E、白F。虽说白左下空缩小,但黑在现在走出一块孤棋未尝合算。而且,右下角再让白先动手的话,黑就极度被动了。所以,黑21补角是很有必要的。不过,黑21可在G位小尖补,白若22,黑H位跳也是理想之形。

白22的扳虎是在走20时就已想好的。但黑21若应在G位,白22是不是还走呢?仍在考虑之中。这种思路延续到黑21跳后,经过了19分钟,藤泽才回过神来,突然自语道:"唉,这种地方还考虑什么,真是莫名其妙。"随之走下了22扳,可见超一流的专家们在想迷了时,也会在简单的地方转不过神来。

175

第二谱　23—35

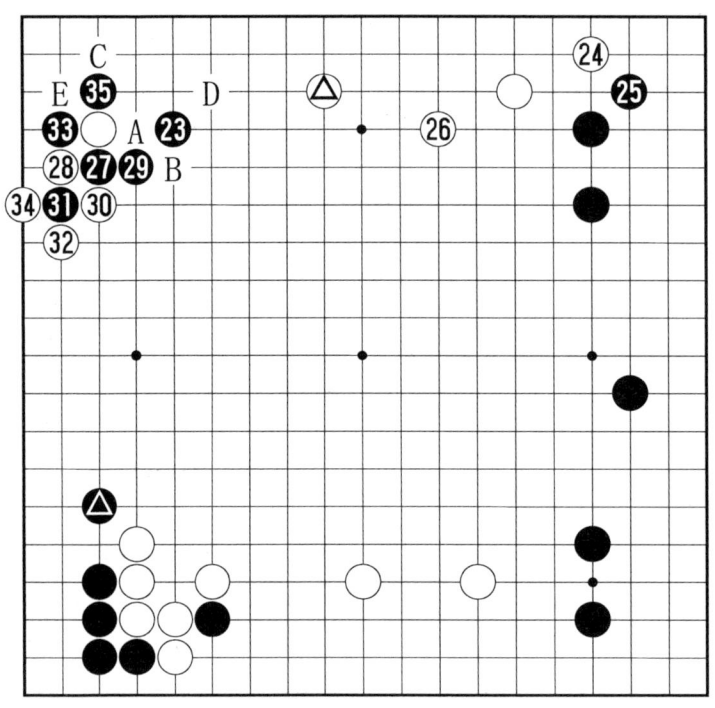

第二谱　23—35

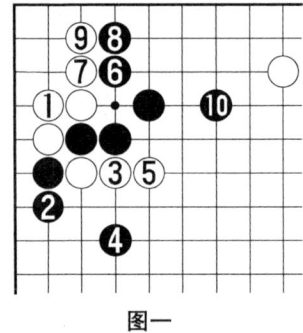

图一

黑23挂，是全局此时最显眼之处。

白24一时在左上角没有好定式选择，便索性脱先，先补强上方，根据黑的动向再做打算。

黑27是此时的最佳选择，走别的定式都可能显得松缓。

白28的扳却值得推敲。在左下有黑⊿一子的情况下，白在左边发展的意思不大。而且，为了发挥白⊿一子的坚厚效果，白可以考虑在A位顶的强手，黑29，白B位断作战，是一种相当有力的走法。

白30的扳又是疑问手。在黑有⊿一子时，左边走得再厚也没多大作用，此时倒是在31位长更为实惠多变一些，以下黑35、白E、黑A、白33、黑C、白D紧逼，立即进行战斗也是很有力的。

黑31断必然。白32的打吃是临时的决定吧？因为形成黑35的结果是白明显不好。在征子有利的情况下白32是打算在33位接的，可为什么突然改变了想法呢？也许是担心图一的变化。图一白里外都不完全，作战不利因而放弃白1。既然如此，当初白30的扳就该三思而行。

到黑35，黑得到了左上角的实空，而且将白棋整体的结构从局部打破，局面对黑大开绿灯。

第三谱 36—60

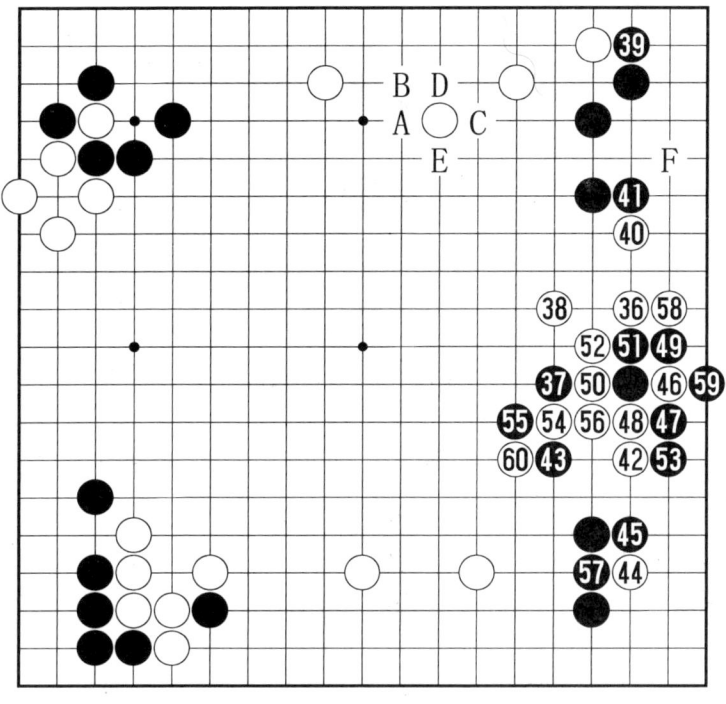

第三谱 36—60

白36打入刻不容缓。此时再按定式在左上行棋是坐以待毙。

黑37跳好形,加强右下的同时攻击白36一子。

白38出头,对右上角黑棋虚张攻势。

黑39有些松缓,可能是在左上占了便宜后有些放松。此时在A位碰、白B、黑C、白D、黑E,继续远攻着右边白两子,将会更为积极主动。说明一点,由于黑右上角有39位挡和40位小尖两点见合,白即使是将黑封锁在内也无法歼黑。所以,当黑A位碰时,白很难在E位顽强长出。

白40先手便宜,好时机。黑41不应虽也不关性命,但被白F位先手飞进实空损失太大。而且,白右边也成好形了。

白42是声东击西,意在借此安定右边几子。黑43跳封也在预想之中。白44试黑应手。黑45坚持不让白联络,在57位接就可能让白活得太大了。

白46仍然继续捣乱,在黑戒备森严的地方还借机利用,使黑恼火万分。黑47顾虑着白44一子的余味,继续忍耐。由此到白56,一气呵成。黑右边好端端的一块好形,被收缩到了最小限度,可以说是一场白的捷战。这都是黑39松缓的后果吧。

黑57位接吃角与白60断是两个见合点。局面在白的顽抗下又形成了均衡之势。下一个战役从哪着手,怎样进展,系着全局的命运。

第四谱　61—77

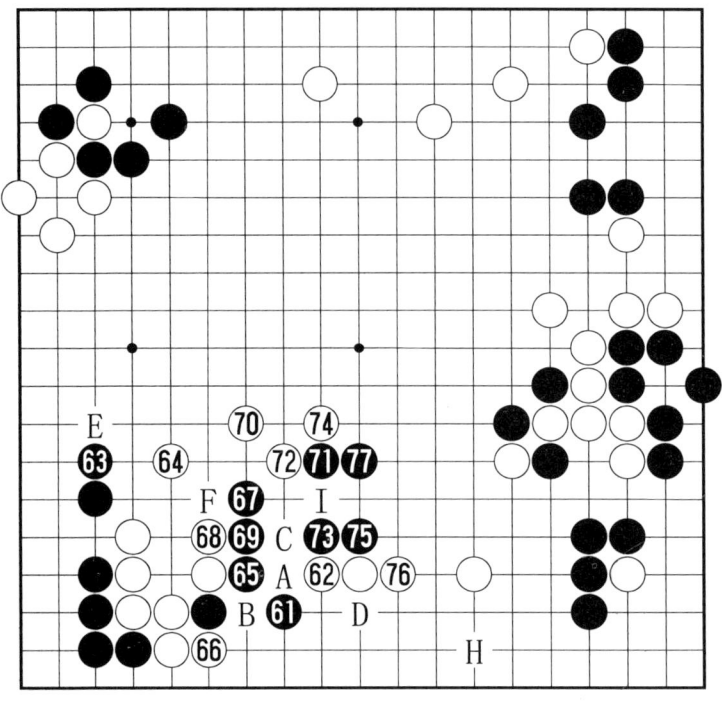

第四谱　61—77

黑61是出乎意料的强手。这步好手反映了加藤深不可测的力量。

白62如何对应，着实困惑。在A位压看似好形，之后黑65挖、白69、黑62、白B、黑73，右边白两子被隔离，很是难办。又如白在C位缓一步飞封，黑又有D位腾挪的余地。白无法有两全之策。最后，白走62并最强的一手，将黑从一条窄小的通道中往外赶。黑63机敏，逃孤前先自补，若直接65位动出，将来左下有白E位、63位种种利用手段。

白64在F位跳虽能稳妥地吃掉黑下面两子，但对中央的扩张就大大缩小，被黑在下边H位又乘势利用的话，白的收获就所剩无几了。既然如此，不如拼死一战。白64小飞，留给黑出逃的机会。虽说这样作战白十分勉强，但也只好勉为其难了。

黑65当仁不让，逃出黑61一子，从根上打散白的实地。为了不给黑做眼的空间，白66拐打是没有办法的。黑67跳是形，在这种地方于68位打或69位长都显得笨重。

白70飞封。不管能攻成什么结果，也只能这么明知山有虎，偏向虎山行了。

黑71飞轻灵。若在I位跳，步子就太缓慢了。对白72的小尖，黑73的靠是准备好的防断手法。白74断不开黑棋，也就只能从外面扳虎。走到黑77，由于白在下面的几子也有弱点，很难对黑有强攻手段，是白十分难下的局面。

第五谱 78—91

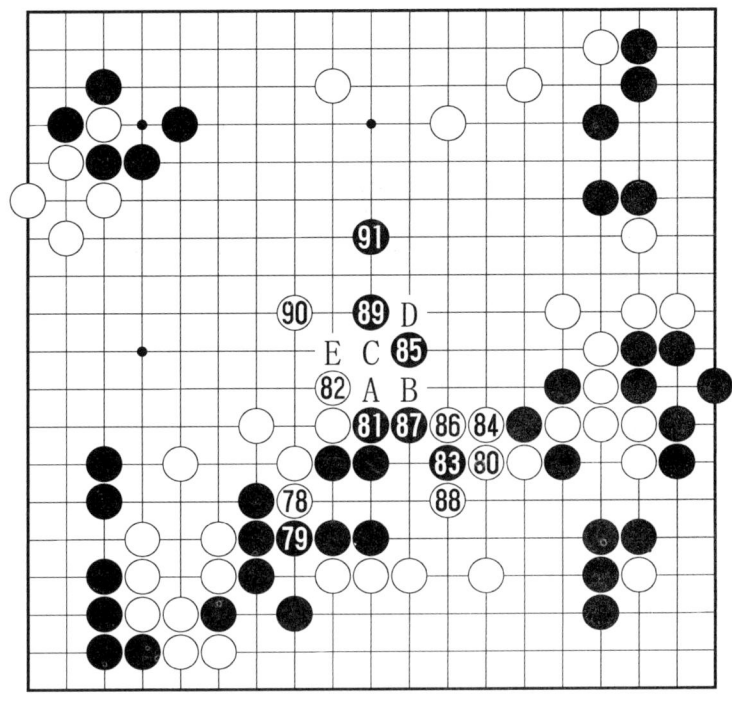

第五谱 78—91

虽然处于劣势，但白80的忍耐还是必需的。在这种时候，除了忍耐，任何贸然冲动都只会导致局面更加恶劣。

黑81先手拐后，83碰是必要的手段。倘若单飞85位，被白A位冲，黑B，白87位断，黑就难以收拾局面了。

白86若能在C位小尖，倒也是一步强手。

可被黑D位长，白B位扳，黑A断后，留有E位的断点，白无法顾全，只好放弃强攻念头。

白88先解消黑的先手，也增强自身。

黑89小尖，以坚实的步子向中央出逃。

白90与黑91是见合的两点。至此，可以说黑已顺利平安地逃出攻击圈。

第六谱 92—110

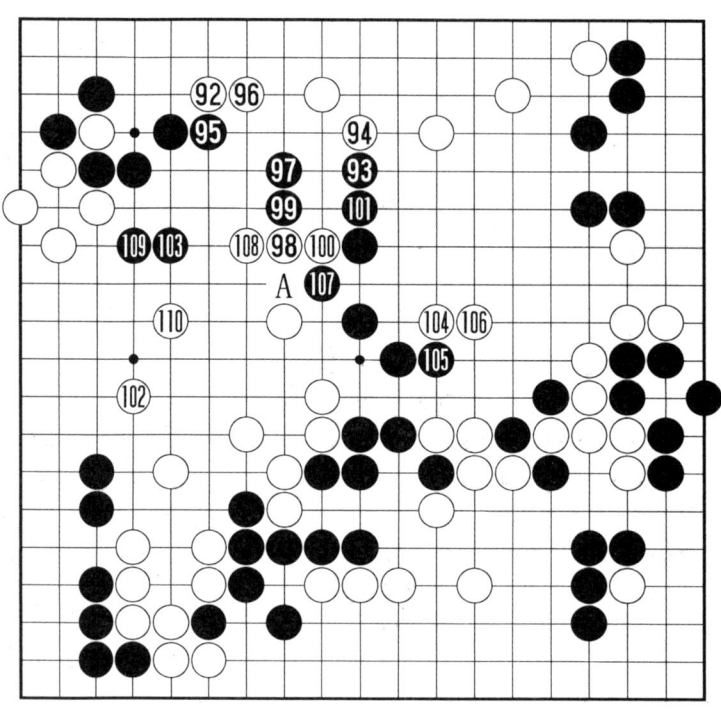

第六谱 92—110

白92若采用鱼死网破的走法，可以考虑在93位飞攻。黑将在A位靠，白则107位扳出强行作战，一举决定胜负。但成功与成仁的比例并不均衡，白的风险要大一些。在还没有完全绝望的局势下，白92选择再次忍耐，先取实地，拉长胜负的道路。

黑93、95、97犹如蜻蜓点水，将大龙平安地与左上黑棋连在一起。

白98、100是先手便宜。

白102飞，不仅将自身加强，也多少成了一些空。

黑103飞一举两得，既破了白的空，又对白左上兼带着攻击。

白在补110之前，104等三步是好次序。当然在走110时，是算好了左上四子是没有死活危险的。

第七谱　11—32（111—132）

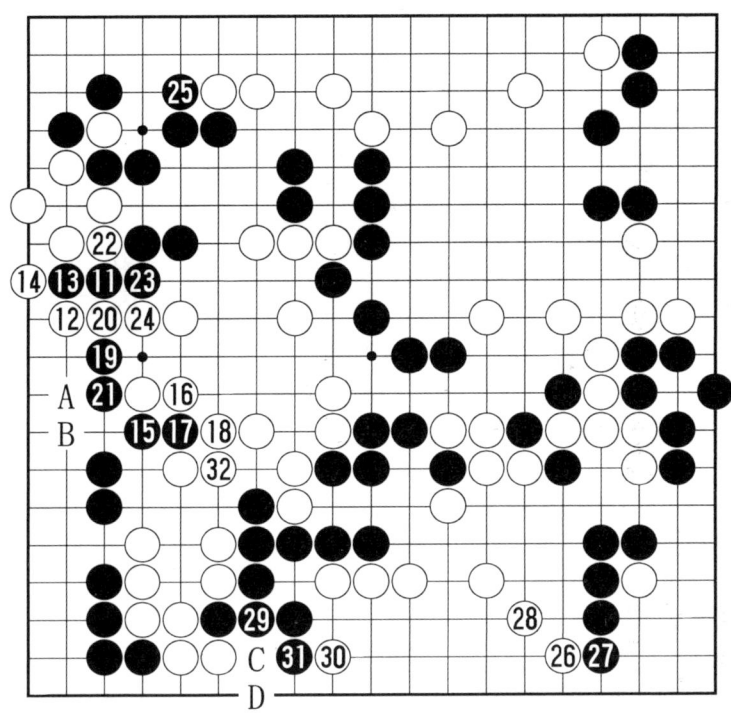

第七谱　11—32（111—132）

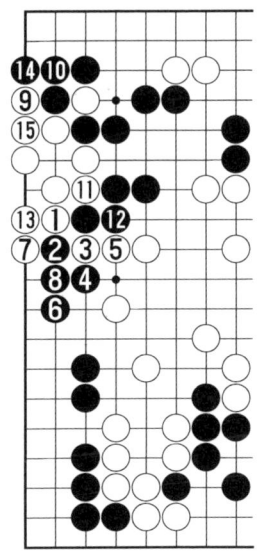

图二

对黑 11 的小尖，白准备好了 12 位跳回的手段。若在 13 位爬，将形成图二的结果。图二中至黑14，不仅让黑在左边得了不少空，而且，左上由于有了黑 10 和 14 两手棋，使左上的官子都变小了，白不肯。

黑 15 好时机。

考虑到黑 20 位的冲断，白 16 不能在 17 位挡，而只能忍耐地退。

黑 19 跳有些不慎重，虽也是先手，但远不如单在 A 位飞、白 21、黑 B、白 20 便宜。在白坚忍的耐力下，黑一个错误就可能导致形势逆转。优势意识可能使黑方放松警惕，使局面在不知不觉中拉成细棋。

黑 25 拐不仅是大官子，还考虑到大龙的安危。此手在 C 位挡也很严厉，白若 32 位接回甘愿被利另当别论，若 29 位提劫，黑则 32 位断，白 31 位断打，黑提劫，由于白重黑轻的关系，白只能在 D 位打吃渡过放弃劫争，这样的交换是优于黑实战结果的。

白 26、28 最大限度地将下边的厚势围成空。等到白 30 跳后再 32 补回时，局面已是非常接近。倘若说黑还有优势的话，也是微之又微，不敢有丝毫大意。遗憾的是加藤竟还沉浸在优势之中没有醒悟过来。

第八谱　33—70（133—170）

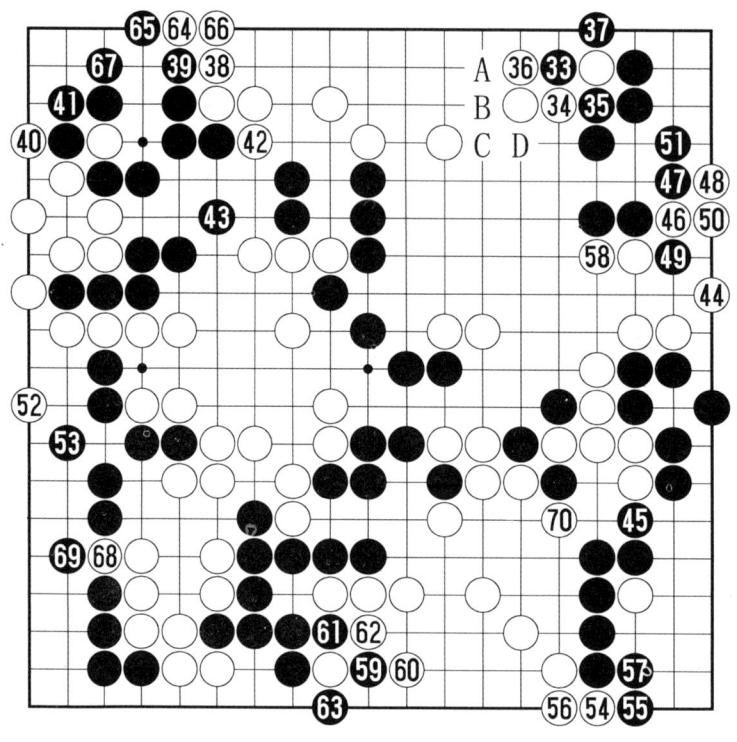

第八谱　33—70（133—170）

黑33夹吃白一子是盘上最大的官子了。但紧接着黑35却是失着，当然应该在36位爬。白34压本来是想在36位挡的，但被黑34位贴白仍不行，才顽强地压在了上面。既如此，黑35在36位爬也是只此一手不用考虑的。白A位扳后黑再35打吃，以后还留有B位的断点。白若于35位接，则黑B、白C、黑A，白必须补D位的断点，黑便37位渡过，这样也就没有后来的逆转剧了。

被白走到34、36两个要点，局势又接近了一步。白从中盘开始的忍耐一点点见成效了。黑棋的疏忽大意给白带来了曙光。

由于44位的小尖是先手，白46、48连扳很是快心。

当走到58位贴时，盘面已是半目胜负了。在这个时候，加藤才意识到形势的严重性，心中的懊悔是难以言喻的。

第九谱　71—161（171—261）

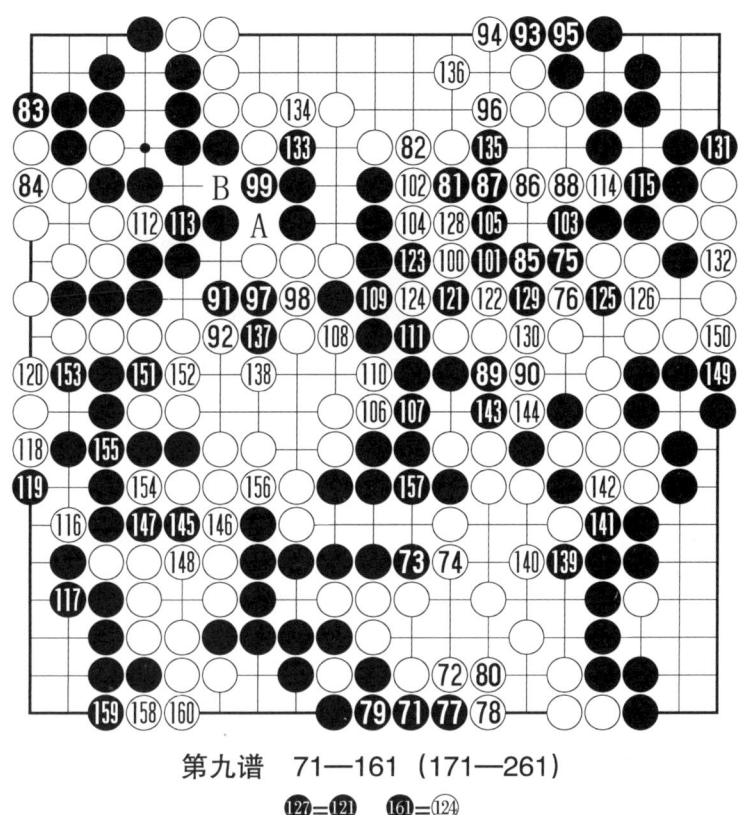

第九谱　71—161（171—261）
⑫⑦=⑫①　⑯①=⑫④

黑 71 以后进入小官子，双方为每一目棋而绞尽脑汁。

当该走的先手都走了之后，黑 99 为防白 A 位的冲断而于 99 位挡，使得胜利女神向白棋展开了笑颜。此手若在 100 位跳补的话，白 A，黑 B，以后 99 与 103 形成见合，白无法分断黑棋。同时，有了黑 100 位的跳，中央可成 1 目，与 B 位减少的 1 目相抵。但中央白若依照 108、110 收官的话，黑中央还可多出 1 目。这样，正好就是黑棋半目胜。小小的一个半目，到手的冠军就此从手中滑落，也难怪加藤难过得第二天想一个人乘火车回东京吧！

在周围的人都认定交替棋圣宝座已成定局的时候，藤泽却以惊人的顽强追了上来。以半目胜负将一亿日元的大赛画上句号。这其中的欢乐与辛酸，甚至呕心沥血，是只有对局者才能有刻骨铭心的感受的，而非我们旁观者三言两语能概括。

一开战就处于极度不利的藤泽，正如《我所认识的藤泽秀行》一书下篇他的自传中所说到的那样，当对局中出现不得不走到门外偷偷喝两口酒来稳定思绪的时候，这是下不出好棋，也是赢不了棋的状态。可就是在这么艰苦的情况下，他是以什么样的毅力去克服身体上的不适，又是以什么样的顽强去冷静地面对逆境？这其中需要有高层次的境界，恐怕不是哪个人都能做到的吧!

他在第五局背水一战中，留下了创纪录的长考。用周密的计算，将白棋一举歼灭，为棋界谱写了一盘屈指可数的名局。卫冕成功也就不仅仅是运气了吧。除了要有雄厚的实力之外，还要有大无畏的气势与执着的信念。胜负，不单单是棋艺，还有更多的内涵。

共 261 手　白胜半目

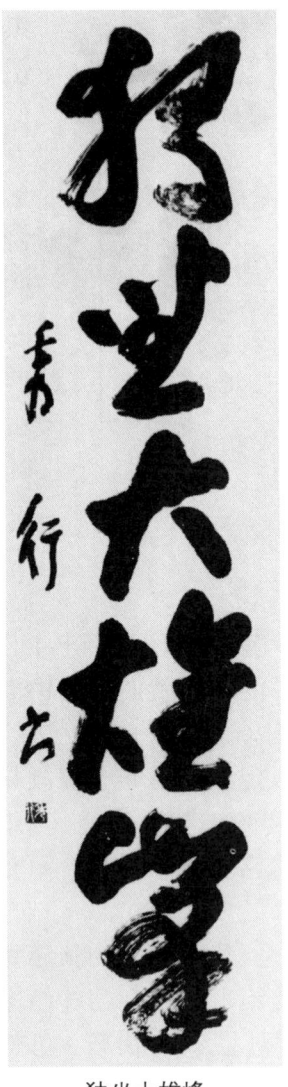

独坐大雄峰　　　　　露堂堂

第十三局

第三期棋圣战第五局

● 石田芳夫 九段
○ 藤泽秀行 棋圣

黑贴5目半
1979年3月1、2日弈于名古屋饭店

石田芳夫是第三期棋圣战的挑战者。他自从1976年失去本因坊后，就一直没获得大赛的头衔，于是便有人疑惑："是不是电脑出故障了？"（石田的绰号就叫电脑）。而石田在取得这个挑战权前，夺得了"王座"，复出的姿态跃然而出。对于长时间的沉默，石田是这么回答的："在名人战中和大竹君下了两次，有心去吸收大竹君的长处，尽量将棋下得厚实一些，现在好不容易见着成效了。"

这个时期的藤泽，则不能说是顺风好调，他自己坦言道："很罕见地对棋感到一种迷茫，在和加藤君争夺'天元'时，对局的内容让人很不满意，这倒不是指哪步棋或哪个局面不好，而是下不出自己的棋去把控局面，要解决这个困惑，就只有学习、学习、再学习。"

当挑战者确认是石田后，藤泽将数年内石田下的棋谱尽数找来研究，藤泽对研究的热心是众所周知的，可这么集中地研究一个对手的棋却是首次，但他研究对手的棋不是去制定对策，而是希望从中找到灵感，走出困惑，下出他自己的棋来。事后他说："由于围棋靠计算的部分很多，所以，计算准确快捷的石田被人称为计算机，但我不这么评价，看了这么多石田君的棋谱之后，石田君不仅仅在计算方面，在其他方面也很厉害，比我想象中要强得多，特别是在局部的小手段，绝对超一流。对手厉害到打他的谱都到了不情愿的地步。如果心底深处还有那么一点点放松的话，通过这个学习，也完全地绷紧了，从这一点上讲，收益颇大。"

　　藤泽在第一、二期棋圣战时，都是在赛前几日才开始断酒的，而这一次提前到近两个月就滴酒不沾了，以万全的身体状态和充沛的精神状态去迎接挑战。

　　赛前的预想投票有60%的人偏向石田，石田本人也认为："我稍稍有利一点点，即使是七局全下完，可能也是我以微小差别取胜吧。"展示了他的信心。

　　迄今为止两人的战绩是10比8，藤泽多胜了两局，但藤泽的胜局多在快棋比赛，而像名人战循环圈这样的重大比赛，则是石田胜多，可以说是不相上下，此次的七番胜负正好成了两人一决高低的机会。

第一谱 1—24

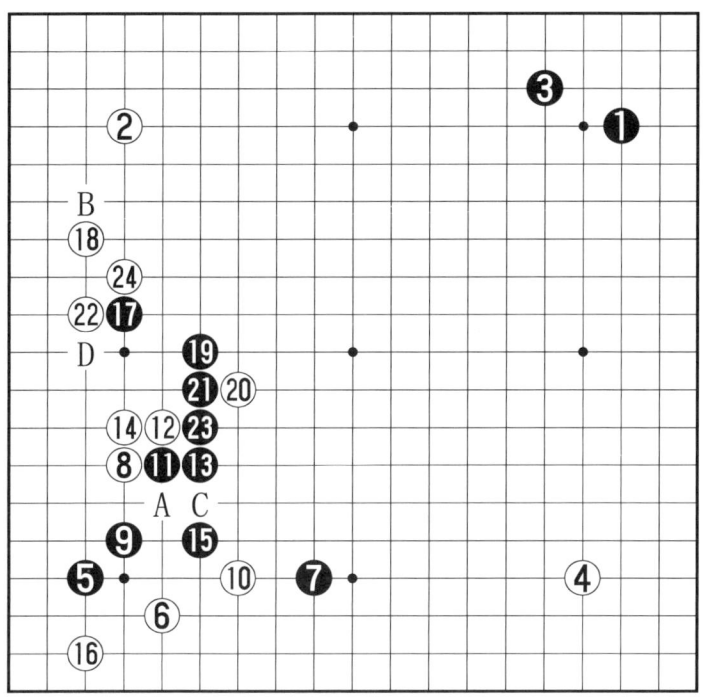

第一谱 1—24

黑1、3守角,将布局的走向选择交给白棋。

白2、4选择对角星。

黑5小目,预想到白会6位挂角,黑7的三间高夹是准备好的对策。

白8在A位大跳,成为图一,是现在常见的走法。实战反夹也是常型,但由此演变出来的结果却是很罕见的。

当白10小飞时,黑如图二是最为普通的,但黑不甘于普通,希望有所变化,便有了11位的压。其实,黑11更想在15位单跳,走成图三,白下边棋形出头不畅,右边还有黑a位的夹,上下两块棋都为难,但白不

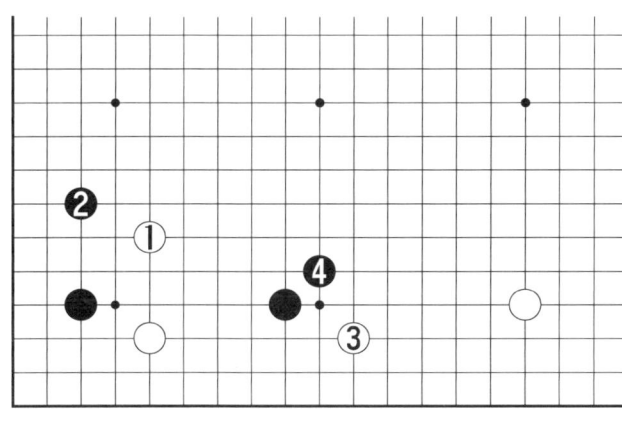

图一

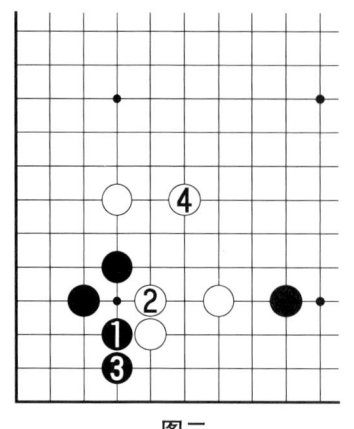

图二

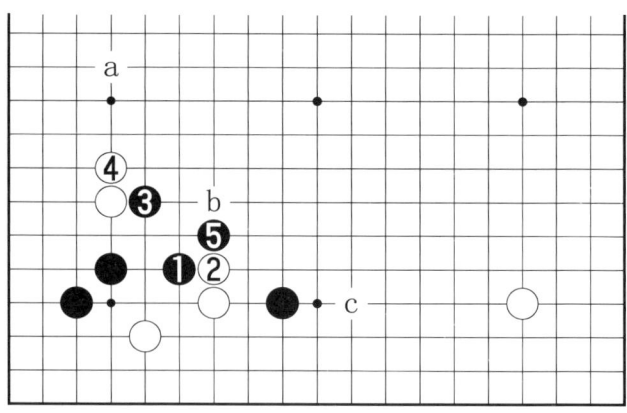

图三

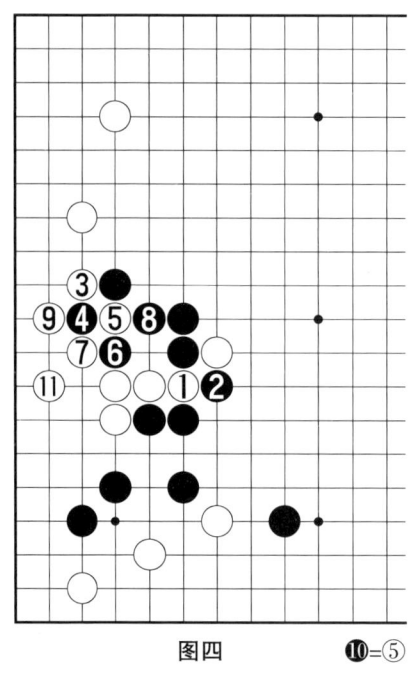

图四　⑩=⑤

会照着黑的理想图进行，当黑3压时，白4会在b位跳弃子，黑4、白c，这样，白下边的模样十分壮观。也是为了不让白弃子，实战黑11才先压了左边。

此时白是不可能弃掉白8一子的，白12、14扳接也是很有收益的。

黑15再跳，白出头已是没有合适的着点了，所以白16小飞进角求活，是很冷静的走法，既然右边已经有所收获，左下角受点委屈也在情理之中。

黑17夹必然。

白18反夹，倘若黑棋阻渡，白再逃，这样就消除了黑B位挂的好点。

黑19飞罩，白出头有些困难了。

白20小飞虚晃一枪，真正的目的是给黑制造断点以顺利在边上渡过。

黑21冲断出于气合，一个新型产生了。

白22托是白20的后续手段，黑已很难再去分断白棋，白能连着走到22托、24虎两手棋，应该没有什么不满，但黑21、23连成一道铁壁，也是潜力无限，可以说是互分的结果。

但要强调一点，白22在托之前，应A位先扳一下，此时黑只能C位接，白再22位托，有了这个交换，对左下角白的眼形有很大的帮助。还有，白22强行先在23位冲，欺负黑开局无劫材，形成图四，也是一种积极的下法。

第二谱　25—40

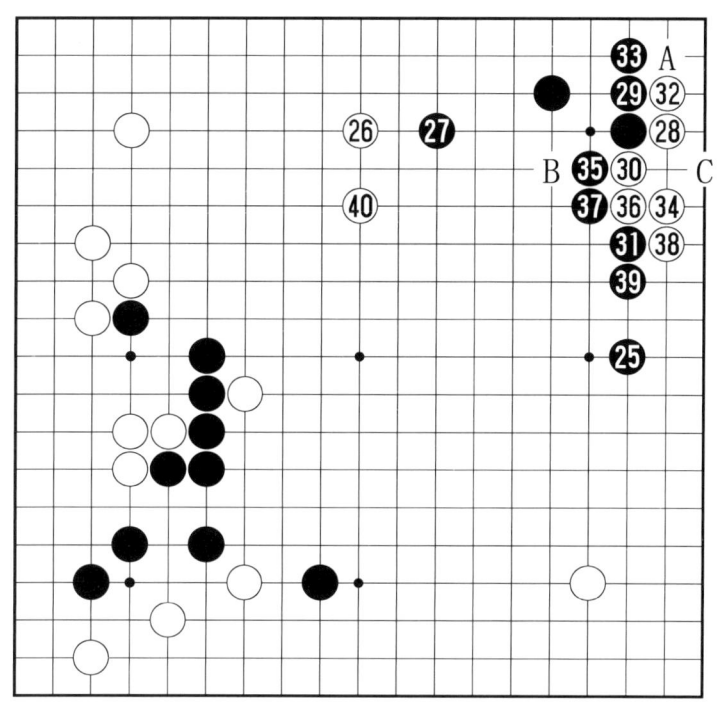

第二谱　25—40

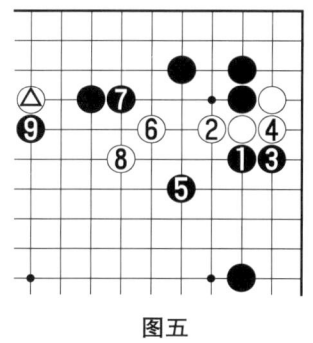

图五

黑 25 与白 26 是见合的大场。

黑 27 大飞逼，步子虽有些迈不开，但也是很大的一点。

白 28 托试应手，正是时机。

黑 29 退，不想给白更多利用。

对白 30 的扳，黑 31 的夹有些松缓了。因为左边有黑的厚势，黑完全可以走得更积极一些，比如图五黑 1 夹，不给白任何喘息的机会，走至黑 9 压，白△一子的处境就很危险了。

黑 31 过于沉着，给了白 32 爬的机会，此时黑若 A 位扳，白便 B 位跳，很容易就出头了。

为了不让白轻易出头，黑 33 下立，继续忍耐。

白 34 虎是冷静的好手，此时不论走 35 位长，或 36 位顶，都将被黑走到 34 位的要点，白边上的眼形被破，逃起来十分辛苦，也是黑所期待的结果。

被白 34 位一虎，黑才发现很难再去攻击白棋，若在 38 位挡，那白就在 36 位团，下一手在 C 位就能做成两眼，外面黑也不好封锁白棋。这个时候，黑对 31 的松缓感到后悔了。既然已无法再攻击白棋，黑 35 至 39 改为成势，这也是一个无奈的选择。白 38 拐后已经做活，能先手在黑的势力内做活一块棋，又争到 40 位跳，这可是全局的天王山，黑棋左右模样都因此受到限制，而白左上方却构成大模样，可以说是白大成功的布局。

191

第三谱　41—70

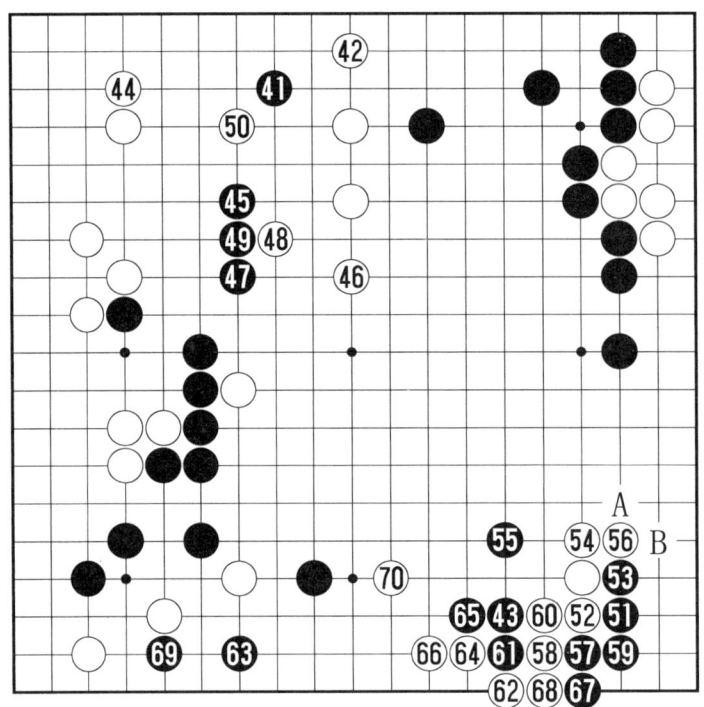

第三谱　41—70

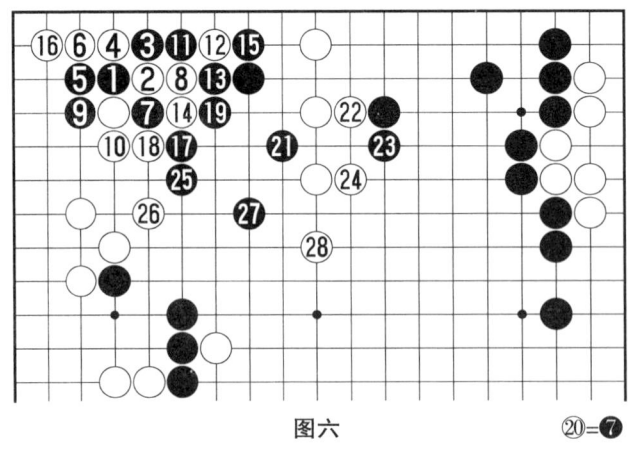

图六　　⑳=❼

也许是右上角的攻击失利，使黑的心情产生了波动，行棋的调子开始有些凌乱了。

黑 41 应立即在 43 位挂，左上白的模样虽大，但转化为实空还欠缺手数，黑有机会去侵消，当务之急是发挥左边厚势，利用白左下角的单薄，构筑起下边的模样，才能与白一争胜负，而不是急着去破白的势力。

白 42 阻渡必然。

走了黑 41 后，黑 43 是无论如何不能脱先的，怎么也应该继续在左上方行棋，比如图六黑 1 托，白 2、4 以角空为主，可被黑 27 飞出后，黑

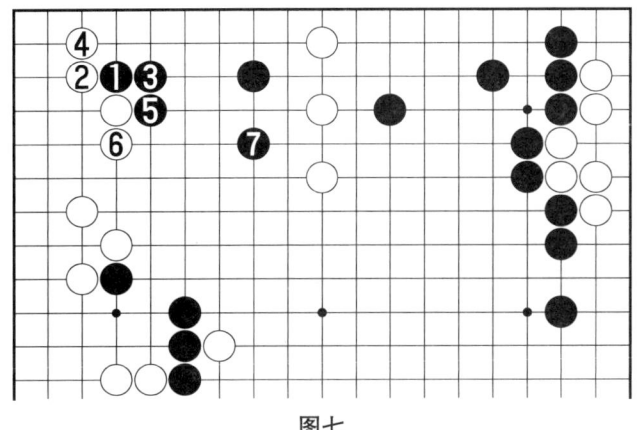

图七

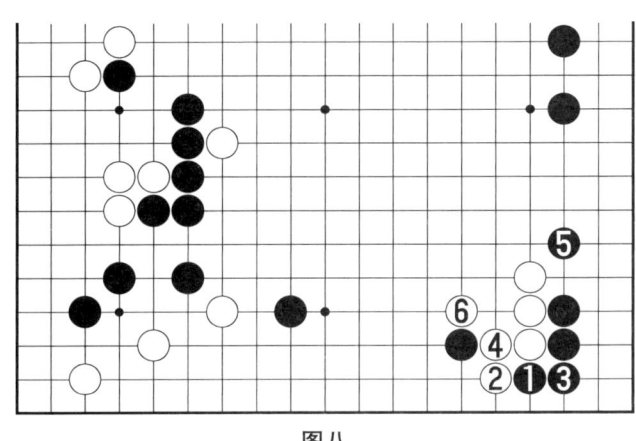

图八

活得很干净，而白上方则成了一块孤棋，应该是黑可战吧。其中，当黑 1 托时，白如图七的走法比较稳妥，这样双方可战。

但不管黑在左上方走哪，都比脱先要强，实战黑 43 突然又转向了右下角，置黑 41 一子的生死不顾，那黑 41 与白 42 的交换明显亏损，这真是一错再错。

白 44 抓住机会在左上补角，黑 41 一子陷入孤立无援的境地。

黑 45 再逃，只是减轻损失而已，对白没有任何影响。

白 50 尖冲断开黑 41 一子，局面已明显领先了。

黑 51 点角是非常手段，一般是在 A 位双飞燕，但那样对白没有攻击力。

黑 55 的跳是这个局面必须抢的要点，若如常规图八的走法，那就真的是毫无希望了。

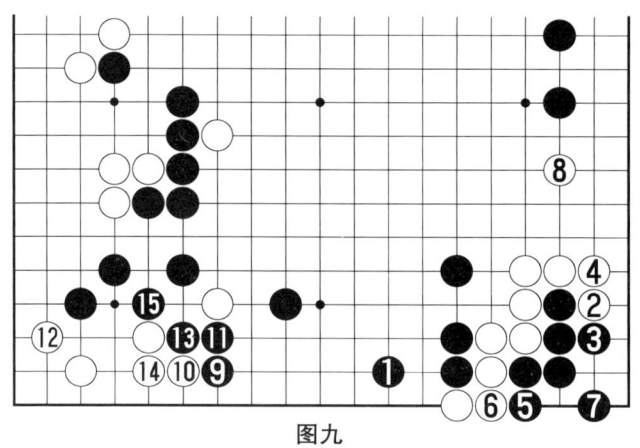

图九

走至黑61成为必然。

白62的扳很有必要,若单在68位立,黑B位扳做活,白的眼形反而产生问题。

黑63的点十分严厉,却脱离了主战场,应该如图九,虽然白左右两块都做活无恙,但黑下边的大模样十分可观,白能侵消到什么程度将决定胜负的走向。

白64、66扳长机敏,将左下角弃给黑棋,争到70位的小飞,黑下边的空与模样消失殆尽,黑43几子还成为孤子,黑仅仅得到了左下角这个转换,从实空上黑就没有占便宜,从大势上讲更是不利。

黑的不断变调,让局势进一步恶化了。

第四谱　71—100

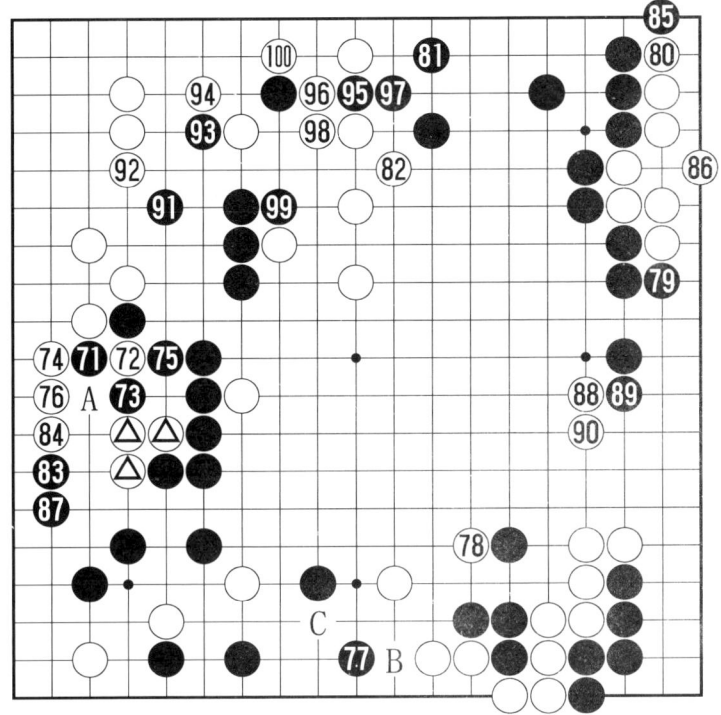

第四谱　71—100

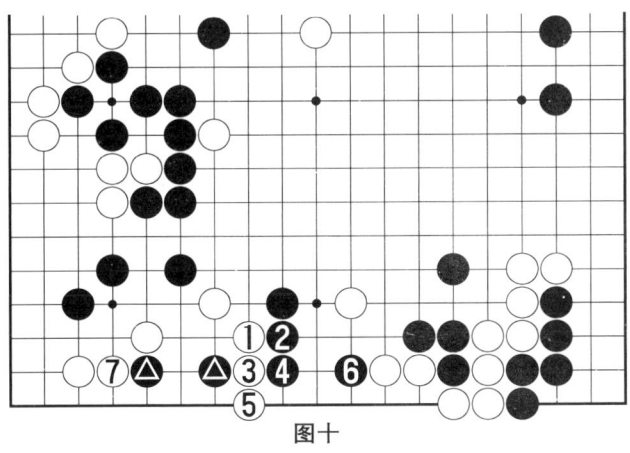

图十

黑 71 是早就存在的手段。

白 72 断打弃子求联络。

白 74 此时可不能在 A 位断打，现在黑的劫材就太多了，而且，这是一个黑轻白重的劫。

黑 75 若在 A 位接，白 76 至 83 的二路爬都是先手，黑吃掉白△三子不便宜。

黑 77 小飞很大，防止了白图十手段的发生。

白 78 靠是为了吃黑几子，却有些凝重，还不如在 B 位单顶补断，让黑出逃，白借攻得利，黑若不逃，白则大吃，实战的走法有些见小了。

黑 79 应抓住时机，趁着白 78 的滞重，打散白的潜在规模，

195

如图十一,这样白在左下方就只是吃了黑三个子,而毫无发展空间了,而黑有了23一子后,对右边成空还是有帮助的。

黑81无疑是个大官子,但在形势落后时,走得更积极一些是很有必要的。

白88尖冲,扩大右下的模样,肯定是个好点,但在此之前如图十二先交换几个次序,走至白15,这样可能会效果更好一些。

由于白已有了82一子,黑93靠时,白就能走94位扳了。

走至100,中央双方各能成多少目是全局最后的战场。

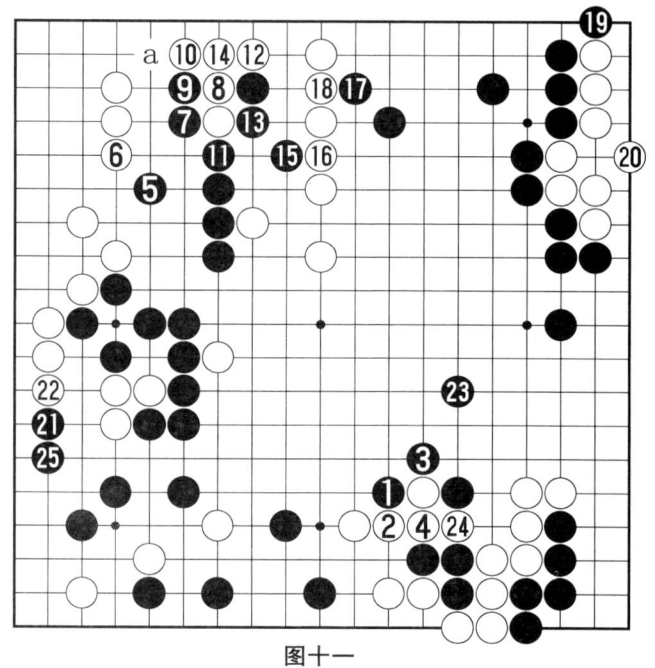

图十一

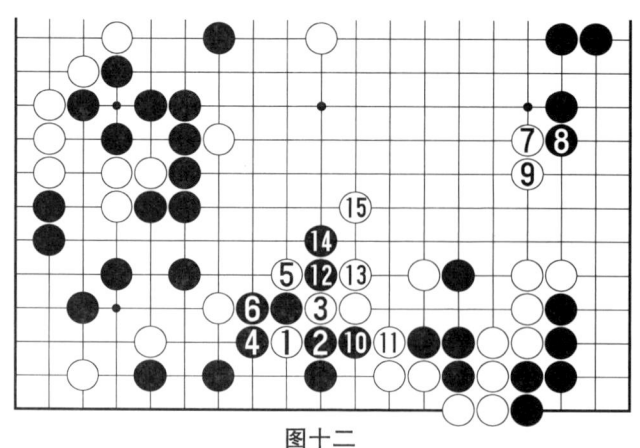

图十二

第五谱　1—26（101—126）

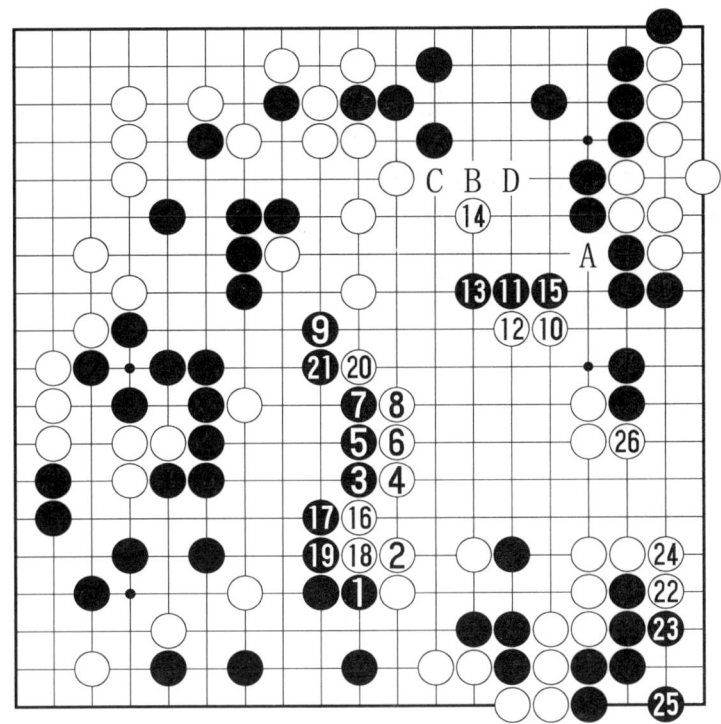

第五谱　1—26（101—126）

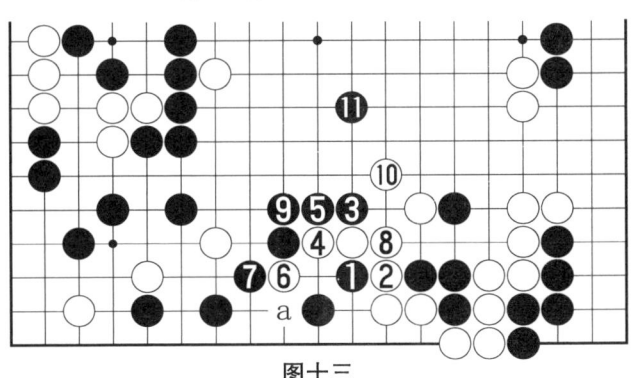

图十三

黑1顶、再3位大跳，将中央的利益平均分配开来，这在正常情况下肯定是无可非议的，但黑现在的局势不容乐观，是不是可以走得更积极一些呢？

比如图十三，虽然白留有a位挡的大官子，但中央黑11跳后，格局却大不相同了，这也是为顾全大局而牺牲局部小利吧。

也许是黑的判断出现了点误差，并没有意识到形势的不利，所以才这么平稳收官吧。

白4认同黑的划分，走至白10，双方各有所获。

由于白在右下角有诸多先手，黑必须防止白在A位断。

黑15应在B位尖顶补，白C、黑D，这样同样补了A位的断点，却已将上面的空围好了，比实战省出了半手棋。

白16、18先手官子，非常快心。

白22、24先手定型，再走到26位拐，虽是细棋局面，但白有利。

第六谱　27—50（127—150）

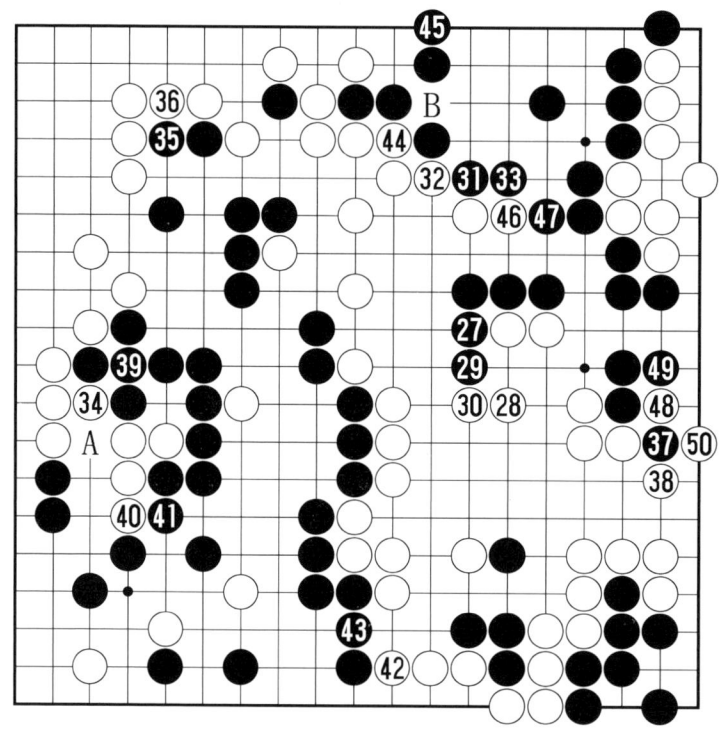

第六谱　27—50（127—150）

由于上谱黑15的稳健，为了成上边的空，黑31又花了一手棋。

白34打吃，解消了黑在A位的挖断。

黑39接有些无奈，但由于全盘的劫材明显不如白棋，只能自补了。

黑45立是细微之处，比单在B位补要好。

白48、50断吃一子，是此时全局最大的官子。以后都是小官子了，白以微小的优势领先。

第七谱 51—114（151—214）

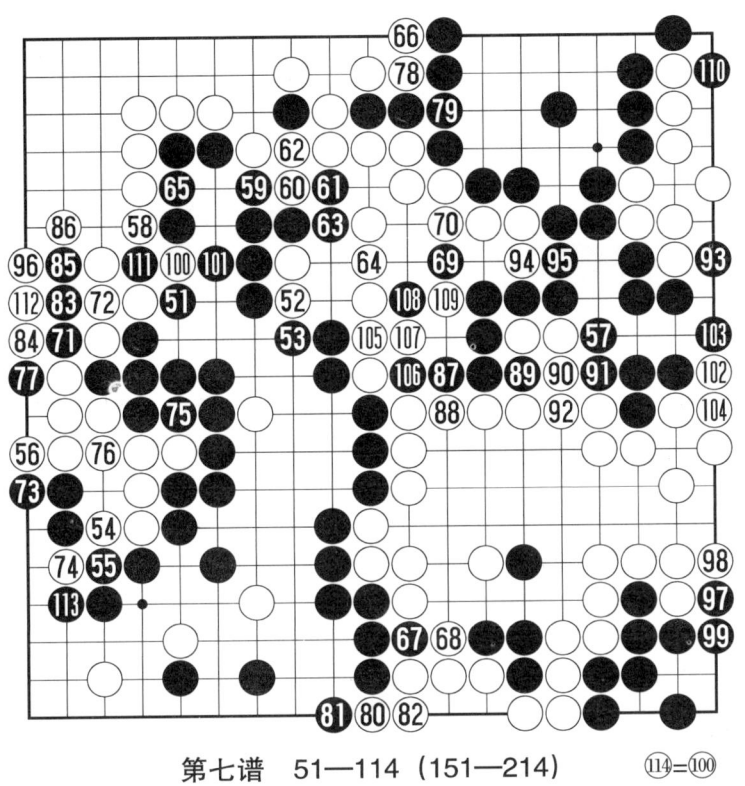

第七谱 51—114（151—214）　　⑭=⑩

全局进入了小官子阶段，双方都力求完善，白最终以1目半取胜。

第三期棋圣战，也因藤泽取得此局的胜利而宣告结束，藤泽以4比1卫冕，达成三连霸，出乎了很多人的意料，这倒不是说对藤泽的棋艺有怀疑，而是以他的身体和精神状态能这么干脆利落地提前结束挑战，确实是件很了不起的事情。

石田在赛后感想中则说道："几局棋是完败的内容，不论在技术方面，还是气合方面都发生了问题，完全没有发挥出自己的实力，等醒悟到这一点时，棋赛都结束了。该积极时自重，该自重时又冒进，自己都感到不可思议，完全是一场不像自己的比赛。"

共214手　白胜1目半

藤泽秀行在广州与陈祖德下纪念棋时留影,左起为华以刚、陈祖德、孔祥明、藤泽秀行

第十四局

第四期棋圣战第五局

● 藤泽秀行 棋圣
○ 林海峰 九段

黑贴5目半
1980年2月27、28日弈于名古屋市『樱明荘』

1979年，加藤的活跃到达顶峰，除了棋圣在藤泽手中，大竹拿了名人，其余的本因坊、十段、天元、王座四个大冠都在加藤手里（还有个碁圣，也称小棋圣被赵治勋占有），大家称这三人为三足鼎立，但从数量上来讲，加藤占据了绝对的优势。所以，第四期棋圣战的挑战者，加藤是第一预想者，林则排在了第二位，但最终在最高棋手决定赛中胜出的却是林。

"去年在名人战中被大竹击败，今年在本因坊战中又败于加藤，真是恼恨到了极点，死也不过如此了……"林燃烧着愤怒的火焰和高昂的斗志，在决定赛中击破加藤、大竹，最后的三番棋中2比1战胜桥本昌二，荣获挑战权。

至此，藤泽和林的对局有过32盘，藤泽18胜24负，由此，这一次的七番胜负大家普遍认为是对挑战者林有利。但实际的结果却出乎大家的意料，林的二枚腰特长没有得以发挥，在藤泽的气势下没下出自己的棋来，抛开见损失误这些低级错误，林认为自己是完败。林的谦逊由此可见一斑。

一期一会

无悟

第一谱 1—33

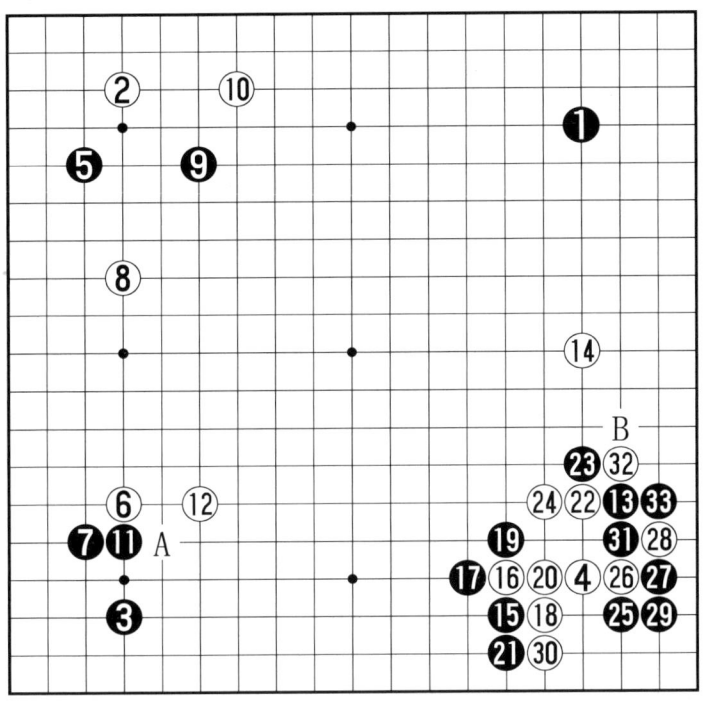

第一谱 1—33

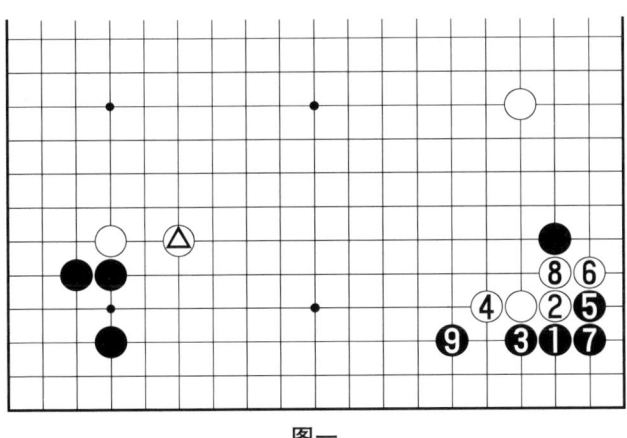

图一

白 6、8 是林的趣向。

黑 13 继续在 A 位长的走法也有。

白 14 三间高夹，将重点放在了右边和中腹。

黑 15 双飞燕，那是很流行的一种走法，也是追求高效率的手段，单在 25 位点角形成图一，黑 9 的出头屈于低位，左边有白△一子，黑在下边没有大的发展，白争得先手在右上挂角，黑布局的步调就显得有些迟缓了。

白 16 压哪一边是个众说不一的选择，从前的教科书上有"压强不压弱"的定义，就是担心将弱的压强了。但现代的观念有了改变，更

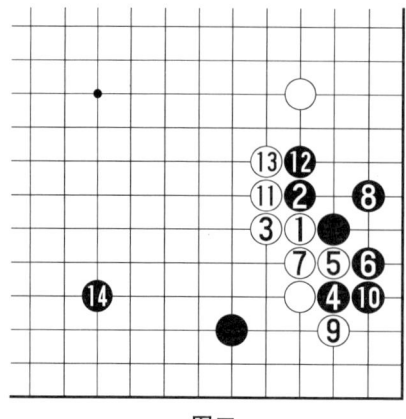

图二

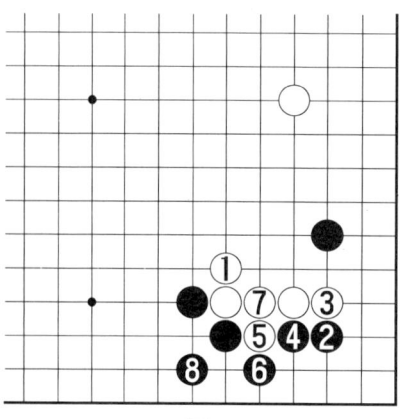

图三

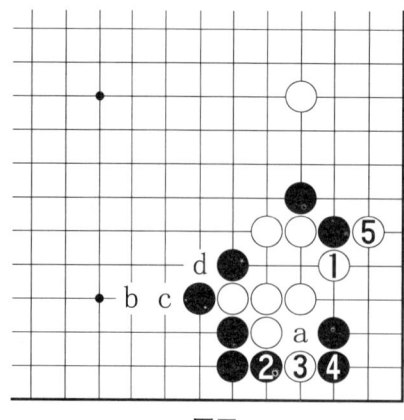

图四

多的选择是压弱不压强，目的在于不给对方腾挪转身的机会。其实，不管压哪一边，都要根据周边的配置和自己的判断做出决定。

白16若压在22位，走成图二，白也许对黑拆到14位有所不满吧。

白18若在19位长，那黑将在25位点三·3，形成图三，这个图形不论是从外形上，还是目数上，黑可都比图一强太多了，白不肯。

将黑走重之后，白22再从右边压出，是一种作战的策略。

白30挡是种气合，若单在31位接，被黑30位拐回，白的形状凝滞且并不坚厚，效率不高。但实战被黑31断吃一子，黑也没有任何不满。追溯回去，白26单在31位虎如何呢？如图四，黑虽渡过，但目数和眼形都与图三相差甚远，白以后a位接是先手，留有b位夹击、c位夹、d位断种种手段，也是另外一局棋吧。

对白32的断，有棋手认为黑33应先在B位打，让白脱不开手，形成图五，这个变化应该是黑可战，白也许会想法反击，如图六，将是一个很复杂的战斗，图中黑11若在12位立，白就在a位打，黑11、白b、黑c、白d，白的外势也十分可观。还有，黑11在12立时，白切不可在11位断吃，被e位冲吃出来，那白还不如图五。这个时候一定要弃子。

黑33单拐吃，是不想过早地将局面引向复杂化。

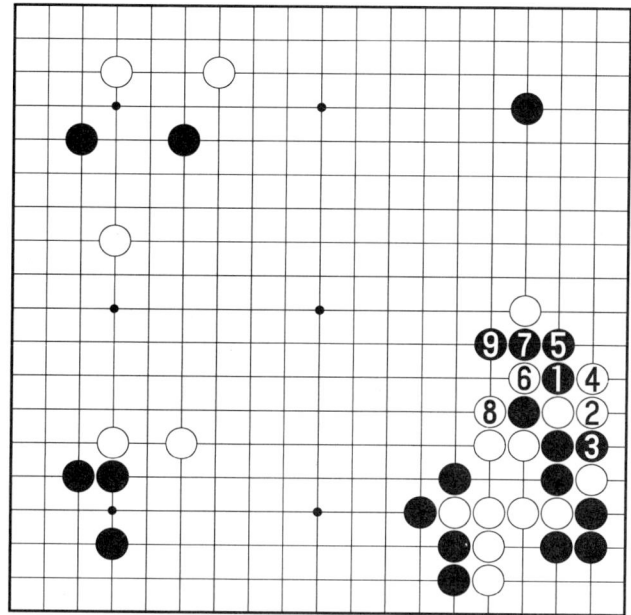

图五

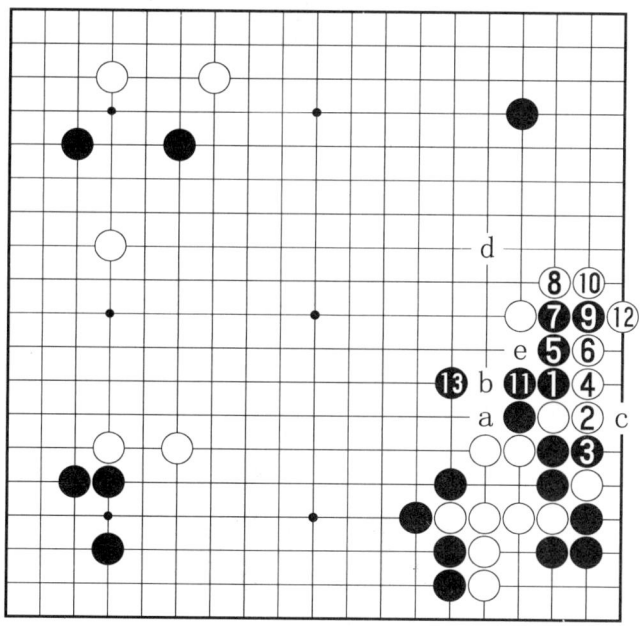

图六

第二谱　34—43

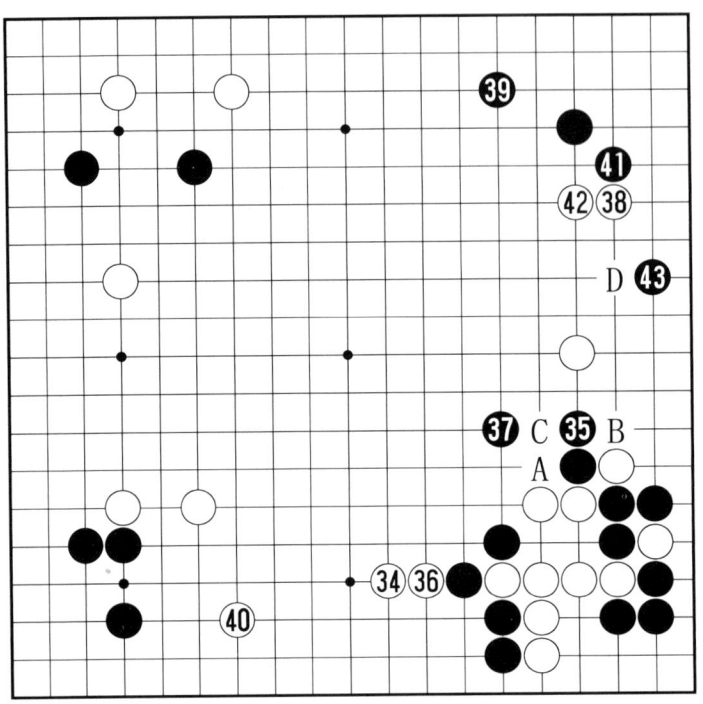

第二谱　34—43

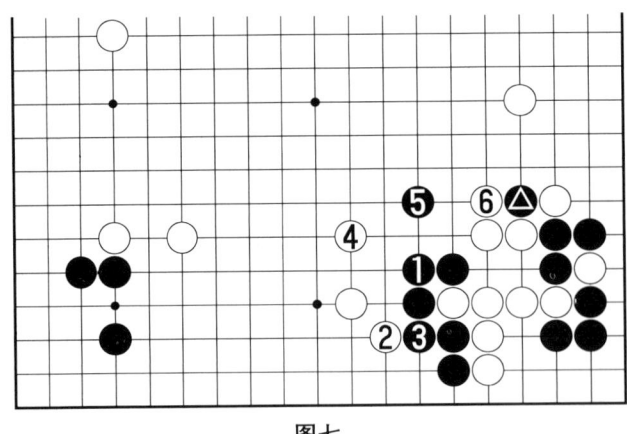

图七

白 34 在 35 位打吃像是当然的一手，但其一并没有吃掉黑❶一子，因为黑将来有 A 位逃，白征子不利；其二，下边被黑补一手后，白失去角空的损失无从收回，所以白选择了先夹下边黑几子。还有，白将来若在右边走棋，也是单在 B 位退比较合适。

黑 35 非常冷静，若立即动出下边几子，就正中白的预想，如图七黑凭空走出一块孤棋，黑❶一子也被白顺势打吃，逃又太重，不逃又太大，黑反而处处受到牵制，容易陷入被动。

白 36 顶，很明确地吃掉黑下面两子，很多

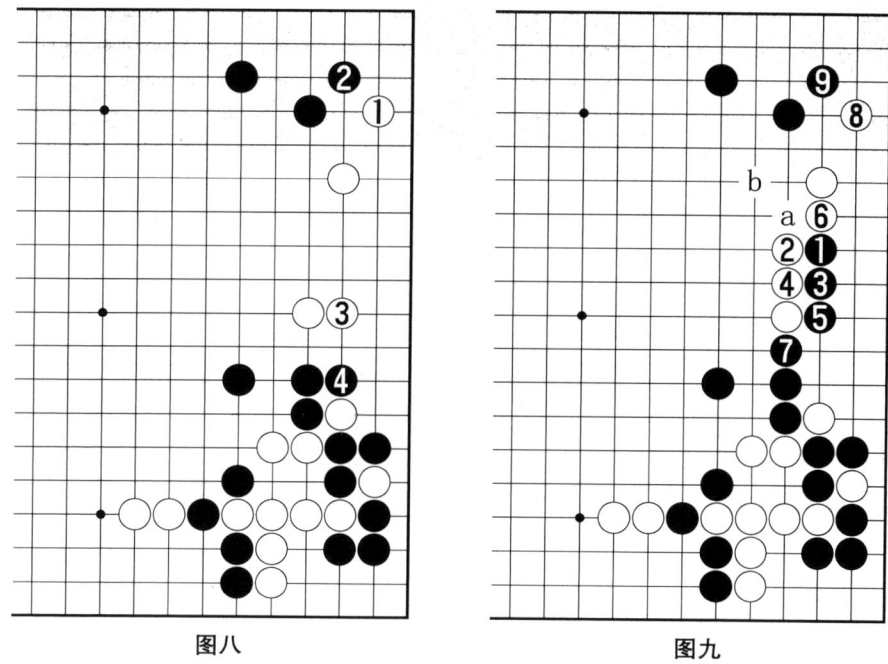

图八　　　　　　　　图九

人认为是白有利的结果，藤泽则相反，因为黑37位跳出后，白的外势全无，下边白的棋形并不理想。他认为白36应在C位靠，阻止黑的出头才是正确的选择，黑B、白A，这样，黑同样不能立即动出下方几子，而右边却已出不了头，黑只能灵活地处置下边，这样，在大局上双方保持着平衡。实战白过早地去吃黑，让黑出了头，下边的发展已经受限，白就有些被动了。

　　白40的拆非常之大，但在此之前如图八先交换掉后再走可能会好些，至少在实空上优于实战。

　　黑41、43是藤泽独特的手段，一般在D位打入的为多，但形成图九后，黑落后手，并没有什么明显的攻击效果，右边的实空也增加得很有限，将来即使在a位断，白b跳弃子，黑也没有大的收获，右上角空反而缩小。由此，41位先尖顶，再43位打入，以扩大角空为目的，是很巧妙的构思。

第三谱　44—70

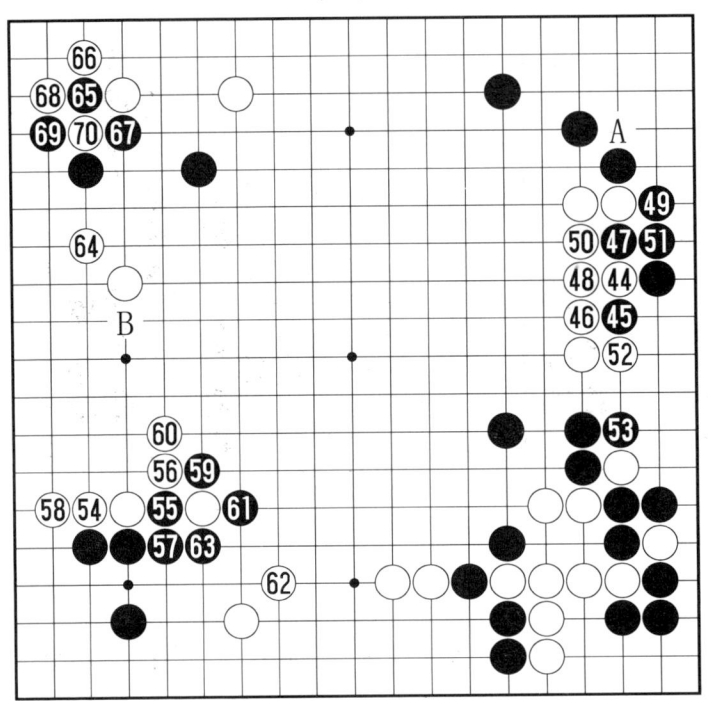

第三谱　44—70

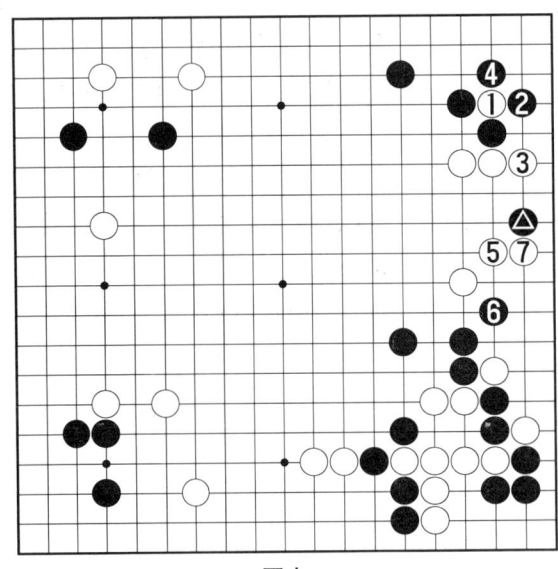

图十

白44压、放弃正面作战，此时若在51位尖顶是最强的手段，但被黑48位跳后，白便没有后续的攻击手段了。白44也可在A位挤，形成图十，白虽将黑▲一子吃掉，但自己也先送死了一子。让黑角又厚又大，最关键的是白还是后手，权衡比较之后，白选择了44至52的坚厚走法，黑右上角空固然可观，但白毕竟争得先手，比贸然冲动要好一些。

白54贴，将注意力转向了左下角，也是全局没有特别明显的地方可走，就先从实利着手了。

黑55、57挖接很有必要，不仅给白造成了断点，更多的是补强了自己。

白58下立强手。

对黑59的断，白的最强应手是在61位长，黑若立即

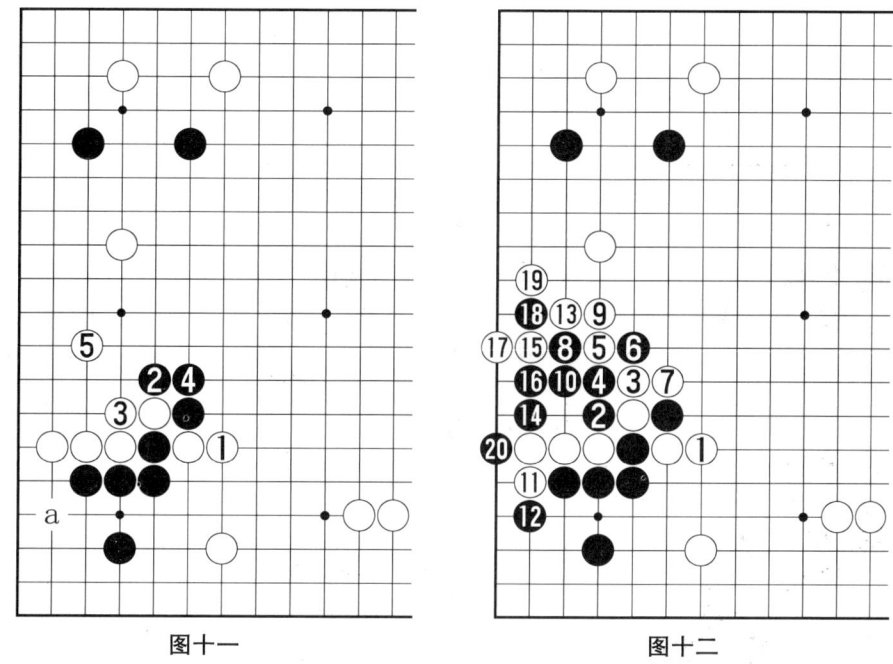

图十一　　　　　　　　图十二

动出黑59一子，那白都是充分可战的。如图十一黑角上留有白a位跳，活得并不干净，目数也很小。图十二，虽然吃掉白四子，但白筑成外势，左下角给白留下许多劫材和官子，黑并不便宜。所以，当白60在61位长时，黑准备在B位靠，根据白在左边的应对，再决定左下的走法，这将是一场混战，双方都有许多变数，不好判定好坏。但有一点可以肯定，就是黑63提一子后，全局非常厚实，这是一个很大的潜力，黑对实战结果没有任何不满。

白64小尖，一边守空，一边攻击黑左上两子。

黑65、67、69就是依仗着自身的坚厚，下边又有很多劫材，才在左上角做劫，将厚的作用完全地发挥出来。这对白是个打击。

第四谱　71—100

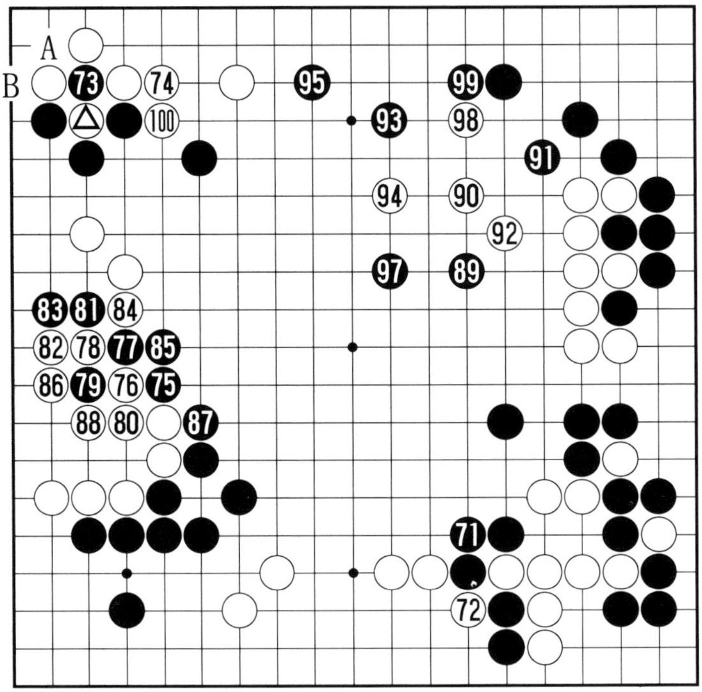

第四谱　71—100　　(96)=△

黑 71 找劫材，白 72 不得不应。

由于白没有合适的劫材，白 74 只能退让。

黑 75 碰，是对二子头常用的一个手筋。

白 76 为了连通，只能在下面扳。白 76 若在 87 位拐出虽是种气合，但被黑 79 位跳下后，白很难处理上下两块棋。

当白 78 连扳时，黑最佳的走法是 A 位开劫，白提劫，黑 79 打吃作为劫材，白 80、黑 73，白只能 85 位断吃，黑 B 提，这样，黑棋的优势得以明朗化，比实战要简明快捷得多。

黑 79 至 87 虽然先手封住白棋，但将左边劫材全走光了，而且，白在左边的实空也不小，胜负变得漫长起来。

黑 89 似攻非攻，更多的目的是做中央的空。

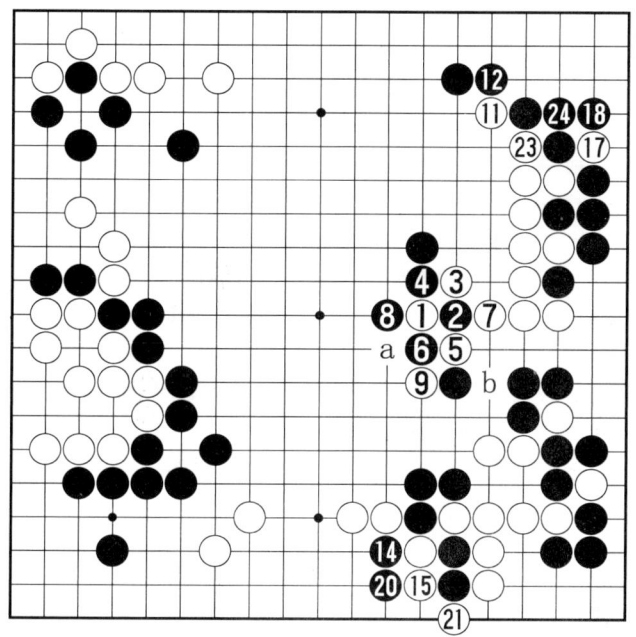

图十三　⑩⑯㉒=❷　⑬⑲㉕=①

白90平稳地外逃，此时如图十三的反击不知如何，如果白能打赢这个劫，让黑在a位接，白b位打通，黑中央虽然加厚，再无后顾之忧，但黑找白的劫材越来越少，左上的劫黑也就变得沉重起来。这个手段虽有点俗，但还是有一定的实战效果。

白92单纯地出逃，被黑顺势走到93、95，上面自然成为黑空。

白96提劫很有必要，再被黑A位开劫，白左上一块就处境危险了。

黑97已将左上劫看轻，先围中央，并对白大龙有一定影响。

白100拐吃，将左上劫解消，也是对右边大龙的一个援助。左上厚了，右边大龙也就安全了。因为白可以没有顾忌了。

第五谱　1—32（101—132）

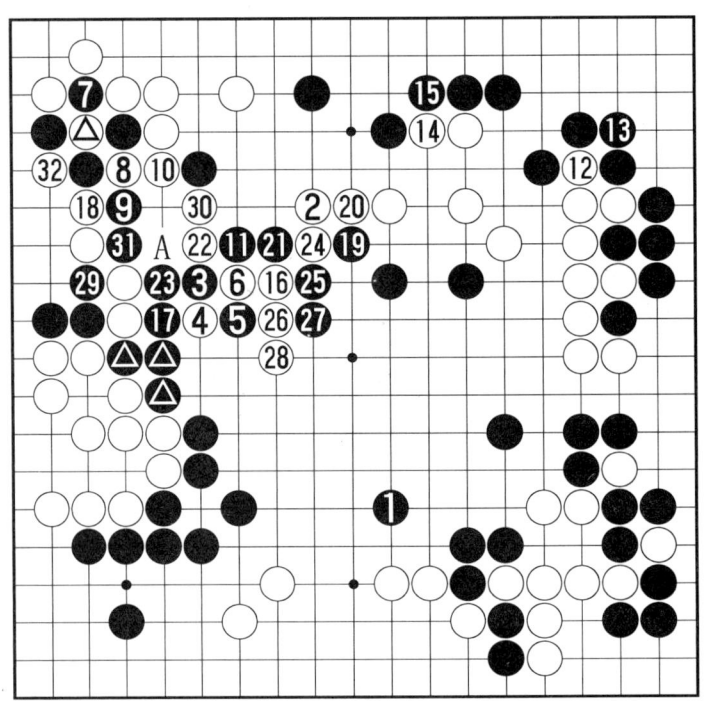

第五谱　1—32（101—132）

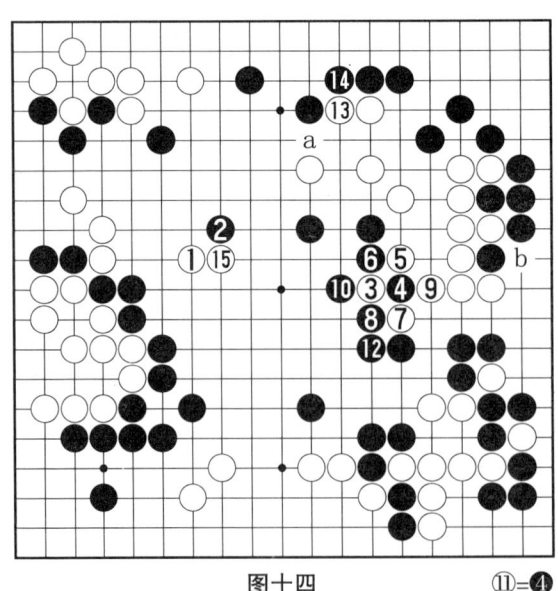

图十四　　　⑪=❹

黑 1 小飞，中央的模样终于比较完整了。

白 2 的跳过于平缓，可能是认为形势并不坏，便没有选择更积极的走法吧。白 2 单在 5 位跳，黑中央很难围成大空。黑若 16 位反尖冲，攻击白大龙，白如图十四，先手做出一眼，又有 a 和 b 两个后手眼，白便可毫无顾忌地去破黑中央的空了，所以，黑的强攻并不能成立，即如此，白 2 的补效率就有些低了。

黑 3 小飞，是为了有条件活动出左上几子。

白 4 靠，期待黑 17 冲，白 23、黑 5、白 22、黑 6、白 11，这样干干净净将黑左上几子吃掉。

黑 5 扳，不让白的意图成功。

白 6 断，继续要求封住黑棋。

黑11打好手，白忽略了。白以为黑只能在17位打，形成图十五，这样是白好的局面。

白16在17拉接的话，黑便16位提，左边黑▲三子已经不重要了。

有了黑11，白图十五的走法不成立了。白18断补，将角上黑子吃干净。

对黑19的点，白20接过于平缓，很想在22位断打，如图十六，左边白大龙没有生死问题，先在中央补棋更为有效一些。图中黑2若a位接，白则b位挡。

也许，实战白没有注意黑21的冲断，才会走得如此平稳吧。

被黑21冲时，白为了救回6、16两子，必须先于22位打断，再24位冲，这样无疑是把黑两子断吃掉了，但由于自己的气也被紧住，当黑29打吃时，白已经不能在31位接了，否则，被黑A位冲，白崩溃。

黑31提救回左边两子，而且还是先手，这个转换肯定是白损失不小。

局面虽然很细，但黑的厚势在官子中慢慢发挥出作用，白很难下。

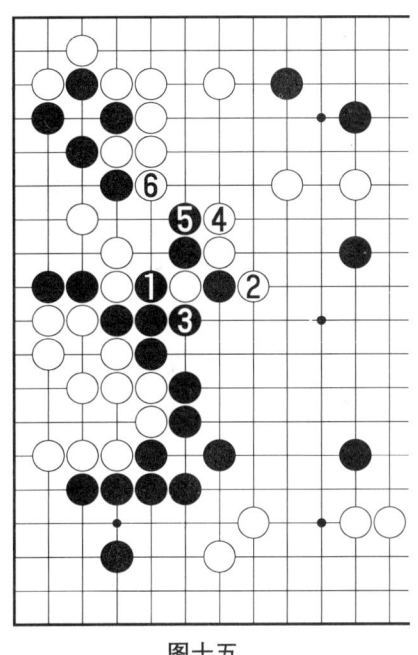

图十五

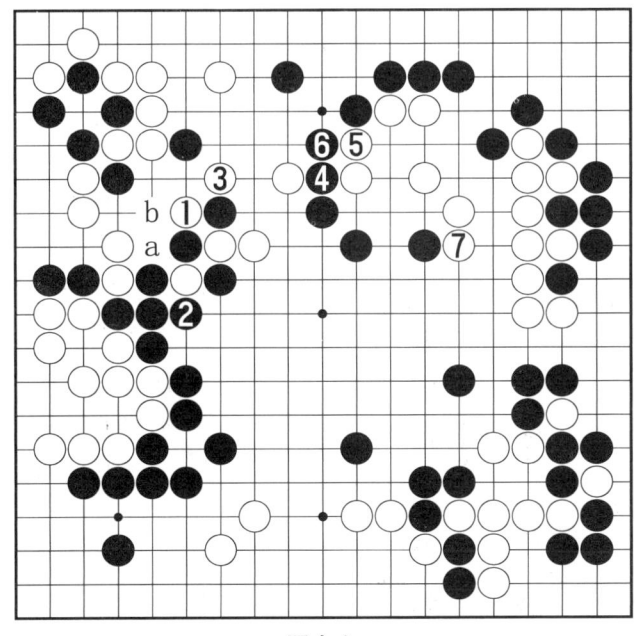

图十六

第六谱　33—80（133—180）

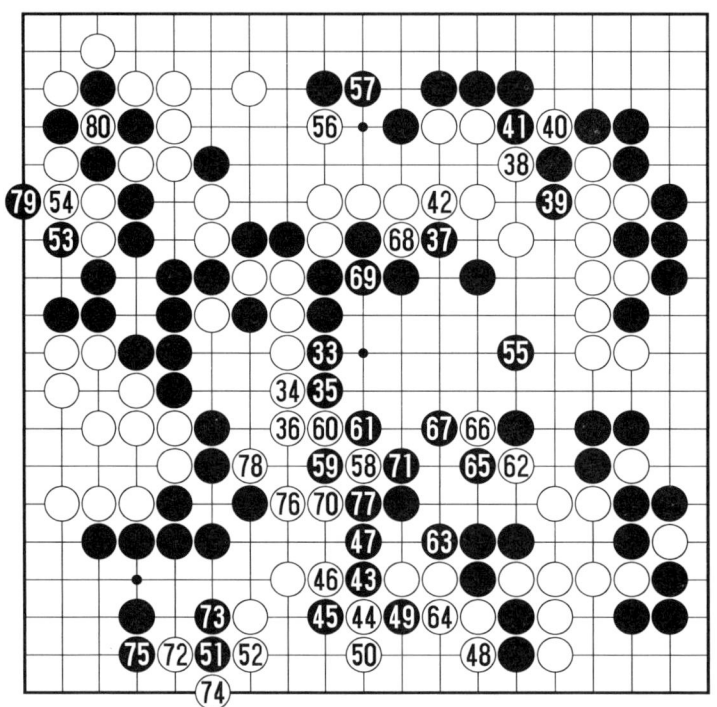

第六谱　33—80（133—180）

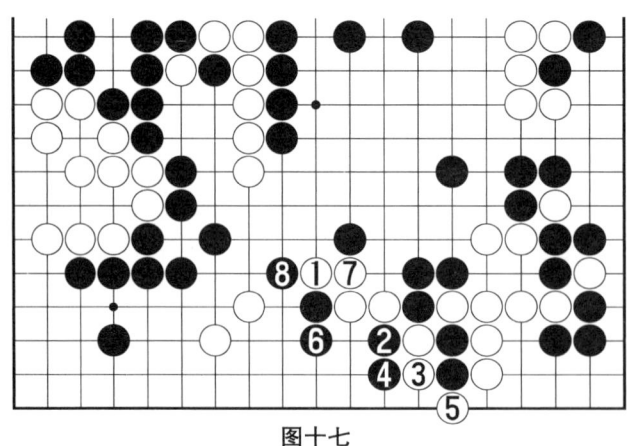

图十七

黑43碰是收官的好手段，此时白不敢用强在47位扳，黑简单如图十七，白就不行了。

黑55是最大的地方。

对白58的小飞，黑59、61的靠断味道有些坏，但为了围空，也不去计较了。

白62很想有所动作，把黑中央的空缩小，是白争取胜利的机会。图十八的手段应该是成立的，虽然上下白棋没有连上，但黑中央的空也少了不少目。当时，白方已经进入读秒，白才没有选择这个变化吧。

当黑71挡住后，白要再争胜负已经没什么机会了。

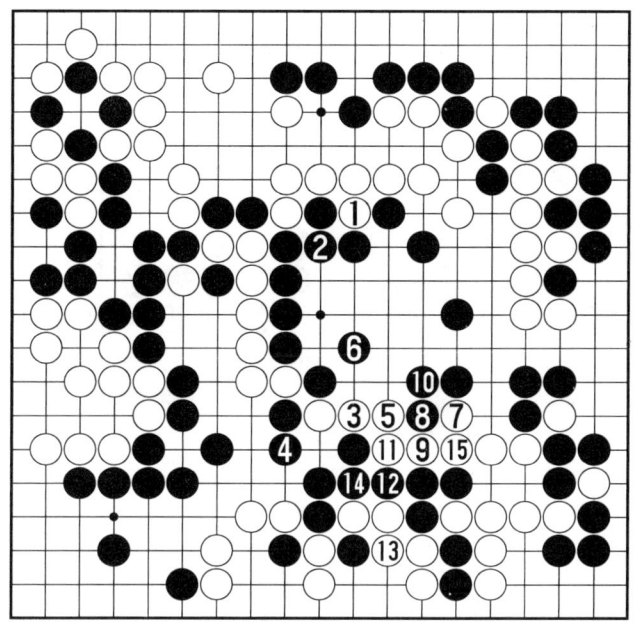

图十八

第七谱 81—164（181—264）

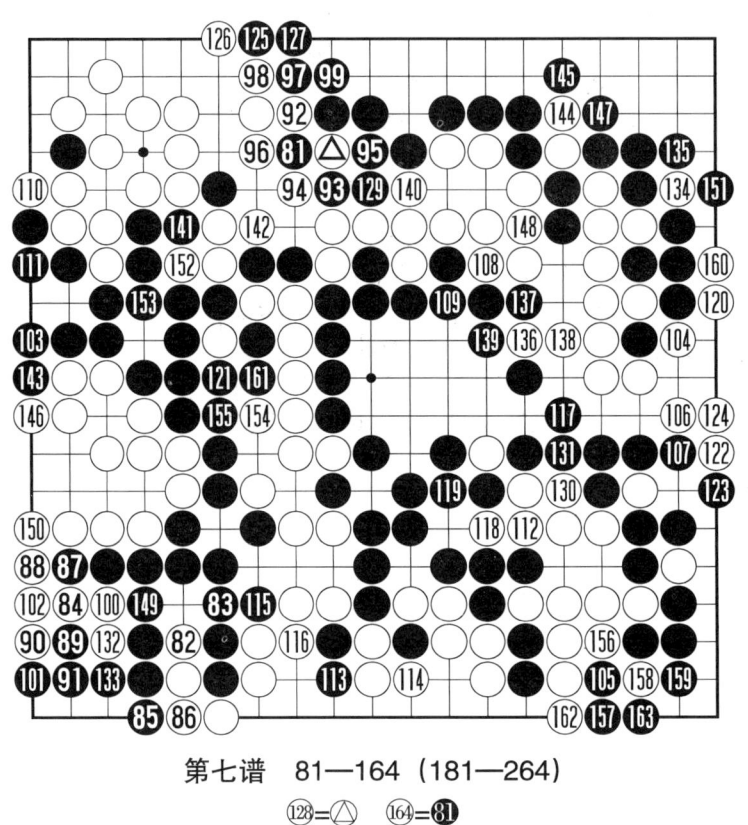

第七谱 81—164（181—264）
128=△ 164=81

接下来的官子，黑棋尽量走厚，以平稳的进行结束了全局，被大家誉为藤泽完胜的一局，七番胜负也由此以4比1画上了句号。

回顾前四局棋，第一局几乎可以说是黑的名局，藤泽的坚厚威力大发，但不幸中了林的诱惑，局面发生波动，可在终局前，林的一个见损失着，让逆转的局面再度被逆转了回去。第二局在序盘上藤泽就发生了见损，懊恼地自言自语道："真想投子认输了。"但顽强的藤泽坚持了下来，一点一点地挽回劣势，在对方求稳中追了上去，最后以半目之差取得胜利。第三局是林的逆转胜，却没有改变胜负的流向。第四局林的大见损葬送好局，由此更增强了藤泽的气势。

"从内容上看没有一局棋是满意的"，藤泽如是说。但棋界却不这么认为。武宫是这样评价的："能学习的东西随处可见。……藤泽棋圣的新手、新功夫在几局棋中都有体现，这也是平日大量研究打下的基础，令人赞赏、钦佩……"福井九段对于藤泽强大的精神则是这样说的："这是种从地狱里往外爬的强韧力的表现。"

共264手 黑胜4目半

第十五局

第五期棋圣战第四局

● 藤泽秀行 棋圣
○ 大竹英雄 九段

黑贴5目半
1981年2月18、19日弈于新泻

1980年是各大赛事头衔激烈交换更替的一年，棋界再次进入混乱的战国时代，加藤被挤出三强，本因坊被武宫夺去，十段丢在了大竹手里，但大竹的名人又被赵治勋拿走，形成一个眼花缭乱的大转换。

大竹在最高位决赛中以2比1战胜赵，报了失去名人的一箭之仇，取得第五期棋圣战的挑战权。

那个时候，大竹和林带着年轻棋手加藤、石田、武宫等将大正年代的棋手打退到第二线，唯独藤泽坚守一隅，无法击破。大竹在赛前是这么说的："藤泽先生的棋艺，我要尽可能地多学一点，然后传给后面的棋手，这是我的责任和义务，所以，我将拼尽全力去下每一局。"这不光表现了大竹的谦逊，也说明了大家对藤泽高超棋艺的认可和敬仰。

藤泽与大竹在多年前下过番棋，在王座战和全日本第一位战上。但五番胜负却是首次，一个注重厚，一个讲究美，二者都是对艺的最高追求。所以，赛前大家都预想这是一场艺术的对决，期盼看到高艺术水准的对局。

白云幽石

弄月

第一谱　1—29

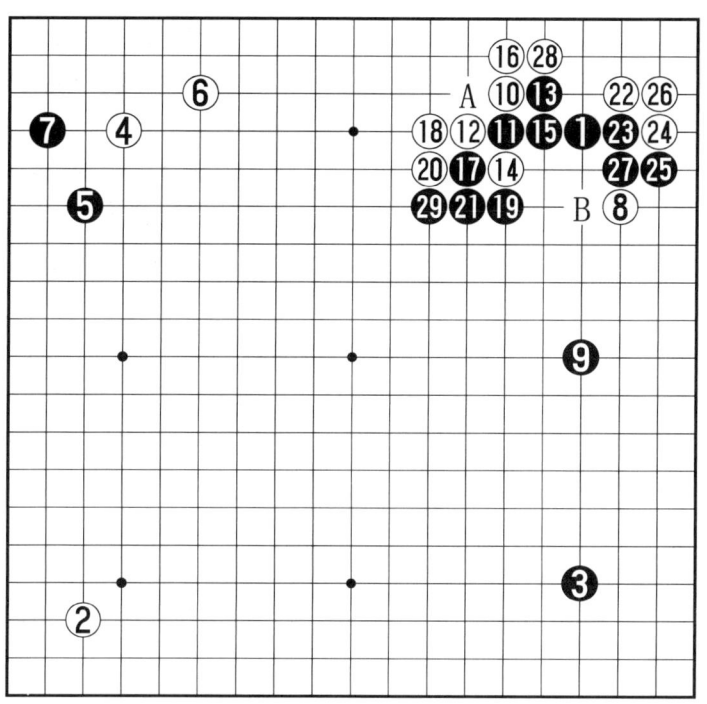

第一谱　1—29

在接连三局失利的情况下，大竹背水一战，没有了退路，有激起更高斗志的一面，也有紧张过慎消极的一面，又是执白，难度可想而知。

黑1、3二连星，藤泽在布局上没有特别的喜好，什么都下，根据当时的心情，这也是有深厚的技为基础的。

白4、6星三·3，高低搭配。

黑5于左边挂角是藤泽独特的构思，黑走9位成三连星，或6位挂角，都是喜爱大模样棋手的第一选择。

白8左上脱先于右上挂角，追求一种快步调。

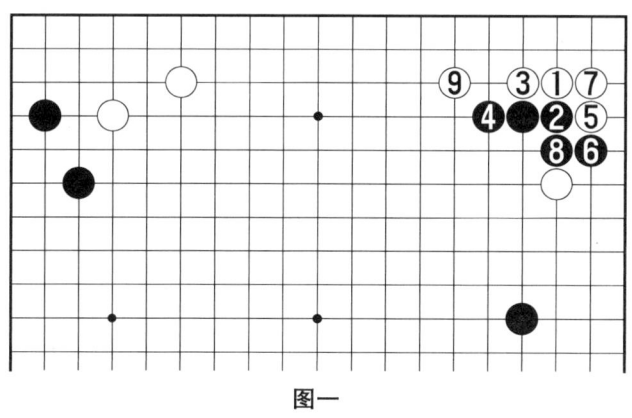

图一

由于上面已有白6一子，黑于10位小飞的意义就不大了，所以，黑9从右边夹是积极的走法。

也正是因为有了白6一子，白10立即点三·3形成图一就全处在低位，

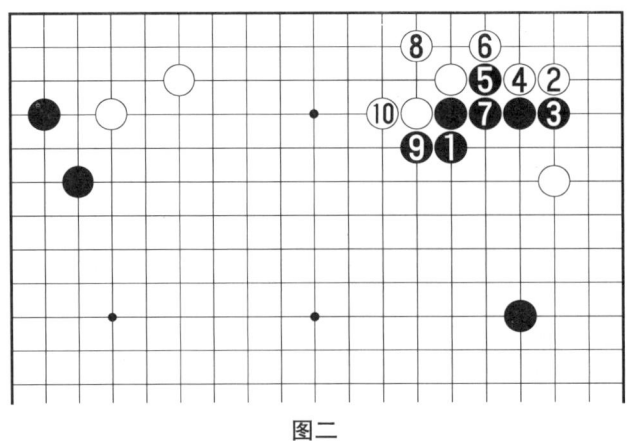

图二

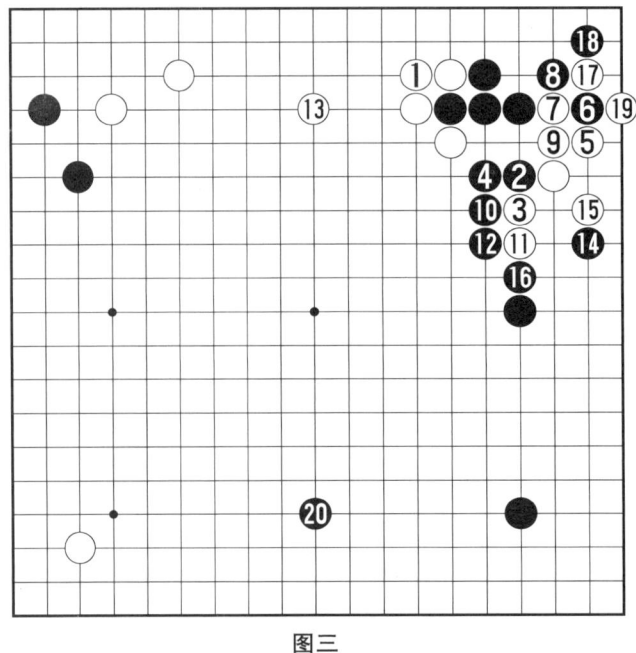

图三

配合不佳，效率也不高，是白不能考虑的下法。

对白10的双飞燕，黑11以攻击白8一子为重点，所以压在上面。

黑13若在14位长，大致将形成图二，这样虽然也是白点三·3，黑占外势，但棋形与图一相差甚远，白的配置明显好了许多，黑在势上也差了很多，势与空白都远远优于图一，那黑肯定就不满意了，实战选择虎下，增加了变化。

白16若在A位接，黑将B位靠出，走成图三，形成另外一局棋。

黑17、19断吃白一子，显示出对外势的重视。

白22的点角无疑是非常之大，但从全局的结构上看，在29位贴却是要点，等黑28位挡后，白在24位小飞求活，这样虽没获取角空，但外势却很壮观，发展的潜力很大。实战从白22至黑29，白虽然得到不小的现实利益，但在外势上却被黑占了先机，白将忙于侵消黑的模样，也许有点陷入被动了。

第二谱 30—45

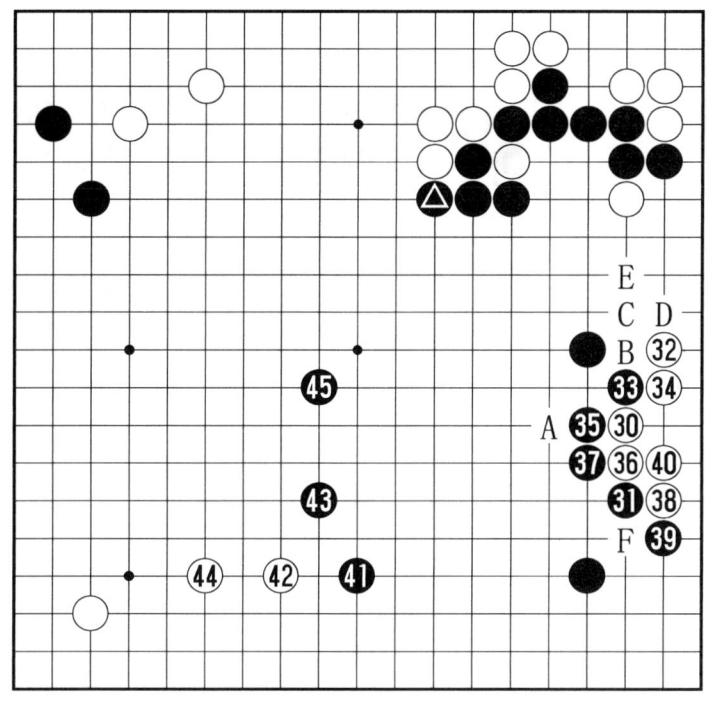

第二谱 30—45

白30打入，将侵消中心定位于右上方，此时在31位挂也是可以考虑的一个下法。

黑31小飞夹，并不拘泥于去守右上边空，是很灵活的想法。

白32在A位是常见之手，黑B，让白没有根基，一方单独出逃，这是黑的作战策略。所以，实战白32二路飞，先做眼，并破空，期待黑C、白D、黑E、白再A位跳出，那就是最理想不过的了。白不仅有了眼位，黑右上边的空也所剩无几，黑上谱29一子，也就是△一子的作用被大大削减了。

黑33尖顶、35位虎，初看似有些俗的手法，却非常简明地先手封住白棋，至白40，白几乎没有求变的机会，只能如此。虽说以后有一个极大的F位断的官子，但那毕竟是后话了。

黑41抢先占据下边大场后，中央渐渐成了黑的天下。

白42拆，虽然落后一步，但也不失为一步大棋。

黑43小飞，继续经营中央模样。

白44自补，加强自身，是为了深入地打入。

黑45大跳，将中央模样强化。虽然各个地方都还有漏口，但黑并没指望全成为空，白不论从哪个方向进入，黑只要借攻击获利就足以保持黑领先的局面，这就是外势的威力。

第三谱　46—62

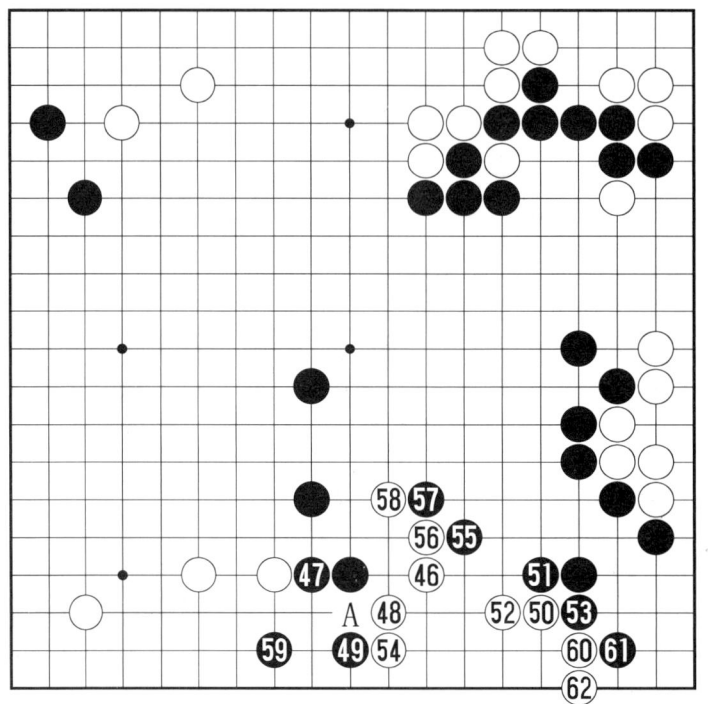

第三谱　46—62

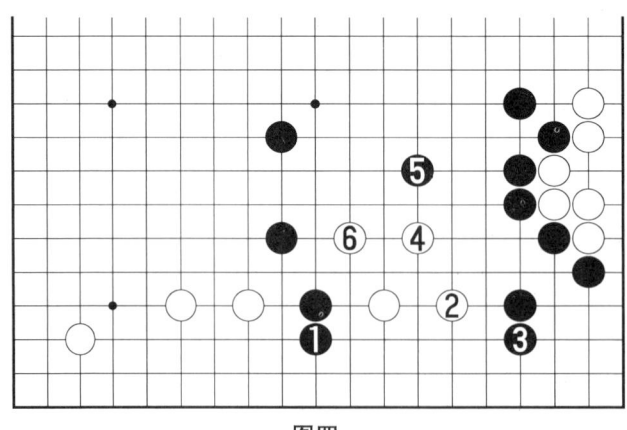

图四

白 46 打入必然，下边再被黑补一手，那白的实空是无论如何也无法与黑抗衡的。

黑 47 的最强走法是在 A 位立，形成图四，黑要吃掉白棋难度太大，弄不好攻了半天一无所获，那黑的实空就明显不足了。实战 47 顶，先加强自己，是藤泽流的坚厚走法。

白 48 小尖，就地求眼。

当白 54 位挡后，基本上已没有生死之忧了。

黑 55、57 主要是为了不让白畅快出头。

白 58 扳，冲击黑的不完整处无可非议，但此时 A 位冲，形

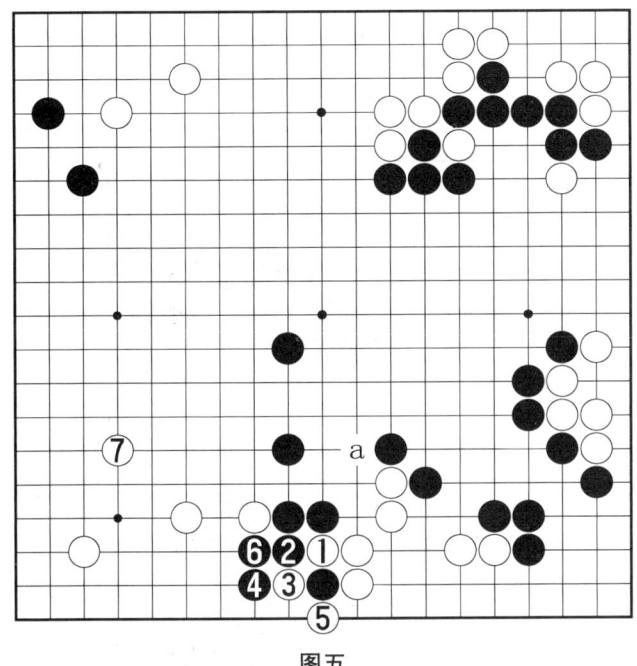

图五

成图五，白争得先手于左边拆，将来 a 位扳依然存在，也是一种可行的选择。

有了黑 55、57 两子，白的出头受到限制，黑 59 再补 A 位断点，非常好的行棋次序。

白 60、62 只能就地做活，此时在外面动出毫无意义，因为下边的眼还不全，总有后顾之忧。

第四谱　63—84

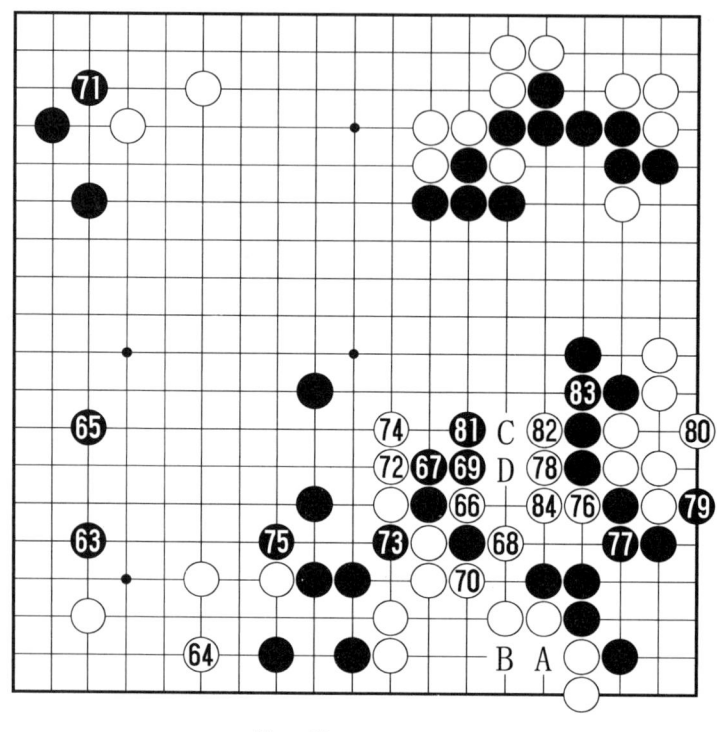

第四谱　63—84

黑63挂，绝好点，这也是甘让白在下边做活的一个回报。

白64补必不可少，否则，左下几子就有危险了。

黑65拆二后，在左边又形成了一个规模。

白66至70提掉黑一子，也很大，在这个地方只能进行蚕食策略。

黑71大失着，不是说这步棋不大，而是在这之前，黑忘记走一个重要的交换，黑应A位断，此时白没有选择，只能B位拐吃，黑再走71位，这一个交换差出了一手棋，也影响了全局的形势，中盘战斗时差一手棋几乎可以说是灭顶之灾，黑给白棋创造了极好的机会。

白72、74先将黑棋的棋形变坏。

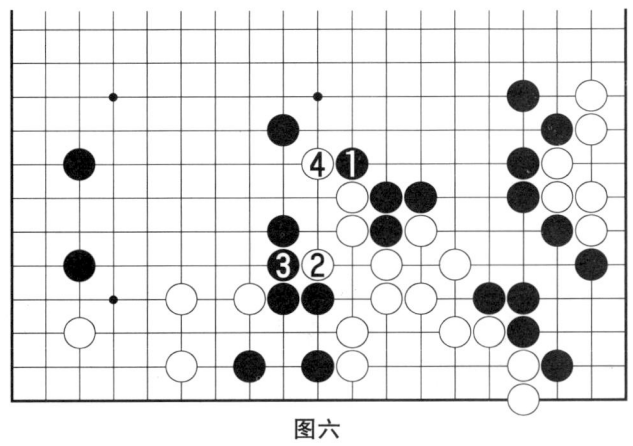

图六

黑73、75硬着头皮分断白棋，此时若退让，比如黑73走在74位，形成图六，黑一举形溃，白更容易掌握局面了。

白78扳是很严厉的手段，但却不是置黑死地的手段，白此时应在C位直接枷，如图七，白1跳枷，黑为逃▲三子只能2位长，白3挖好，黑6虽然枷吃掉白1一子，但右下角由于当初没走a位与白b的交换，白7一夹成为净死，转眼间近40目的大角就成了白空，黑在哪都挽不回这个损失。所以，如果白78走C位的话，黑只能84位打吃，白D，

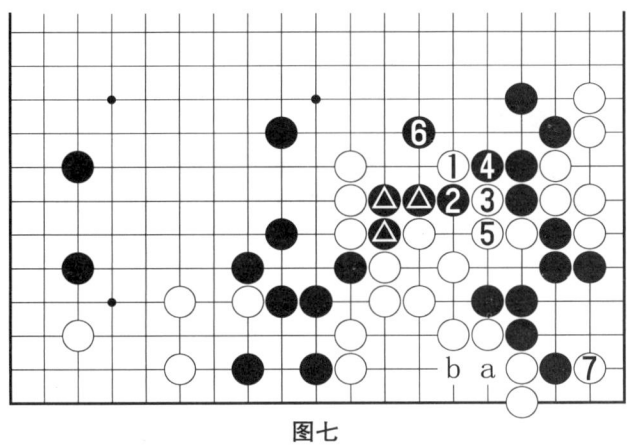

图七

白吃掉黑三子，这个损失也是难以弥补的，而这一切恶果，只因黑少交换了一个次序，直接关系到了形势的好坏。

白78扳，也是期待黑82位拐，白C位扳，华丽的次序，也许白正是追求这种美的行棋调子，而忽略了黑81单拐的顽强手段。

黑79扳机敏。

白80做眼，不给黑留下任何利用的空间。

黑81拐，是唯一的顽强的走法。

白82、84很称心地打吃后接上，黑要补的地方太多了。

倘若当初黑交换了A与B，那黑直接在外面补就平安无事了，然而，没有倘若……

第五谱　85—107

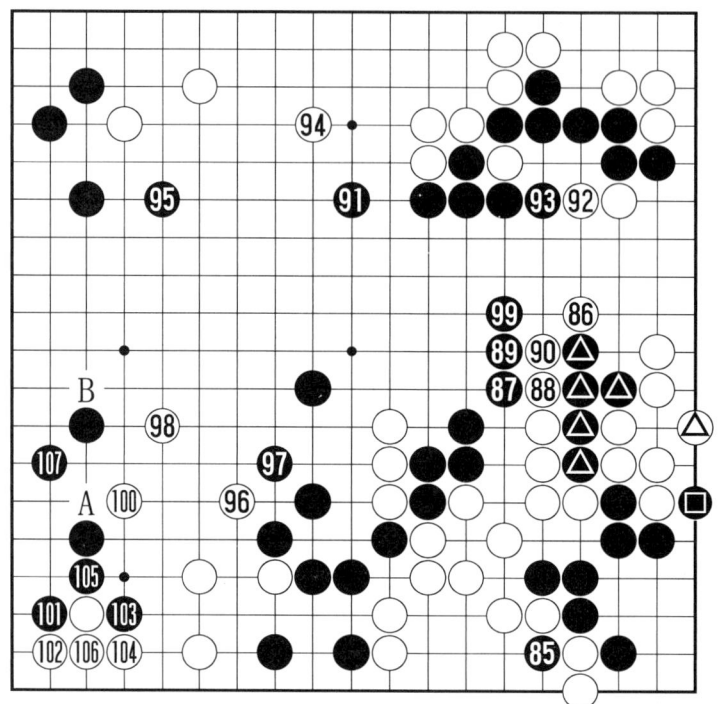

第五谱　85—107

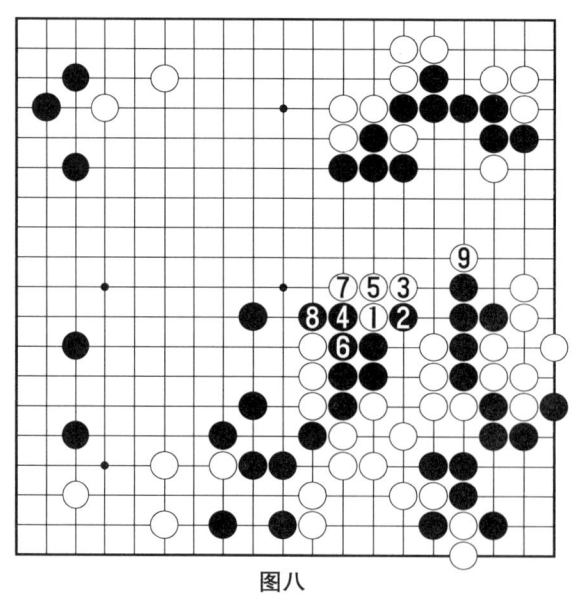

图八

黑85断不得已，明知现在这不是先手，也必须走，否则，角上就要被白杀死了。

也许是在这个局部白得了大便宜，所以，白就不自觉地走缓了，白86靠的确让黑五子无法动弹，却不是最有效、最有力的走法，白86应如图八，那样的话，黑中央的空大大缩小，再翻盘的机会微乎甚微。

黑87、89弃掉△五个子，最大限度地减少损失，而且，在这之前黑■与白△做了交换，能如此收场，确实是黑的侥幸。而且，白下面两子还在黑的嘴中，中央三子已被黑吃掉，白仅仅吃掉黑五个子，落一后手，是否便宜，真值得重新考虑了。

黑91跳，将中央完全变成实空。

白94跳补，不能省略。

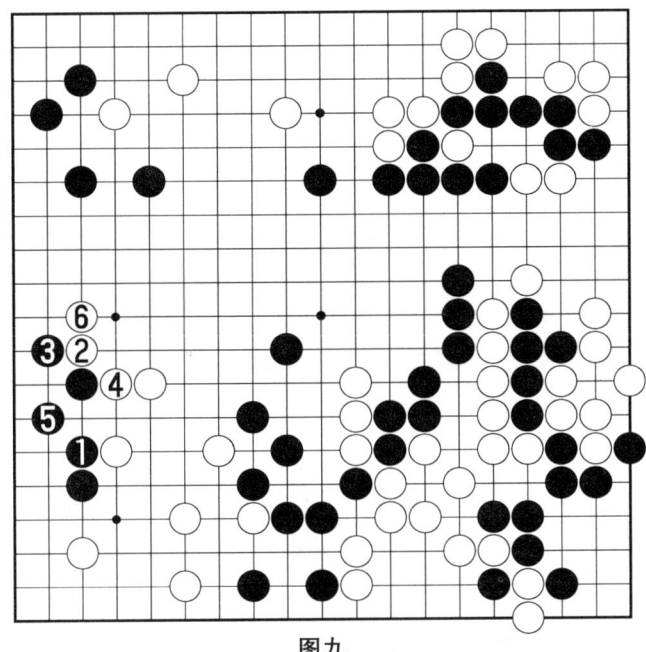

图九

黑95跳，虽然与黑91有四路之隔，但白要出头已经不容易了。因为黑在上边有种种利用。

白96先手。

有了白96一手，白98镇头就不怕黑的分断了。

黑99长非常厚实的一手，全局又形成黑稍稍领先一点的局面了，这也是白上谱78和本谱86过缓的责任。

对白100位的点，黑若老老实实A位挡，白B位靠就很严厉了，走至图九，黑中央的空就难以做大了。

黑101至105是腾挪的好手，然后再107位尖回，白毫无所获。

由此，白100直接在B位靠是更为严厉的手段。可能白还没有意识到形势不利，一直为吃掉了右边黑▲五子感到满足，继续平稳地进行着。

第六谱 8—36（108—136）

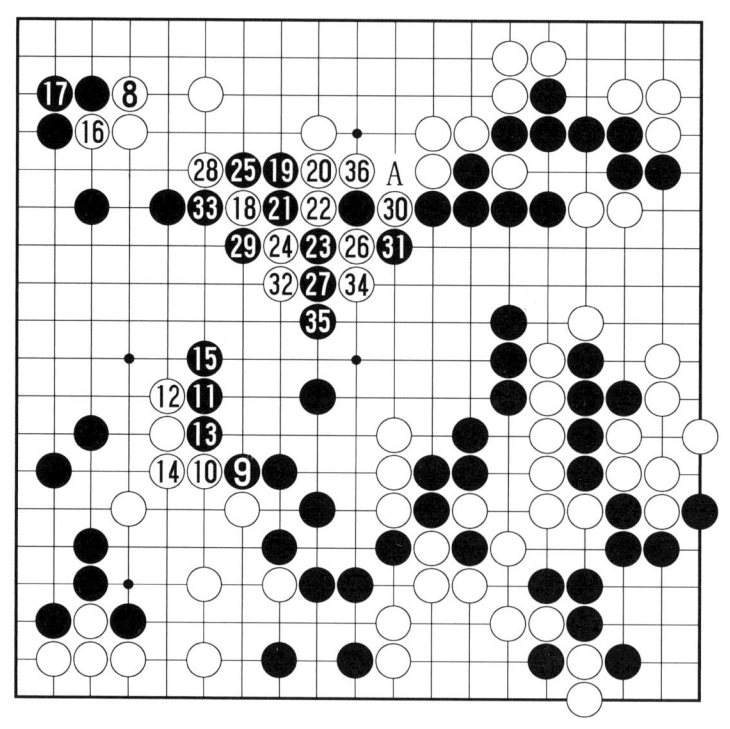

第六谱 8—36（108—136）

白8挡很大。

黑9至15扩大加强中央的实空。

对于白18的侵入，黑19穿象眼稍微急躁了一点，应先在A位虎，以后大致如图十，这样黑中央的空不仅大了许多，而且还是先手争得左边11位跳封，黑的优势更加明朗化。图中白4若在a位小尖，黑10位冲，白一样难办。

白32长是为了34位打吃先手，破黑中央的空固然紧要，但先损目数还是有些不肯，白32单在36位提，形成图十一，这样的收官效果应该比实战强不少。

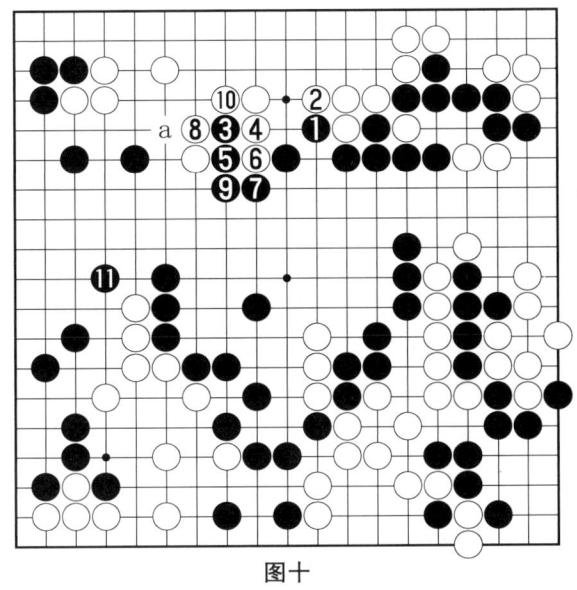

图十

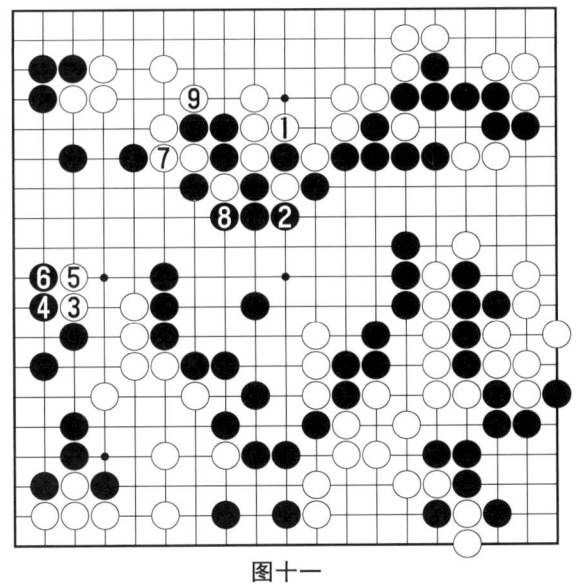

图十一

第七谱　37—60（137—160）

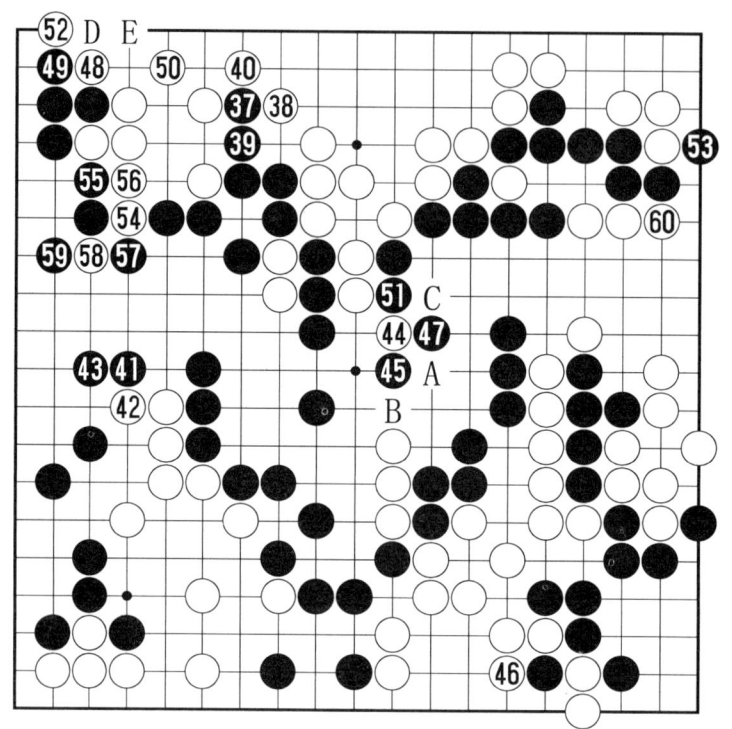

第七谱　37—60（137—160）

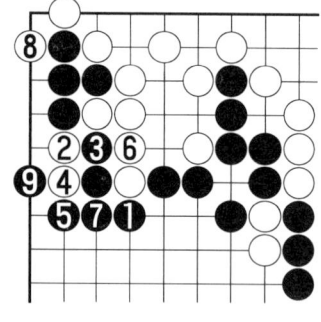

图十二

黑37先手官子，白上边的空缩小不少。

黑41飞封太大了，左边与中央连成一片，黑将优势转化为胜势。

白46打吃之前应A位先扳，与黑B位顶交换一手后再走46位，这样黑再走47位时，白C位打吃就是先手了，这一个区别是很大的。

由于白46没有交换A位，黑47立即在中央补了。回过头来看从上谱白18侵消黑空开始，不仅没有减少黑在中央的目数，而且，还缩小了自己的目数，最为关键的是落了一个后手，让黑走到了41位，白损失了一圈，唯一的收获就是走到了下面46的打吃，得与失不能成为正比。

白48扳后50虎，竭力收官，是最大限度的顽强。

黑51若在D位打，白肯定在E位做劫。在优势时黑没有这种必要，而且，中央打吃也很大，同时，断绝了白棋一切念想。

白52扳与黑53的扳都是大官子。白54挖是收官的好手。

黑55先顶是好次序，若单在57位打，白则如图十二，白就先手扳到8位的官子了。

白60挡虽然围住了右边，但全盘实空已无法与黑抗衡。

第八谱　61—101（161—201）

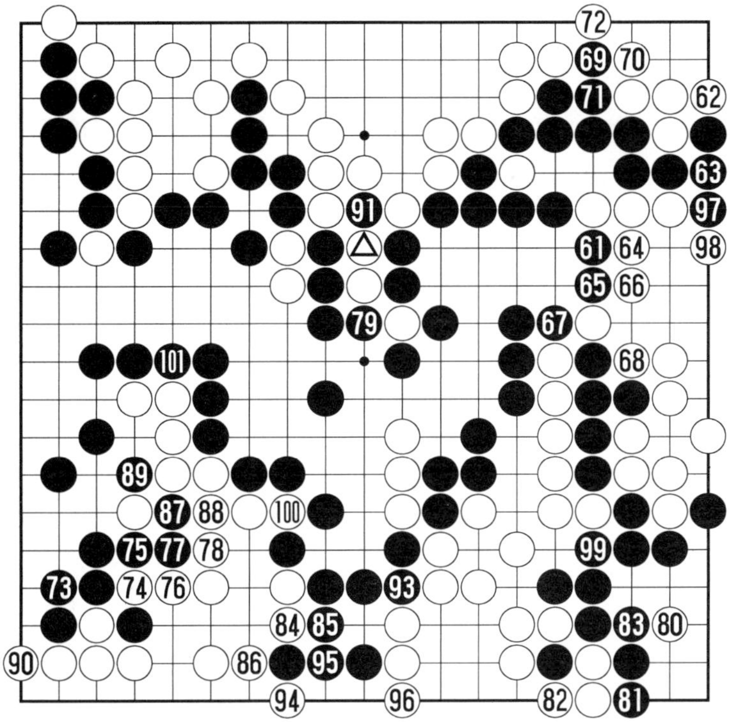

第八谱　61—101（161—201）　(92)=△

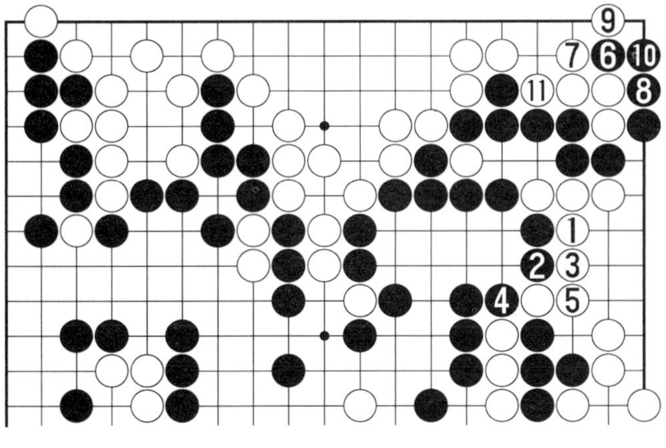

图十三

上谱白 60 的挡与黑 61 的扳形成见合。

白 62 必须先打，否则，黑有图十三的收官手段，白角上几乎所剩无几。

黑 73 接上后，黑盘面已经好 10 目多了，下面的小官子白再怎么努力也无济于事，美学的大竹在 101 手时爽快地投了。

局后大竹是这样评价藤泽的强大的：“他对于棋的考虑方法不一样，感觉他对棋宏观把握非常好，面对棋盘时注意力非常集中，成为棋圣之后的学习量也是十分惊人的……”

藤泽则是这样接受采访的：“这个比赛没有完全显示出大竹

的强大，在这次交手中，他的胶着力、反击力十分厉害，令人震撼，是一个很可怕的对手，这次能以4比0取胜，只能说是我的运气好。"

在第一局时，序盘上藤泽占了要点，大竹的追击没有奏效，可以说是藤泽执白的名局。第二局在序盘上也是藤泽压倒性的优势，但中盘以后出现了逆转，幸亏黑在布局中领先不少，才没有翻盘。第三局大竹执黑，众口一致都说是黑棋优势，唯独藤泽认为白棋还能下，用厚势追上了优势，获得了最后的胜利，这无疑对大竹是个太大的打击，也由于这个打击大竹在第四局中未能站起来吧。

共201手　黑中盘胜

和

我

第十六局

第二十八期 NEC 杯争夺战决赛

- ● 藤泽秀行　棋圣
- ○ 高木祥一　九段

黑贴 5 目半
1981 年 3 月 22 日弈于电视台

每年几乎都成了惯例,在棋圣防卫战成功后,藤泽都会喝得咛叮大醉,长时间地沉浸在烂醉如泥的状态之中,好像要把为下棋圣而戒酒的日子全部补回来似的,在这一年的五连霸后,喝得更是超出往年。

1981年2月19日棋圣战结束,可3月2日就是NHK的决赛,若一直这么狂喝下去,别说下不了棋,可能手都握不住棋子,曾经在1977年的快棋赛时,藤泽就因酒醉未醒,在还有一个多小时的保留时间时,他已经迷迷糊糊地输下来了,不光给方方面面造成了被动,就是对观众也是个不好的影响。所以,吸取了上次的教训,这一次在对局的前几日藤泽就戒了酒,静心调养,在预赛中连破山城、加藤、羽根,最后与高木决赛,他坚强的毅力令人钦佩。

虽然是快棋,但高木在藤泽的气势之下,完全发挥不出水平,即便没有最后明显的见损,形势也是一边倒的倾向,在109手高木就投子认输了,这一次不是藤泽因醉而提前结束了对局,而是高木因局势无法继续而早早收场了。藤泽取得了久违了12年的NHK杯的第二次优胜,也以实力证明了自己宝刀未老,风采依旧。

打勺的一瞬间

第一谱　1—30

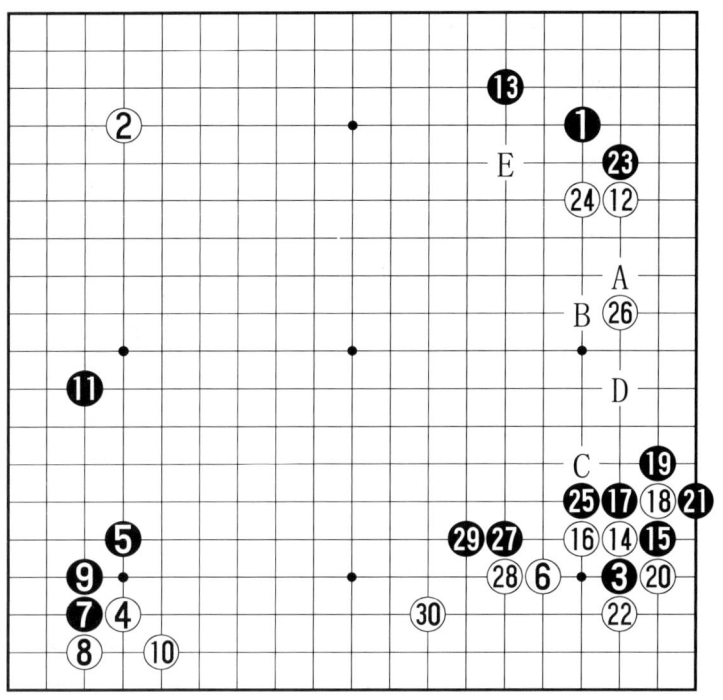

第一谱　1—30

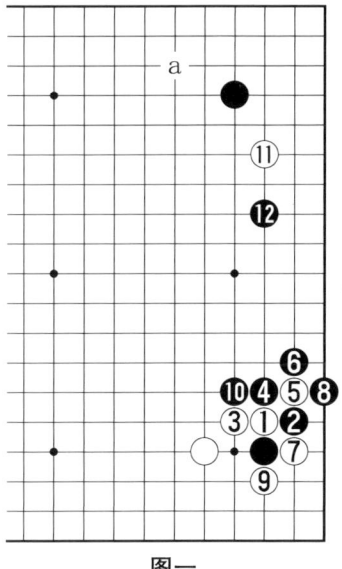

图一

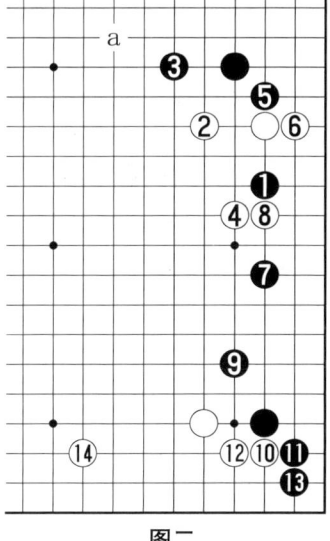

图二

走至黑11都是常见的布局格式。

白12的挂是有含意的，与黑13小飞交换后，白14外靠，走至黑25压时，白26拆二正好。倘若白12先走14位靠，形成图一，白11位再挂时，黑不会在a位小飞，而是右边夹击了，这其中并没有绝对地好与坏，只是对局者的一种心理和自己棋风的选择。

黑13若直接在A位夹，且不说白有13位双飞燕种种更加复杂的变化，白就简单形成图二，也无不满，以后a位紧逼是严厉的好点，黑右边的空白有种种利用，也并不

241

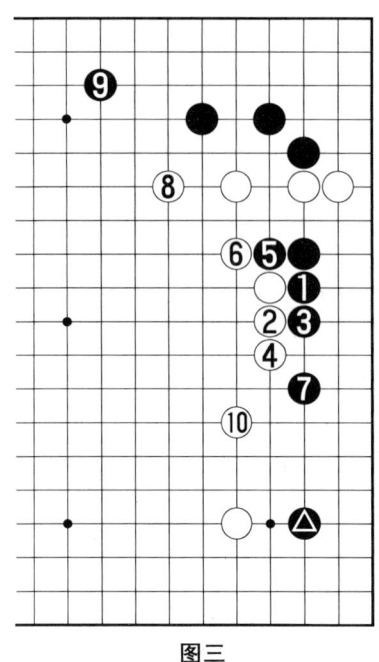
图三

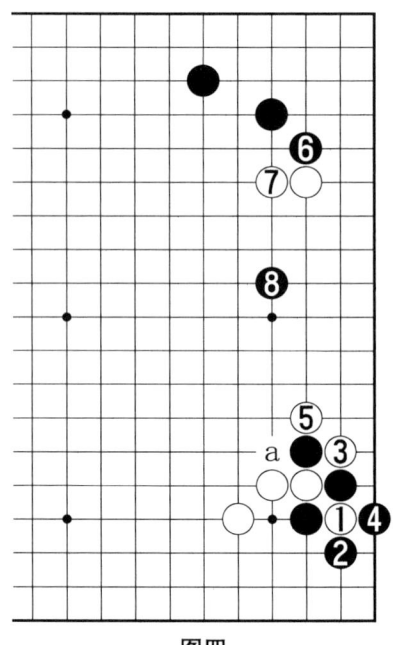
图四

大。图二中黑7若逃黑1一子，白就按最平常的走成图三，由于右下▲一子的低位，当白10小飞后，黑全部都被压在了低位，黑的效率也就低了。

白14外靠是走12时就预计好的手段。

当黑17扳时，白切不可想成右边的模样，在20位里面断，走成图四，白随时担心着黑a位的逃征子，不要说右边成不了势，就连动出上面两子都不敢放开手脚，所以，此时从里面断是不合适的。

黑25在B位夹虽是好点，但白C跳先手利与黑D交换后，白再E位出逃，黑右边已经被利，右上的攻击能有多少成效弥补右边的被利？这种先损的走法，若不是万不得已的场合，藤泽是绝不会选择的。

白26拆二，走到了预期的图形，应该没有不满。

黑27、29走厚，并把白棋压到三线，与左下角白三子同处低位，是黑以势为主的战术。

第二谱 31—60

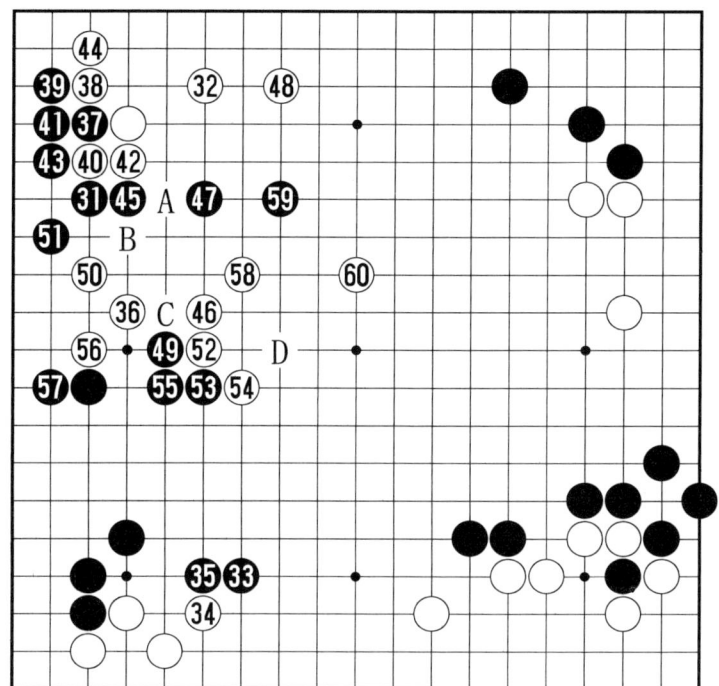

第二谱 31—60

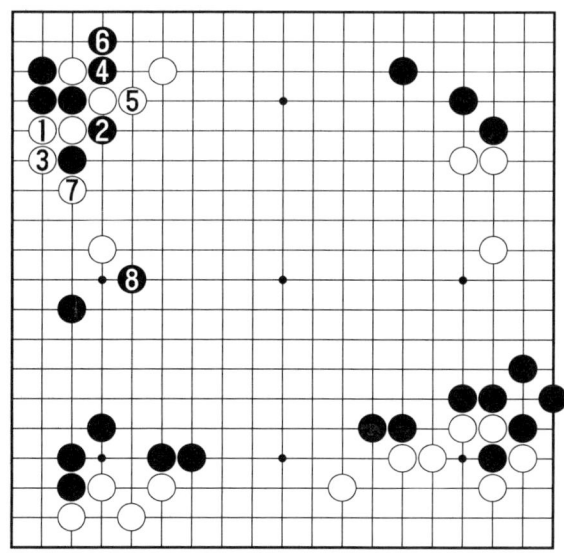

图五

黑31左上挂角后，立即33、35在左下压低白棋，贯彻上谱黑27、29的方针。

在中腹虽然黑有个大模样，但毕竟地域广阔，到处都有入口，一时还难以将势成为空。所以，白36的夹在41位跳是比较稳妥的走法，以静观动为好。

黑37托转身，立即在A位跳对白的攻击并不严厉，白就简单地49位小尖或46位跳，都可以扬长而去，将来白B位点、黑45、白37扎钉，黑反而失去了根基，要与白一块出逃了。即如此，黑37先求活，是一种灵活的手段。

白42若在43位挡，则形成图五，黑先手在白角上做活，并争得8位小飞的要点，白外边的势力也就难做大了，这也是白42不肯挡

243

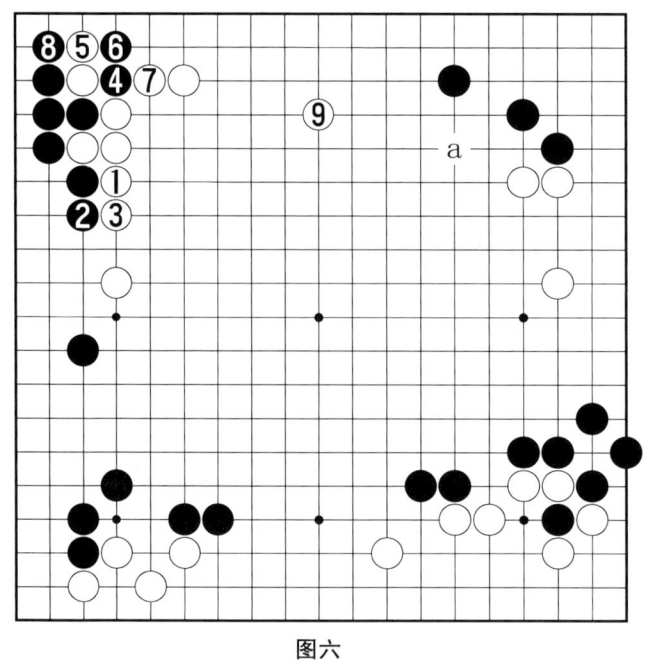

图六

下的原因吧!

当黑43拐后,白44立是最为常见的走法,但在这个局势下却不是最佳的选择。现在的重点是在中央,而不是拘于一角一边,白44在45位压才是大局的重心,以后大致如图六,白走到9位大场后,不仅将来a位飞封连成一片是好点,而且,由于白在上边的模样使黑下边的厚势也失去了效应。

被黑45贴后,白36一子已经成为孤子,左上白角也并没有大的发展,黑棋却基本安定,所以,这是白颇为被动的一种选择。

由于黑47的跳基本上是先手,白48若不补,被黑48逼太严厉了,那白46也许在49位小尖更为容易腾挪一些。

黑49点,即是让白棋走重,又是防白55位的小飞,还扩大一点左边的实空,一举三得。

白50在C位接就太重了,简单地就被黑利了,白不能承受。

白50至58走尽先手,终于可以不在C位补,而是小尖外面补,虽然将黑上下都走厚了,但也不失为一种收获吧。

白60的跳二有些过了,在D位虎是本手,这不仅棋形好,也很厚,白自身厚了,黑下边外势的作用也就减小了。

第三谱 61—79

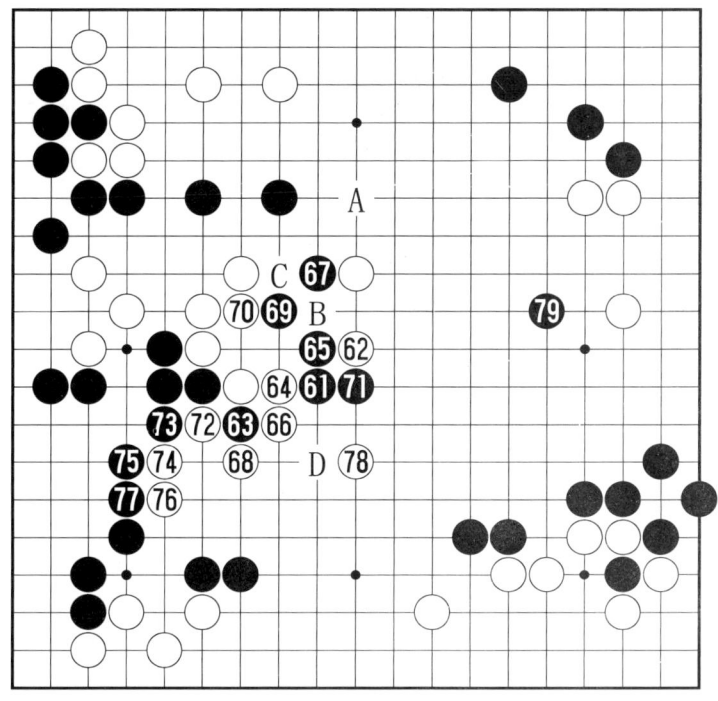

第三谱 61—79

黑61点，攻击的急所，这种地方藤泽的感觉是一流的。若单在63位扳、白64长，那就什么妙味也没有了。

白62跳补是形。

黑63再扳，形成了好形。

白64顶太一厢情愿了，期待黑66位挡、白65位整形，黑就再无攻击白的手段了，但却忽略了黑反击的严厉性。白64在A位跳补是本手，这样与右边有呼应，是一着漫长的棋。

黑65当然挺头，这个时候切不可恋空，全局的厚势才是最主要的。

白66拐出气合，此时若在B位虎，黑69位扳，白C，黑66位挡，白的损失就太大了。

由于黑69位小尖是先手，黑67靠时，白已经无法连通了。

黑71拐是注重大局的走法，若在72位接，虽然目数很大，但被白78位先飞，中间就差出一手棋了，黑的攻势就失去了威力。

为防止黑D位跳，白78的小飞不能省略。

黑79镇头，利用中央的厚势，借攻击白棋获利。

第四谱 80—109

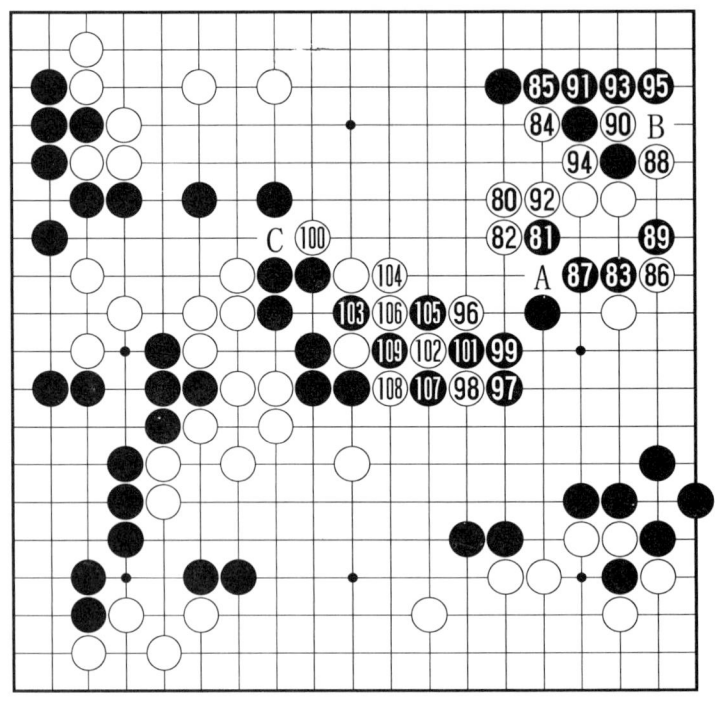

第四谱 80—109

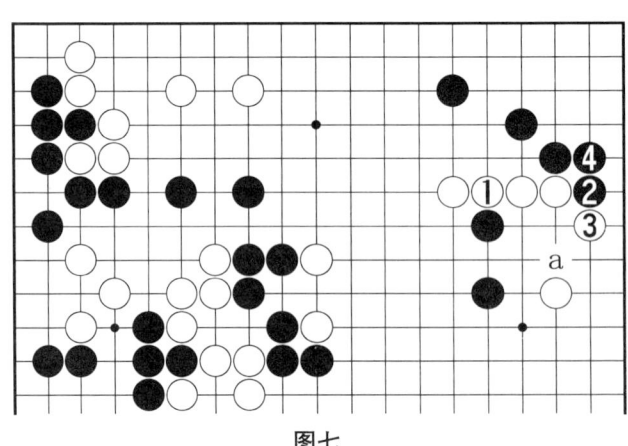

图七

白80跳过于单纯了，在82位小飞比较好一些，可以减少黑的利用。

由于白80的无策，黑81点正好。

白82若在92位接，黑如图七，白1接，黑2、4立即扳接，不仅确保了左上角空，以后a位靠也十分有力。实战白82压，是想让黑先走重，白再决定如何补断，殊不知却给黑造成了猛烈反击的机会。

黑83位靠，是借助于A位接是先手。

白88若在89位退，黑将92位冲，走至图八，黑角空毫发无损，中央白四子成为黑的战利品，白实空就有些吃紧了，但

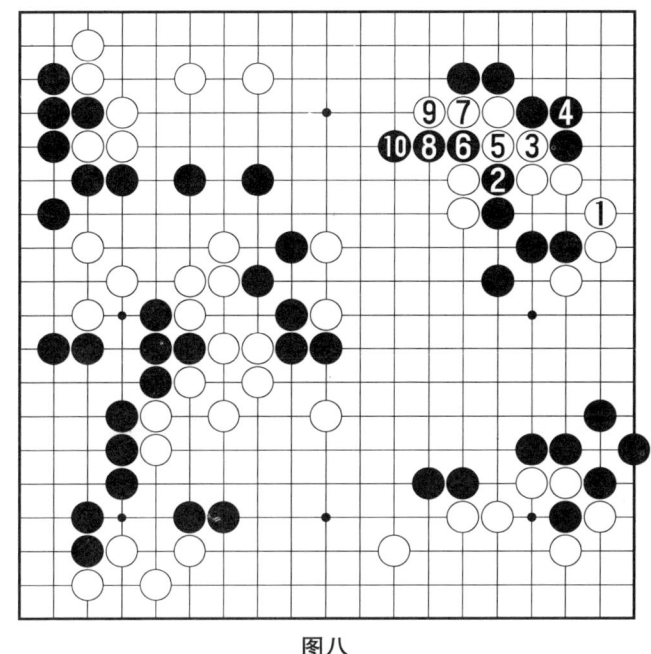

图八

白也只能如此了。

黑 89 若在 B 位挡,走成图九的可能性极大,黑也没有什么不满,但此时能扳吃掉白右边二子,是一个现存的利益,黑放弃角空也值了。

被黑 91 接后,白 92 依然得补冲断,可见当初白 80 的跳多么不妥。

黑 93、95 再走回角上,确保了左上角的安全与实空,又凭空做成了左边的大空,形势逐渐明朗化了。

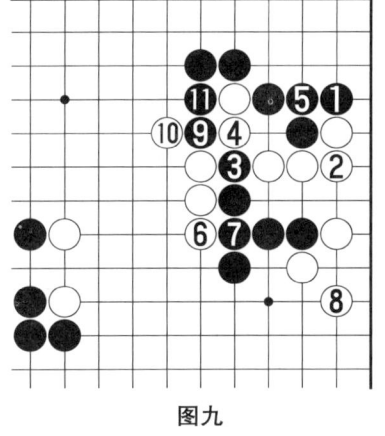

图九

白 96、98 竭力分断黑中央几子,能否攻出成效,胜败也就在此一举。

遗憾的是当初白没有先在 100 位扳断黑棋,那个时候黑会在 C 位挡,白 D 位断吃,先手将黑棋切断,但若以后攻不了黑这几子,白的这个交换就有些损了,所以,一直保留着没走,可现在再走,黑是无论如何也不会应了。

黑 101、103 都是先手,白没有其他选择。

黑 105 先断,此时白只能 106 位冲吃,黑再 107 位打,就确切无疑地连通了,而且,还将白 98 一子吃掉,宣告了最后的胜利。

白 108 打吃,误以为是打劫,却没注意黑 109 是双提,白的这个大见损使棋局就此结束了。

回顾全局,白在左边 44、60、62 三手棋的过分,导致了全局的被动,最主要的还是黑不急不忙,以厚为主线,不在乎局部的得失,最终以厚势换来了巨大的收获,赢得了胜利。

共 109 手　黑中盘胜

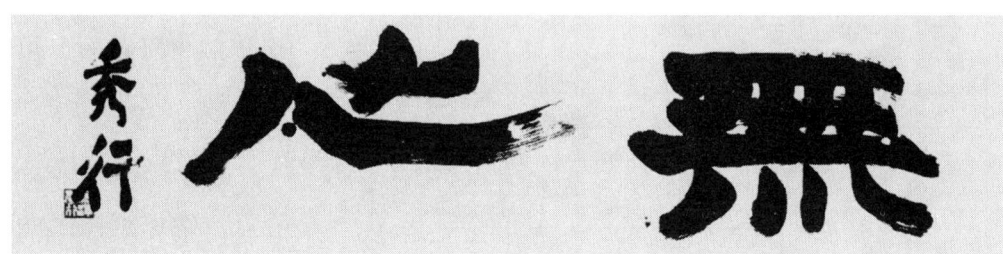

无心

白云深处

第十七局

第六期棋圣战第七局

● 林海峰 九段
○ 藤泽秀行 棋圣

黑贴5目半
1982年3月17、18日弈于金泽

获得首届棋圣的藤泽，第二年在逆境下击败了加藤的挑战，保住了皇冠；第三期又将有着"计算机"称号的石田芳夫推下了擂台；第四期林海峰的二枚腰也未将藤泽拉下马来；第五期是美学大竹登场，才下到第四局就已见分晓。五连霸的战绩让人们刮目相看。除了钦佩藤泽的棋艺之外，还有他的气势和超人的承受力。1982年第六期棋圣战，他再次接受林的挑战，进行了七场艰苦卓绝的苦斗恶战。最终藤泽获胜。这意味着，即使他下期卫冕战失利，他也将获得"名誉棋圣"的称号。

藤泽在第四期卫冕成功后曾说过："林君的韧劲是天下一品，跟他对局最为疲劳，总有一天他会卷土重来，他即使将所有的头衔都夺到手中，我也不感到奇怪。"这充分说明了林的实力与耐力。时隔一年，林果然再度擂响了战鼓，行家预测藤泽凶多吉少也在情理之中。

这一期藤泽的身体调整又没到位。理由很简单，着手晚了。特别是临近第一局时又患上感冒，体力大大地衰退，就是气势也不如以前充足。许多人私下议论："藤泽是不是达成了五连霸后产生了大功告成的想法。"但藤泽堪受磨难，坚持到了最后，用滴滴心血谱写了六连霸的凯歌。

归一

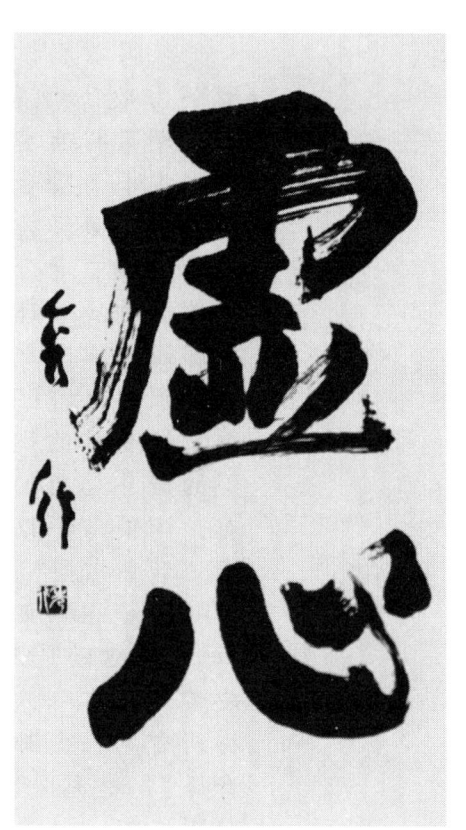

虚心

第一谱　1—15

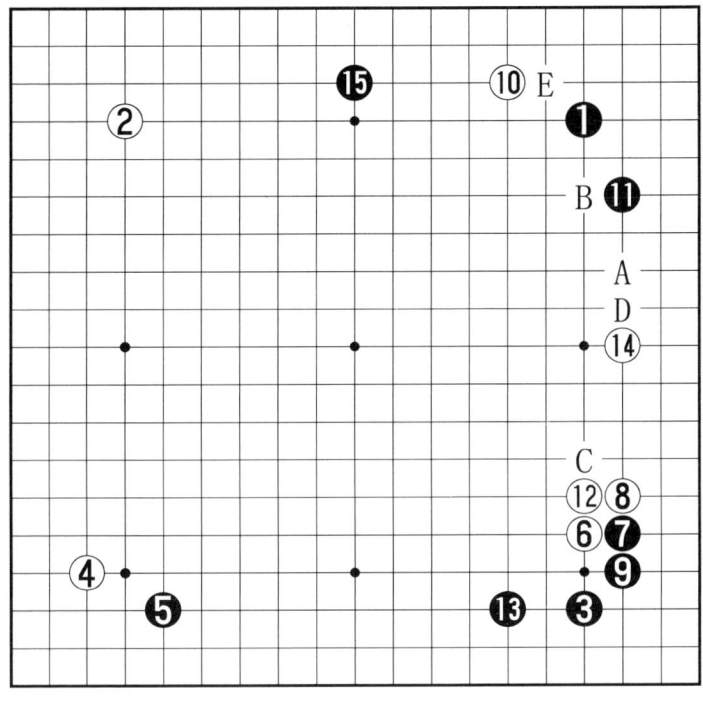

第一谱　1—15

双方都以星小目布阵，但位置却有差异，黑5挂也很顺理成章。

白6也挂角，追求快步调。

黑7在右边夹击也是常有的走法，难定优劣，只能依各人棋风而定。

为防白14后，黑A一步紧逼到位，白10是有趣的次序。黑若在B位跳，那白右下方则在C位虎、黑13、白D位飞拆了。

走到白14，右边的骨骼基本定型。双方使用的时间不多。因为到此为止与第四期第四局的走法完全相同。有趣的是地点也相同，甚至于使用的棋盘棋子也跟两年前一样。那一次是藤泽卫冕，这一次历史会不会重演呢？世上许多巧合也是不好解释的。

黑15对白10远远地三间低夹，可能是总结了上一次在E位尖顶的教训吧！

第二谱　16—31

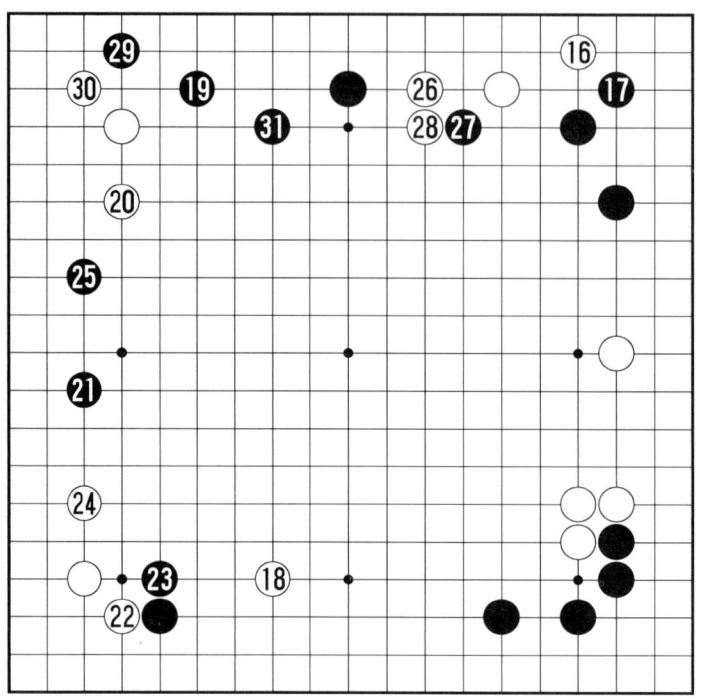

第二谱　16—31

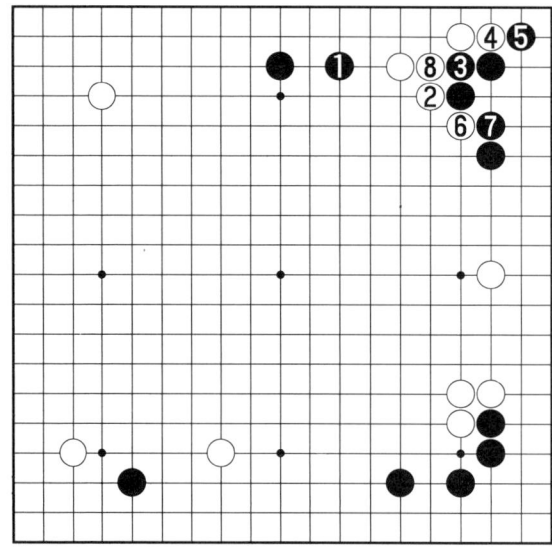

图一

白16小飞，待黑17小尖应后，白18脱先抢左下夹击，这是藤泽苦心研究的着法。

黑19若立即在26位攻击白两子，如图一至白8，黑的收获甚微。即如此，黑19也暂以他处为重点。

黑21分投，而没立即动出左下一子，是不愿让白顺势拆到左下的大场。

白22上下均可选择。如图二至白9也很有力，但左下一带棋形呈薄形，可能与藤泽的风格不合吧！

实战白22先尖顶，再24位拆一，将作战重点放在了左下角。

有了白24，黑25拆二是必然的。

白26转了一圈后又补回右上边的欠缺，从子力的效率上讲是达到了高标准的。

黑27在补强上边二子之

前，先试探一下白的应手，与白 28 交换优劣难分。

黑 29 小飞后，31 飞补，布局到此告一段落。中盘战从何处着手？

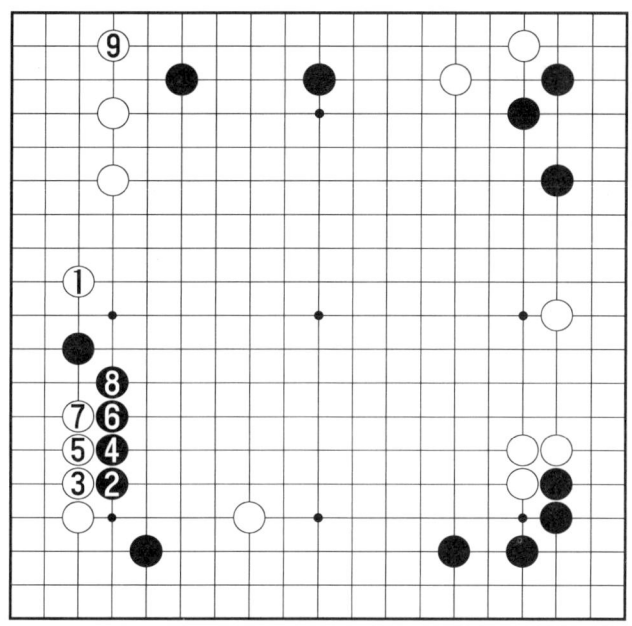

图二

第三谱 32—48

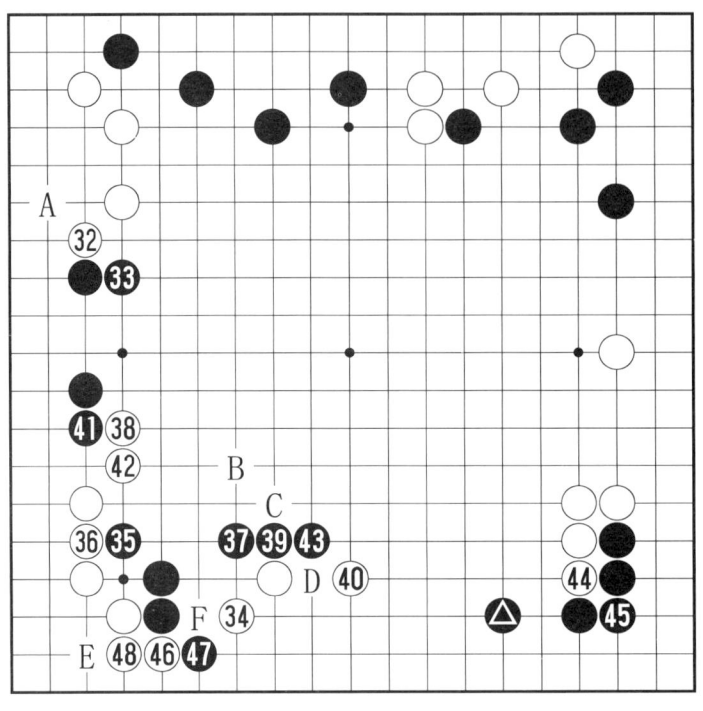

第三谱 32—48

白32在一般情况下是不太肯走的，但在此局的情况下，为防止黑在A位飞，白这步尖顶还是很有必要的。

由于在构思上白领先于黑，所以，白34在40位单拆一，就已是很满足的形势了。实战小尖急攻，将局面一下子搞得过分紧张，白有些没有必要。

黑35、37看似普通，却让白已很难攻击。

白38飞是牵制黑的联络，若在39位贴起，黑B、白C、黑42后，黑▲一子使白的厚势无从发挥作用，既华而不实，又减少了变化。所以，否定了39位的贴。

黑39压是不能谦让的，在有了白38一子后，再让白走到39位，黑就步履艰难了。

黑43长后，在外面形成一道厚势，并立即有D位冲断，白当初34的小尖真有点操之过急了。

白46、48扳接是不可忽视的地方。虽然许多棋手对此两手众说纷纭，但若单于D位接，黑将46位立，白E位补，这个交换是白难以忍受的，对局双方都认为这是必然之手。由此可见对局者与观局者的差异。

黑下一手是不是要在F位接呢？

第四谱　49—63

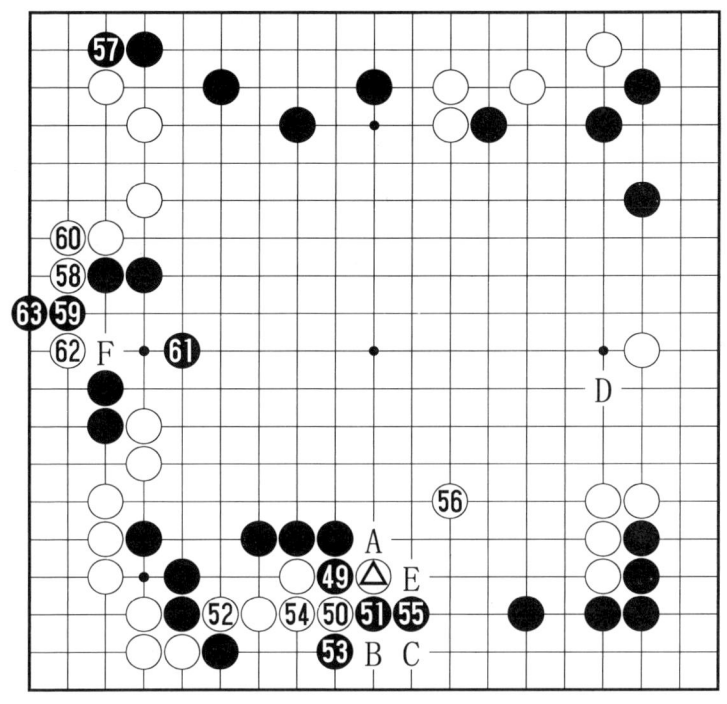

第四谱　49—63

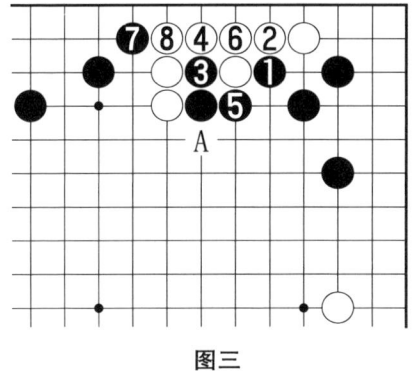

图三

也许是出于一种心情上的气合，黑49选择了冲断。如在52位接、白49、黑A，也是一盘棋吧。

白52若在55位打，黑B、白C，从局部上看黑二子是逃不出去了，但黑在D位引征的手段却让白十分困惑，难以两全。所以，只能稳妥地断吃一子。

白56立即动出△一子的话，不仅是自找包袱，而且，对黑也毫无攻击力，远远地以扩张右边为主，侍机动出为辅，才是上策。

黑57不仅是个大官子，也是对白左上角的威胁。但此时是不是可以在右上先定型呢？图三中，若图中白2不甘被利于5位长，那黑则在6位扳、白4、黑2位接，将白右上一子据为己有，实空大大增加。并且，将来A位长与白3交换后，白上边一块便在漂浮之中。由此，白在A位再补一手也是不可省略的。这样，厚势与实地各有千秋，但选择后者的人不会少于半数吧！

白58、60扳接，确保左上角安危，对黑左边也心存鬼意。

黑61自补，也是减小白在E位逃出一子的威力。白62夹，试黑应手。黑63立是必然的，不管周围白有多少利用，黑也是不能在F位忍耐的。

第五谱 64—74

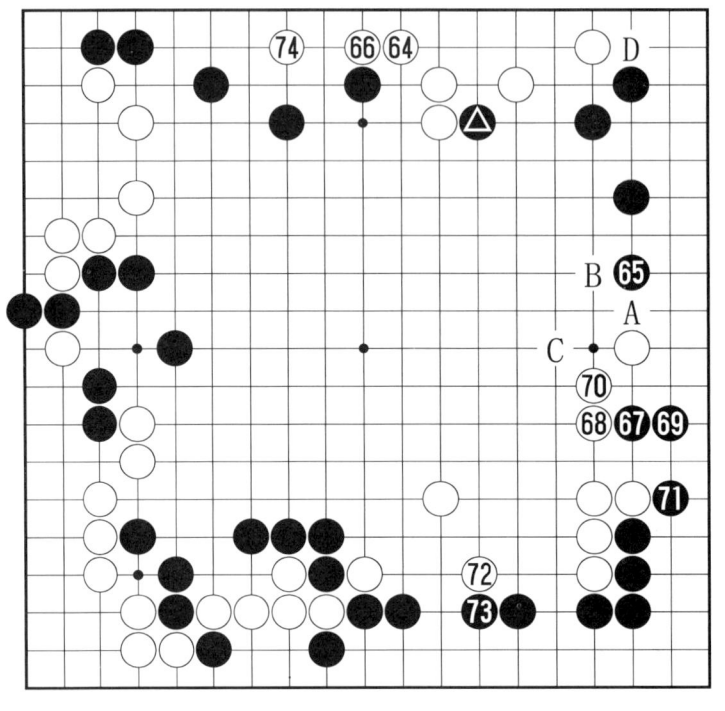

第五谱 64—74

白 64 有了补回上面的机会,使得黑▲一子成为恶手。黑很后悔在前谱走 57 时没及时在右上动手。

黑 65 已是万分不情愿在 66 位挡了。在高水平的较量之间,这样被利从心情上就难以接受。抢占右边拆一,索性将上边让给白棋。

白 66 爬十分愉快,黑上边的实地一转眼改换了主人,但正是这点使白犯了错误。因为黑在右边 67 位的打入,更是万分严厉。白 66 应于 A 位顶,黑 B、白 C 保住右边,让黑 66 位挡,白 D 位爬也不小。或者,有了 A、B 交换之后,白再走 66 爬,黑 C、白 71,都大大优于实战结果。

黑 67 打入使白束手无策,基于黑有 69 位立后上下有过的手段,白是无法对黑 67 一子用强的。万般无奈之中,白 68 只好以联络为主,让黑 69、71 扳过,白右边的空成了黑的目数。这个损失可不是 66 一步爬所能弥补回来的,形势一变,白处于劣势。

白 74 只有对左上黑棋发起攻击,一赌胜负。

第六谱　75—89

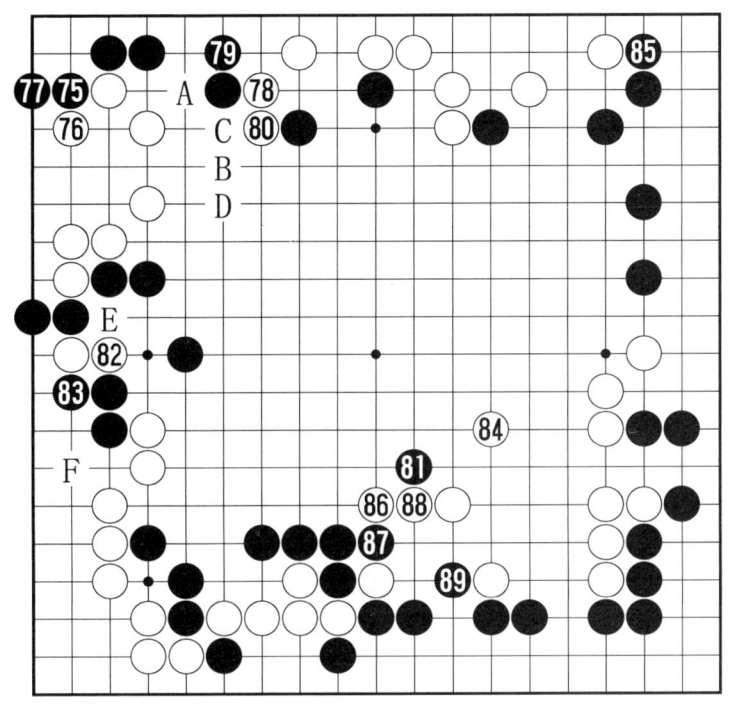

第六谱　75—89

黑 75、77 扳立，就地求活是很明智的下法，比在外面补更为简明。

白 78 尖顶是胜负手。

黑 79 立可能过于慎重了一点。如在 80 位挡也不是不能战，以下白 79、黑 A、白 B、黑 C、白 D，虽说黑上、左、下三块棋均为不完整状态，但都是很容易腾挪之形，并不是很担心吧！

黑 81 好点，是最有效的补强手段。

白 82 试黑应手。

黑 83 若在 E 位接，且不说外面的种种利用，就是白 F 位小尖成为先手，也是黑极不愿意的。黑 83 反夹是妥当的应对。

白 84 补回是必需的忍耐。

黑 85 见小了，该在 88 位补回，黑盘面可能好 10 目左右。

白 86 穿象眼，至白 88 先手走厚中央后，双方的厚薄之差顿时逆转，形势又陷入混沌不明之中。

第七谱　90—100

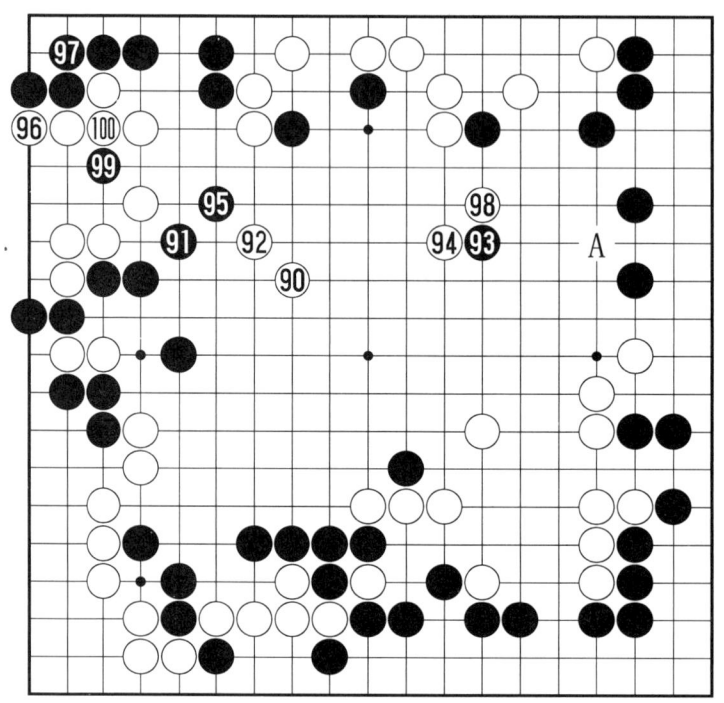

第七谱　90—100

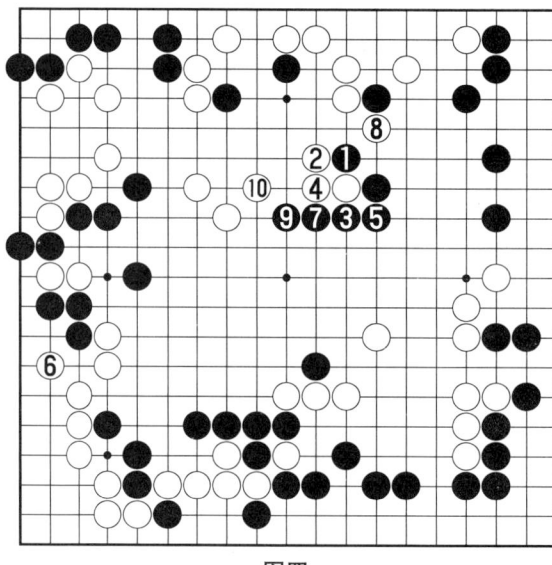

图四

白90的着点，引起大家的赞叹。不仅远窥黑左边一块，同时又将上边和中央的模样扩张加强，被誉为"耳赤的一手"。

黑91先自补。白92将上边模样化为实地。

黑93进到94位侵消也未尝不可吧。白虽有A位点强行分断的手段，但茫茫中原，黑不至于轻易被歼吧。也许是认为形势不坏，黑采用了稳妥走法。

白94碰，寸土不让。

黑95脱先，成为此局最后的败着。不论怎样也应在中原继续应对，大致将形成图四的结果，至白10将是十分微细的局面，胜负也就在半目之间。

白96先手确认了左边一块的眼位。

白98扳实在是太大了，上边的空骤然增大不说，就是中央的模样也形成实空的胚子。

第八谱 1—54（101—154）

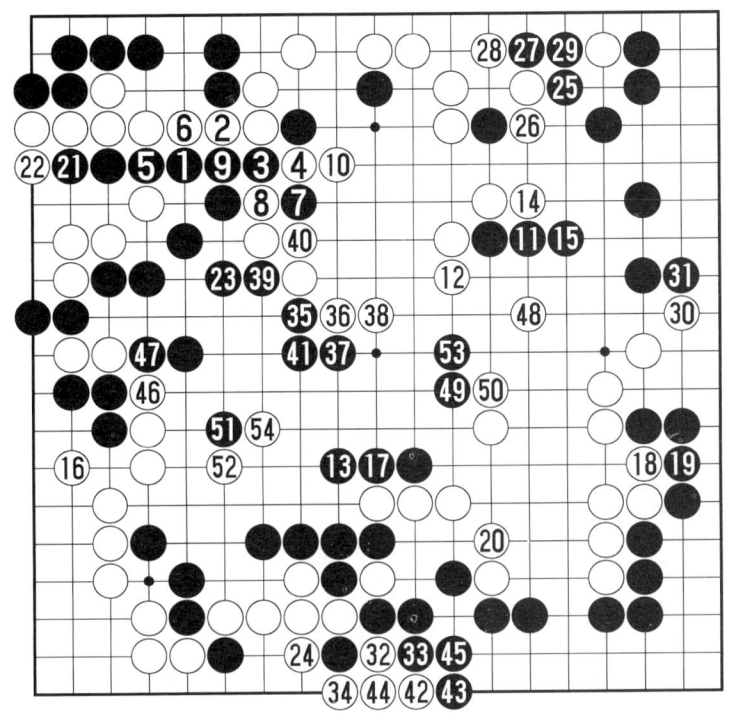

第八谱 1—54（101—154）

黑前谱95为什么脱先了？这是因为黑出现了一个漏算。黑以为走到黑1后，5位的接与7位的跳形成见合。若是这样，白上边的空也就大打折扣了。

算尽了所有的变化，却忽略了白2先拐的简单手段。黑若仅仅破白左上几目，而在中央付出巨大损失就太不值了。但此时黑的损失已难以挽回。

黑3扳也仅仅是补自身断点而已，对白上边的空已无法缩小。

从第六谱的85开始，形势已不明朗，突然间再遭受如此之大的损失，黑棋真是回天无术了。当白54扳后，黑投子认输了。

第四期的历史真的重演了，但回顾这七局苦斗，对局双方都有无限感慨吧！

第一局藤泽是以完败终局，连他自己都说："下出这么糟的棋，我还是第一次。"

第二局藤泽以压倒的优势漂亮地获胜。

第三局则以林的漏算获得领先。

但第四、五局藤泽却连连失利，又到了没有退路的境地。

第六局本是藤泽必败之局，摄影记者们都在门外等着拍摄棋圣位交替的瞬间了，却因为林在读秒声中错失良机，让藤泽起死回生。

261

第七局下完之后，藤泽已是精疲力竭。当问及卫冕感想时，也仅寥寥数语："这么糟的棋还谈什么感想。"卫冕的喜悦没有减轻藤泽身体的疲惫，也没有减少他对棋艺追求上的执着。另一方的林则说："能够下满七局棋，我非常满意，受益匪浅。"展示了他宽广的胸襟与坦荡的心境。当他们第二天坐新干线返回东京时，一路上仍在研究对局中的着法，并在分手时约定，要更加努力。达到如此境界的两位超一流棋手，又都不年轻了，却仍拥有这份精神和谦和的态度。我们除了欣赏他们的棋艺之外，不是还可以欣赏他们的人品吗？

共 154 手　白中盘胜

名誉棋圣藤泽秀行

第十八局

第七期棋圣战第七局

● 藤泽秀行 棋圣
○ 赵治勋 九段

黑贴5目半
1983年3月16、17日弈于日本

这一局棋藤泽老师将保持了六届的棋圣拱手转交给了别人。在这届七番胜负中，秀行老师本来是可以提前结束争斗的，但超一流棋手的对弈哪容得丝毫差错，而秀行老师一到下午，就感到体力、脑力明显不济，脑力调整不到最佳状态，出现失误也在情理之中。这不仅是开赛前三个月的戒酒使身体适应度差，更主要的是癌细胞已在藤泽老师的体内活跃起来。就在此局刚结束，藤泽老师立即就开了戒，但喝到嘴里的酒再也感觉不到昔日的美味，反而异常地难受，去医院一检查被判定为胃癌，立即住院动手术才保住了生命。事后看来，秀行老师下这届七番胜负时身体就已是勉为其难，大脑失去控制也在所难免，丢掉棋圣固然令人惋惜，但由此得来了疗养身体的时间，又何尝不是一件好事呢？头衔是个令人垂涎的光环，但技艺不更令人钦佩仰慕吗？胜者为王、败者为寇，是胜负世界里的定律。但围棋不仅仅是胜负，更有升华了的意境、艺境。单以成败来衡量一个棋手也许会不太全面和准确，我是这么看的。

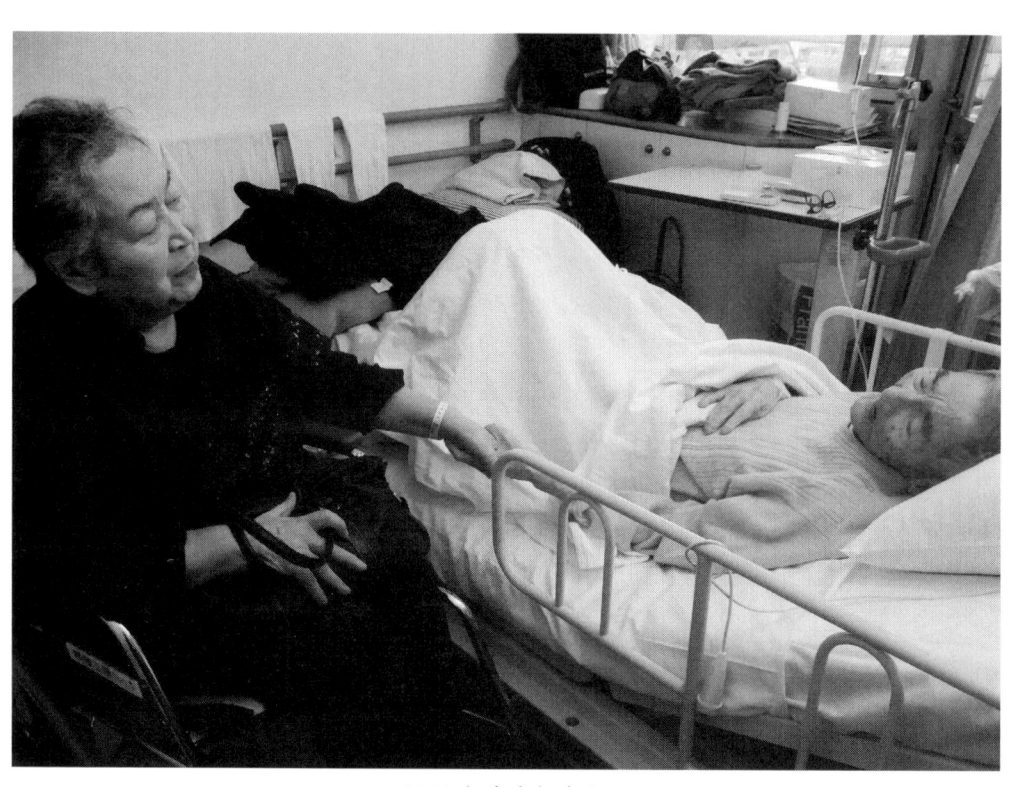

2009年病中与夫人

第一谱　1—14

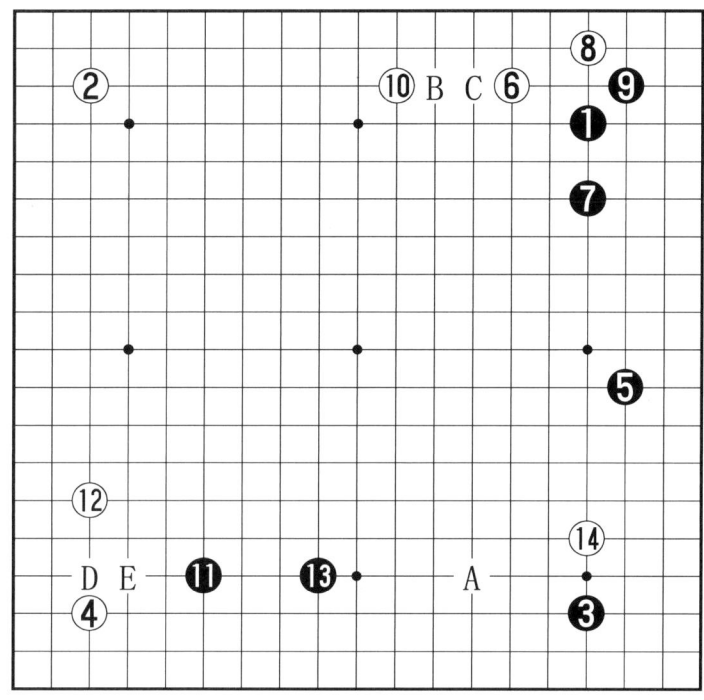

第一谱　1—14

黑以低中国流布阵，白以双 3·三抗衡。短短 5 步棋，似乎可以窥到这是一局注重实地的布局。

白 6 挂角，以右上角开扩左上的阵线是赵九段的一种思考方法。此时的选择还可先在下边开拆大场，如 13 的右一路，或者在 A 位挂，与黑 14 跳交换后，白再拆回下边大场，每一种选择都有它的长短处，依各人的棋风而各有所爱吧。

黑 7 平稳地跳应，将局面导向简单化。此时考虑在上边二间、三间夹也是存在的下法。但由此将成为完全不同的局面。

白 8 小飞、10 拆二，是一个常见而又古老的定式。

现代的棋是黑 9 小尖暂不与白 10 拆交换，留待伺机在 B 位夹、C 位碰是常见的。

既然白已先行于上边，那黑占据下边就是必然的了。

由于白 4 处于三·3 低位，黑 11 便先挂，再 13 位拆，白 12 是很难在下边进行夹击的。倘若白 4 处于 D 位或 E 位，那夹击的可能性就很大了。不过，那样黑 11 不先挂而单拆下边大场也是有的。

白 14 挂刻不容缓，若只顾扩大左上角的势力，被黑在右下再补一手，那白就找不着好的侵消点了。

第二谱　15—34

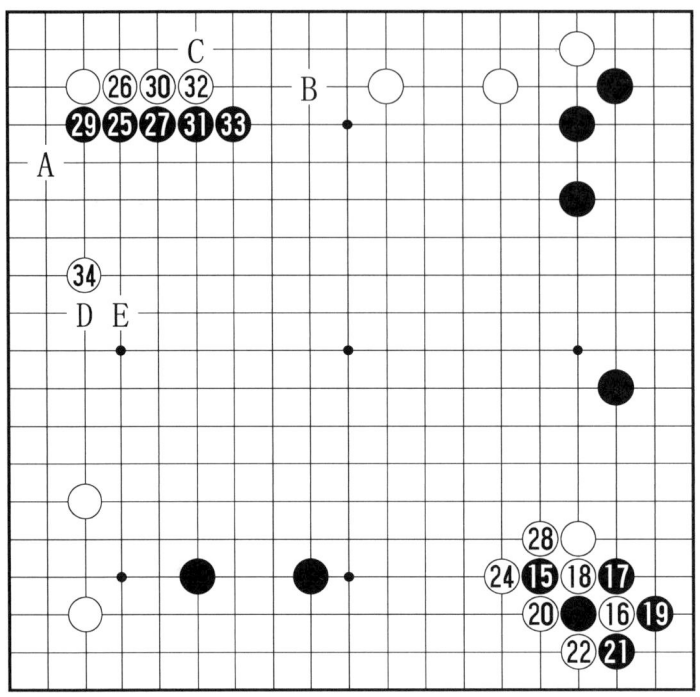

第二谱　15—34　　㉓=⑯

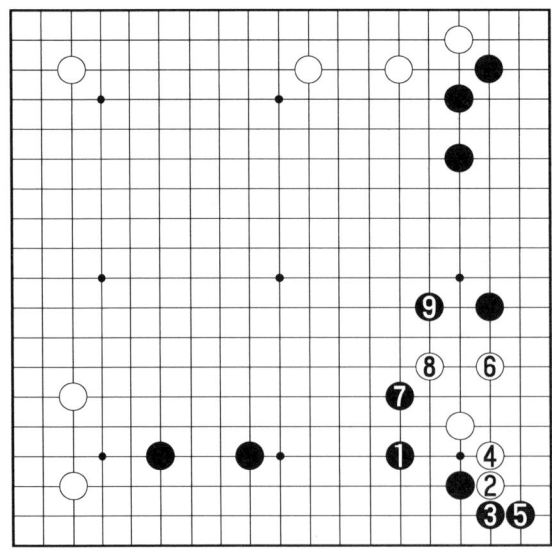

图一

黑15小尖，乍看使人觉得黑棋是不是放错了地方，因为在这种情况下，黑如图一是最常见的走法。图一中，黑借攻击白棋，加强上下的势力与实空。若如图二，黑坚守角空，将白棋的根夺去也是实战谱中经常看见的。提醒一点，在此图中白2小尖是必然的，若在A位挡，被黑尖到2位，白就笨重不堪、难以腾挪了。白2若在3位靠，被黑在B位团断，白显得过于勉强。白2、4是正着，但白6的大跳也可改在C位一间跳，两种走法都是有的。

黑15的小尖，过分看重在左上角尖冲白三·3的引征。

从结果上看来，这个趣向是存有疑问的。

由于黑15的位置不在24位而是小尖，白16托角

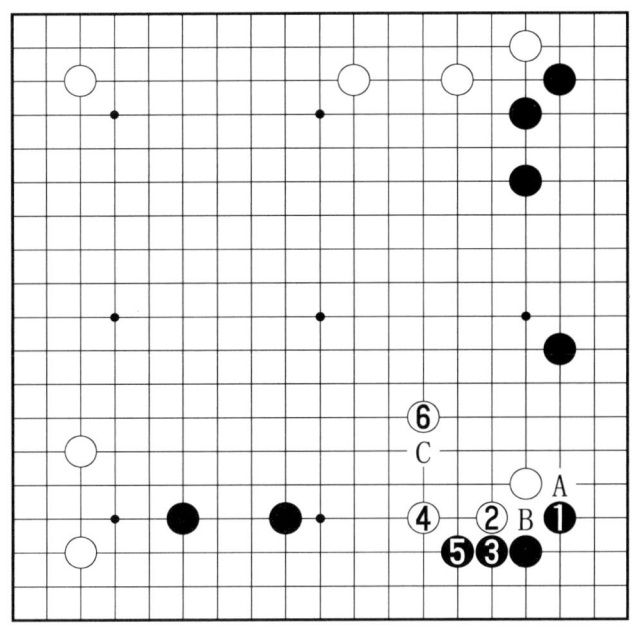

图二

之后,黑17便没有心情在21位扳了,因为那样似乎显得太委屈了一点。从外面扳断白棋势在必行。

以下一气呵成至24,双方都没有第二种选择。

黑25尖冲,预定的引征计划。但黑的预算中出现了一个漏洞,那就是白26可以先爬一手,再于28提。这使得黑棋无权选择挡的方向,得到的利益与被白在右下提一子的损失相比,不能说是黑便宜了。

黑29在30位拐的走法也有,但被白A位小飞,黑在B位拆后,攻不到白右上三子,实在是没趣。

白30从棋形上看,走在C位飞为常见。但考虑到白右上边三子的坚固,任何时候都不怕黑在上边拐头,所以,白宁愿连爬两手,不惜让黑筑成铁壁而争得一先手吧。

白34是在走30位爬时就预定好的着点,此时若继续在上边行棋,那就是画蛇添足了。大场的中心已转向了左边,但在左边多一路少一路却是令人头痛的问题。许多人认为走在D位、E位更为妥当,但这种缺乏积极进击的走法,可能不合赵九段的棋风吧。不论是攻还是守,都竭尽全力走到极限,这是赵九段棋风的特点吧!

第三谱　35—51

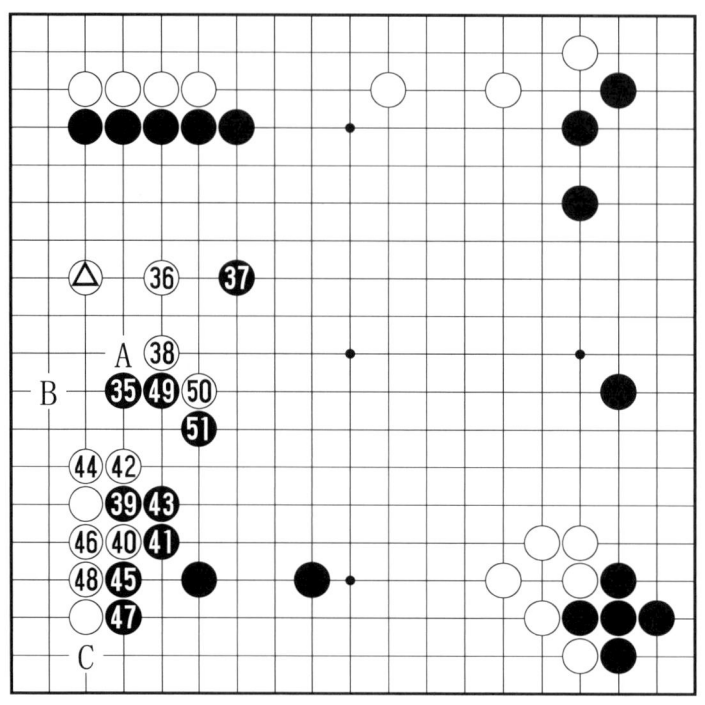

第三谱　35—51

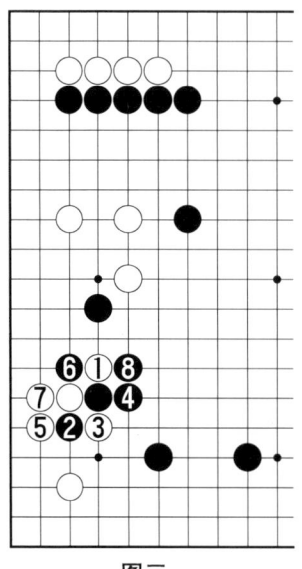

图三

黑35在36位镇是安全的策略，但被白A位飞起后，白左边连成一片成为实空，而黑仅仅是一种加厚，这种走法可能太消极了。再者，对于白前谱走得稍有冒进的△一子，黑若不进行分断攻击，从心理上来说也显气弱。所以，打入是无须犹豫的。

白36跳必然，此时若考虑B位飞过，那就完全失去当初△一子的意义了。

黑37镇头与白38跳的交换是不可忽略的次序。

黑39碰，好手。让白左下坚固的拆二更加厚实，对黑来说不是损失，却可借此联络加强自己，达到黑理想的效果。

白40扳只此一手。此时不宜贸然用强，以防偷鸡不着蚀把米。若如图三，白40从这边分断黑棋，至黑8，黑棋有利。

行至黑47似乎是必然应对，但白48过于自重，当然该于C位下立，虽说给黑留下几个大劫材，但目数毕竟相差不少。待占够左下便宜之后，黑49、51再从左边动出，黑棋步调顺利。

第四谱　52—72

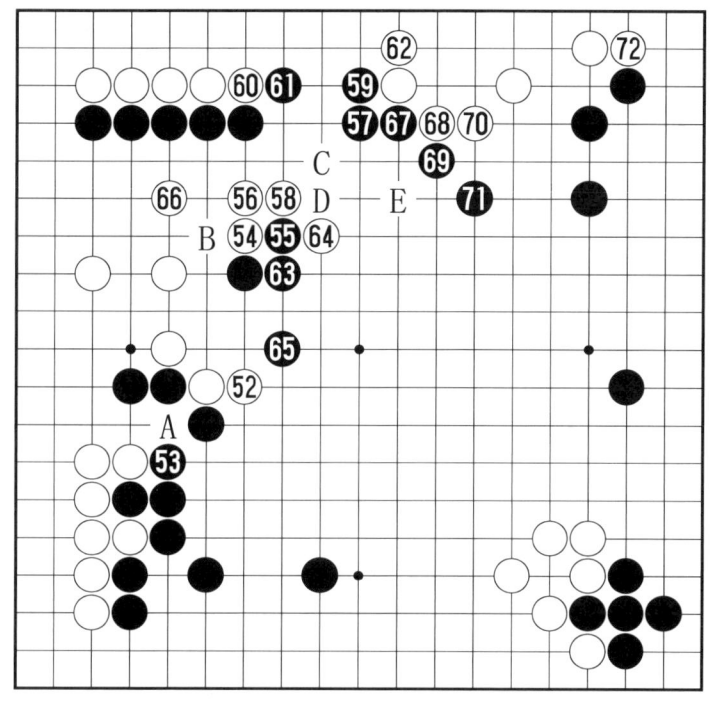

第四谱　52—72

白 52 长虽是棋形所在，但在 A 位断吃黑两子却也十分之大。黑虽有种种利用，但也不外乎只是减小白空而已。在这种情况下，领取现金比储蓄更为有利一些。

黑 53 安全联络，还构成厚势。形势的天秤偏向黑棋一边。白对左上黑棋究竟有多少攻击力，实在还是个未知数。

白 54 靠是最强的手段。分断黑棋加以攻击，在攻击中补强自身，比自己单补要有效得多。而且，形势也不容许白再松缓行进了。

黑 57 是腾挪的常见之着。若直接在 58 位压，被白于 63 位一断，就难以收拾了。

白 58 拐只此一手，跟着黑 57 尖冲应可就上大当了。因为，黑的意图并不是针对白右上边，而是意在与中央二子联络。

白 62 立是无法省略的。后来 72 的爬也是同样。虽然这两点即便被黑走到白也不存在生死问题，但活得之委屈，令人不堪忍受。

黑 63 接，瞄着 B 位扳断白棋。

白 64 扳紧凑。由于白在 C 位是先手，白不畏惧黑棋在 D 位的断。

当黑 65 加强了中央之后，白 66 补回也是势在必行。

黑 67、69 先手，71 尖轻灵，比单在 E 位补步子快，同时对右边黑势也有帮助。

第五谱　73—86

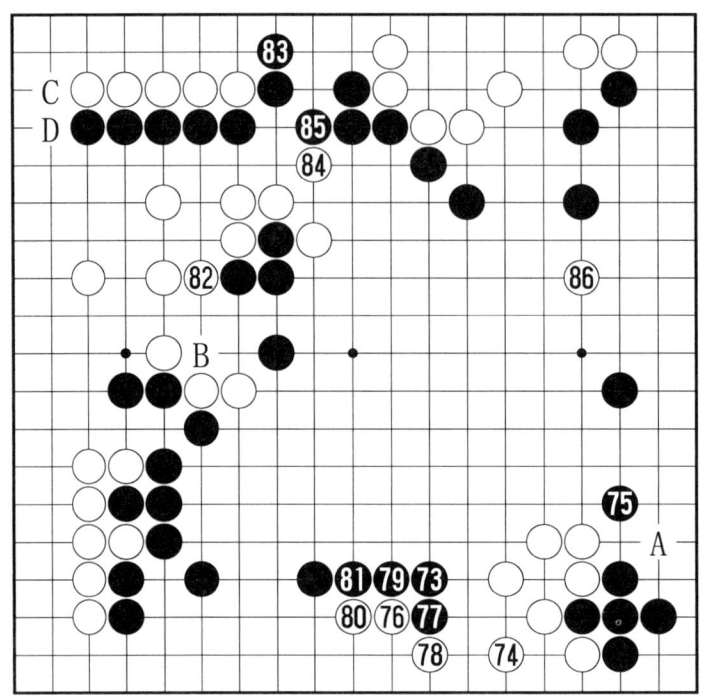

第五谱　73—86

从左边到上边的战役暂告一个段落。纵观全局，好像白的收获不大，形势依然是黑好。

黑73占据下边大场，对白提了一朵花的厚势进行威胁。这也是由于黑全盘没有弱棋的关系。

白74先手，黑75必然，否则，白于A位跳，黑右下角就独眼难活了。

白76至80先手破黑空，但棋形留有缺陷，是将来的一个债务。

白82补B位的断。因为下边黑太厚了。

黑83立是秀行流的坚厚之手。此手在右边86位围空是众目所瞩的要点。可能秀行老师选择83立，不仅使黑左上一块置于不败之地，更有C、D扳或立的先手，价值与右边的围空不相上下吧！

白84顺势虎刺是绝好的机会。

白86毫不犹豫地打入，胜负在此一赌。按照平稳的下法白棋是处于下风的，只有在此争胜负。

黑棋如何攻击白86一子是局面的焦点。可能黑83立时，对此早已有了准备吧。

第六谱 87—100

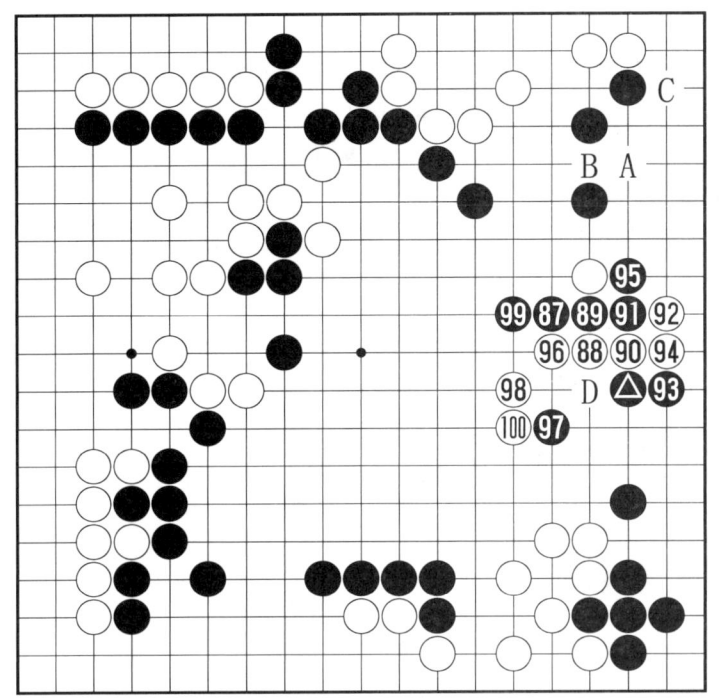

第六谱 87—100

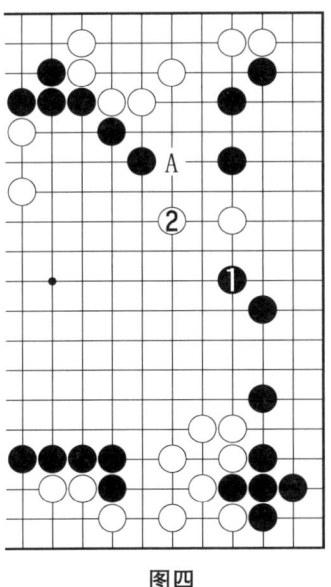

图四   图五

黑87反尖冲，与黑△一子形成象形，明显地给白留下88位的穿象眼。看似不太可解，但这却是一种很严厉的攻击，不给白棋一点喘息的机会。

若如图四，1位小尖攻击也是一个攻击点，但白2跳后，由于有A位的靠，黑似乎很难继续攻击。

黑87若如图五的攻法就更显得花拳绣腿，没有实际效果了。

被黑87尖封后，白88是唯一的出路。但在走此着之前，白应先于A位点，此时黑只能在B位接，那白便留下C位扳的大官子。而实战

273

走至黑 95 后，白再也没有 A 位点与黑 B 位交换的机会了。这个差别是不能小看的。

白 96 若能在 D 位拐与右下白棋相连是最理想不过的了，但黑棋可如图六。

图六中黑 6 强硬地分断也是十分可怕的。

黑 97 强手，不给白联络的机会。

白 98 小尖，使 99 位扳头与 100 位压回形成见合。但此处却是白的误算。因为即使有了白 100 的压，白棋仍然与下方联络不上。这给白棋带来了生死危机。

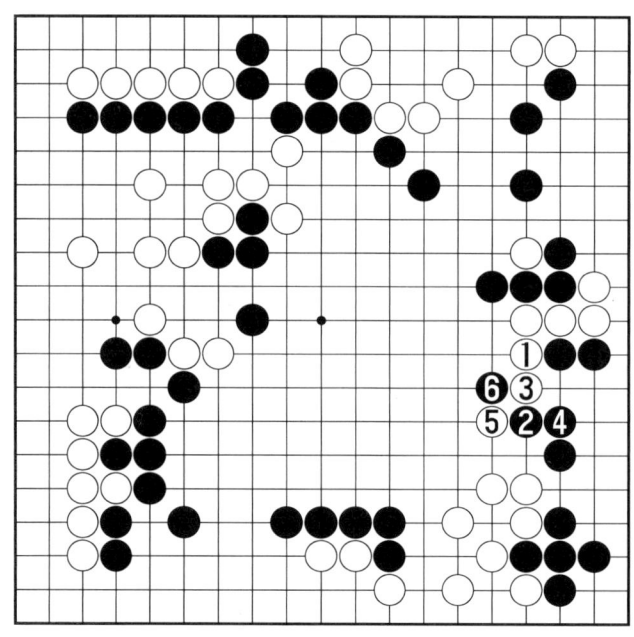

图六

第七谱 1—22（101—122）

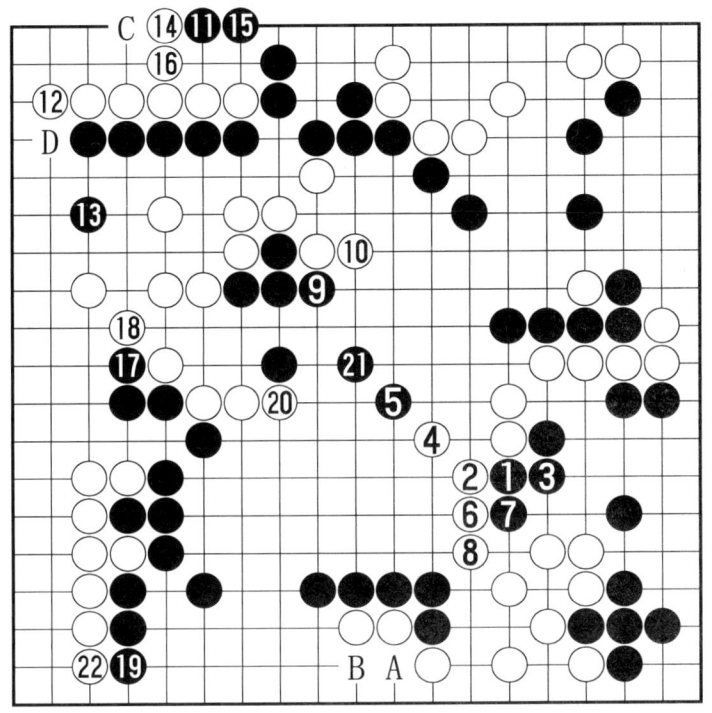

第七谱 1—22（101—122）

当黑1扳时，白2曾以为是可以在3位断的，但忽略了黑如图七的手段。

白2不得不临时改变走法，从外面绕行。如图七白1断，至黑14形成大头鬼，差一气被吃。

黑5放弃了攻击有些不可理解，在6位扳断才能与前面的手段融会贯通。这也许是秀行老师的脑力已开始无法集中了吧。

黑11也应在A位断试白应手。在白的大龙未安定的情况下，白可能没有勇气在B位打吃。因为黑如图八的手段能分断白棋。

如图八，黑5后，白于A位断，黑B、白C、黑D形成劫争。这是白不敢打输的重劫。于是，白只能如图九补回。图九中黑5后，将来黑有选择A、B两点的权利。这个收获是大于现在盘

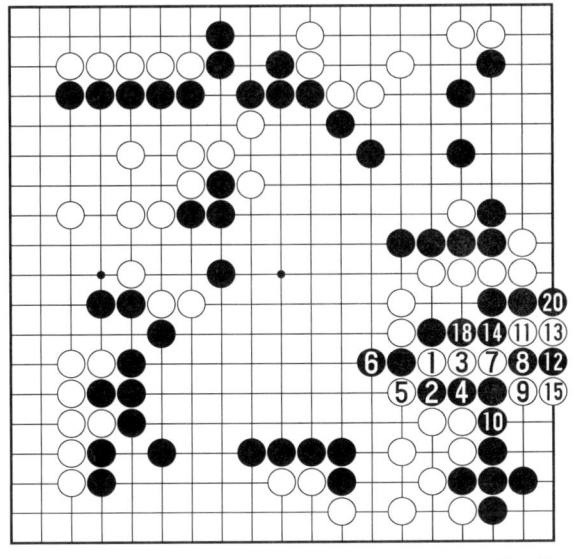

图七 ⑯=❽ ⑰=⑫ ⑲=❽

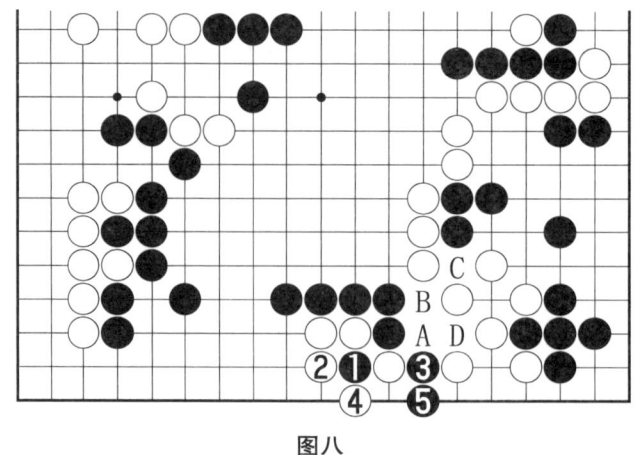

图八

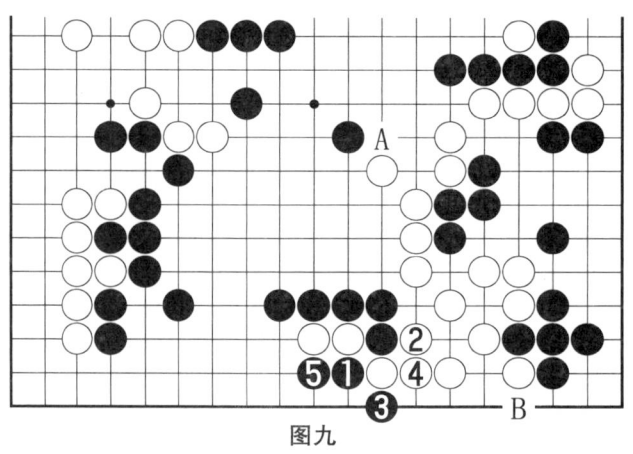

图九

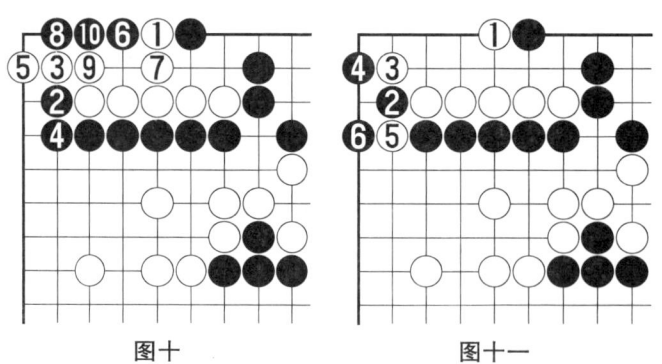

图十　　　　　图十一

面上任何一处的。

黑11小飞，问白如何做活。白12若直接于14位挡，那黑于12位扳。以后角上留有图十的收官手段和图十一强行打劫的手段。

如图十，黑10后，白角地被破光。

如图十一，黑4连扳强行开劫。

白12不堪受欺，先于12位立，与黑13跳交换后，再于14位挡。从角上的目数上讲是占了便宜，但黑有13一子后，对白左边一块产生影响，能限制白棋在中央行棋的自由。

白16应在C位补，避免将来黑在D位挡成为先手。

对左边白棋有了压力，黑19立便成为先手官子，这与白先在19位扳相差好几目。

第八谱 23—64（123—164）

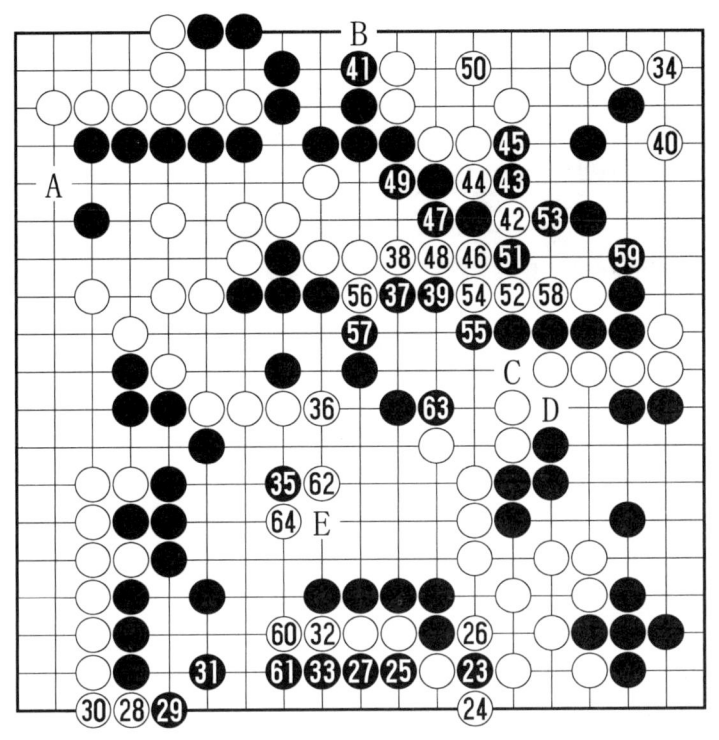

第八谱 23—64（123—164）

也许是看到形势领先，黑23便采用了稳妥的走法。先于23位挖，再25位断吃白两子，避免了白的拼命走法。

白28、30扳接机敏，这是双先4目。

白32试黑应手。黑33为不损2目，当然从下面打吃。

白34与黑35都是大官子，但角上的官子看得更清楚一些。

白40虽不失为一个大官子，但应先在A位跳，催促黑棋联络，这样局面会细一些。

当黑41挡下后，白走A位便为时已晚了。因为黑不会单单在49位连回，而会在B位先立，给白留下50位点方的后患，白反而得不偿失。

黑43大误算。单在51位扳便可平安无事，盘面可有近10目的优势。

黑49再度发生失误，当然应在51位打吃。

如图十二，黑49在本图1位打吃，至黑11与实战相差好几目，仍然是黑优势。

白52至58先手将黑空破光实在是个意想不到的收获。局面顿时变得十分细微。

黑63不失为坚厚的一手，但却是个大后手，此时无论如何应在C位挤、白D、黑E位扳，保住下面的大本营，局面还是黑棋好一点吧！

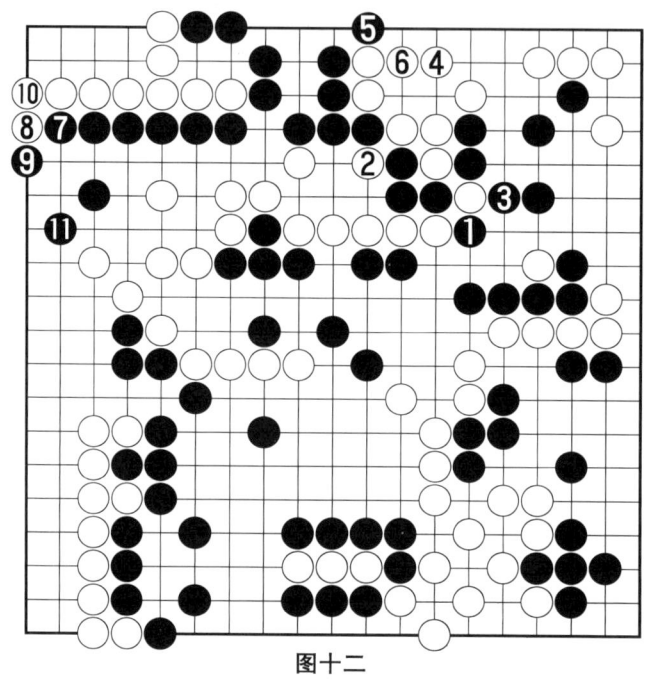

图十二

第九谱　65—168（165—268）

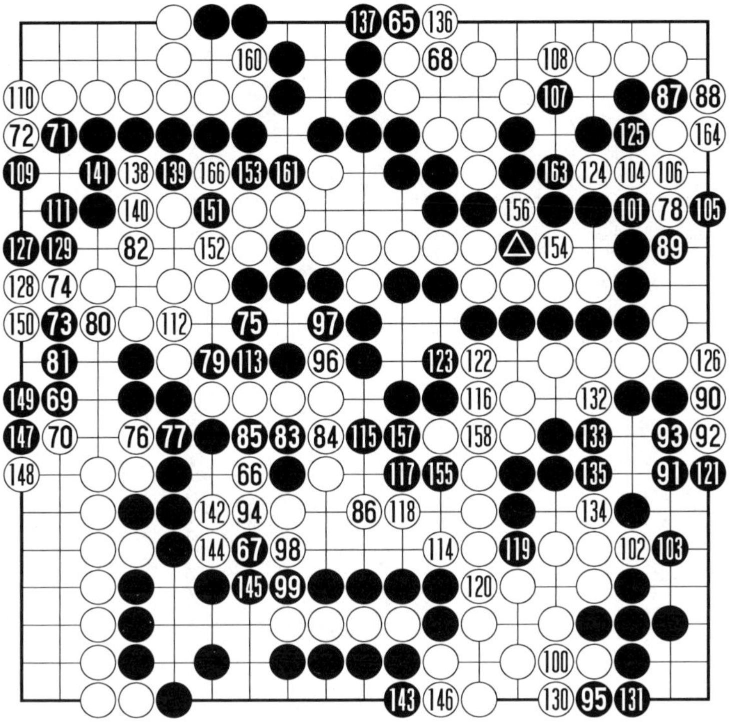

第九谱　65—168（165—268）

(159)(165)=△　(162)(167)=(156)　(168)=(151)

黑 65 先手官子，但白 66 也是先手，逼使黑 67 不得脱先，白 68 再接回。形势至此彻底被逆转了，黑的优势已荡然无存，无论怎么收官都是黑棋贴不出目的棋。以下的官子双方都没有差错，最终以白 1 目半取胜。

藤泽老师在三连胜后四连败，在这第七局中也是优势下送了回去。怎么解释这些难以理解的现象，我想，除了身体的原因之外，也有一个“运”的关系吧。

共 268 手　白胜 1 目半

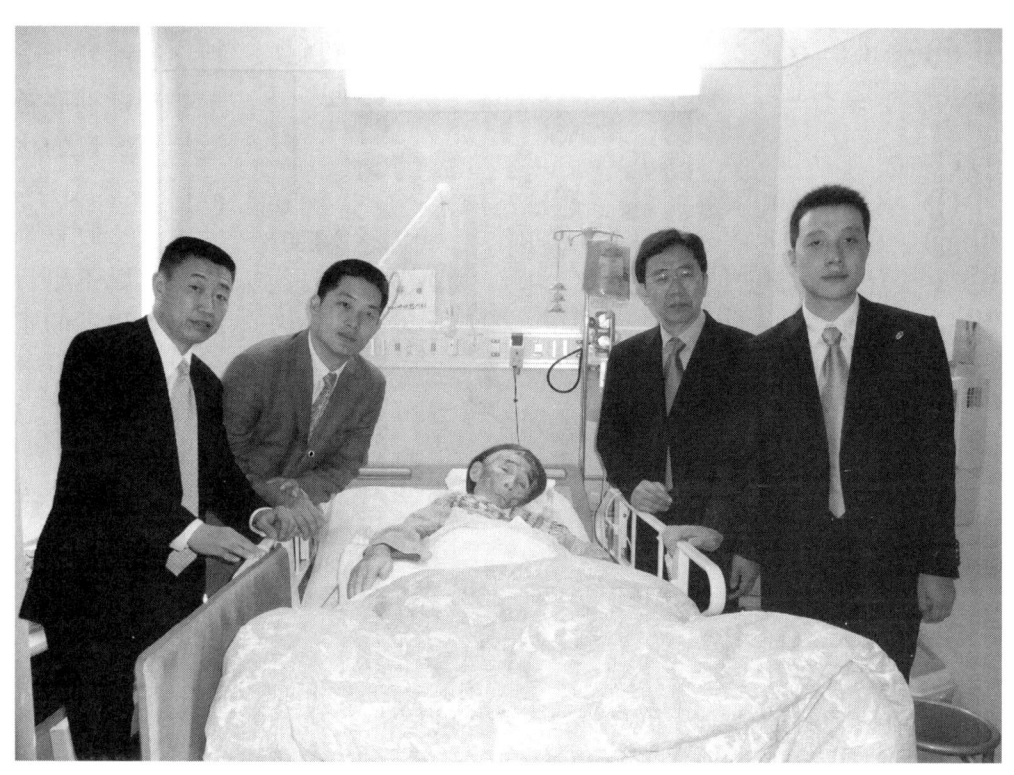

2009年病中与中国棋手，左起为王谊、常昊、藤泽秀行、华以刚、古力

第十九局

第四十期王座战第五局

● 藤泽秀行　王座
○ 小林光一　棋圣

黑贴5目半
1992年11月25日弈于日本

已经 67 岁,从胃癌、淋巴癌的死亡线上顽强活过来的藤泽斗志未衰,但体力却是大大地不如从前了。特别是在检查出淋巴癌时,为了不影响大脑,他坚持一赌生命也不做手术,采用长期痛苦的化疗。受那么大的罪,仅仅是为了能下棋。藤泽老师一直视围棋为生命,若因动手术损伤了大脑下不了棋,那生命的意义与乐趣也就失去了。大脑是保护了,但长期的化疗使他的身体虚弱不堪,本来壮壮胖胖的一个人,也就只剩下了一个骨架。所以,在下番棋时尤为疲惫。对局中时不时发出"唉……"的叹息声,这叹息与棋势的好坏毫无关联,却是体力不济的信号,是身体已到极限的警报。此时,若没有一种超人的斗志和意志,也就不会去为难自己吧。在与对方斗的同时也在与自己斗。五番胜负下得翻天覆地、令人眼花缭乱。可每一局倾注的对局者的心血又怎是旁观者的几句话能概括的呢?

小林光一虽然刚进入 40 岁,风华正茂,但那一年的日程也是让他马不停蹄、超负荷运转。7 个大赛的决赛他都是主角。常常在一周里有个大赛的番棋对局,还要飞赴海外、国内各地,再年轻体壮也筋疲力尽了,更别说心理上的压力了。

不论是防卫，还是挑战，都是绞尽脑力，竭尽体力。所以，在下这一年里的最后一局番棋时，对局双方都不光是棋艺上的争斗，也是体力极限的争斗，在欣赏他们的精彩对局的同时，不是也可以感受到他们惊人的斗志和爱棋的信念吗？

1992年王座战接受小林光一挑战，此时的小林光一保持着棋圣和名人两座桂冠

第一谱　1—17

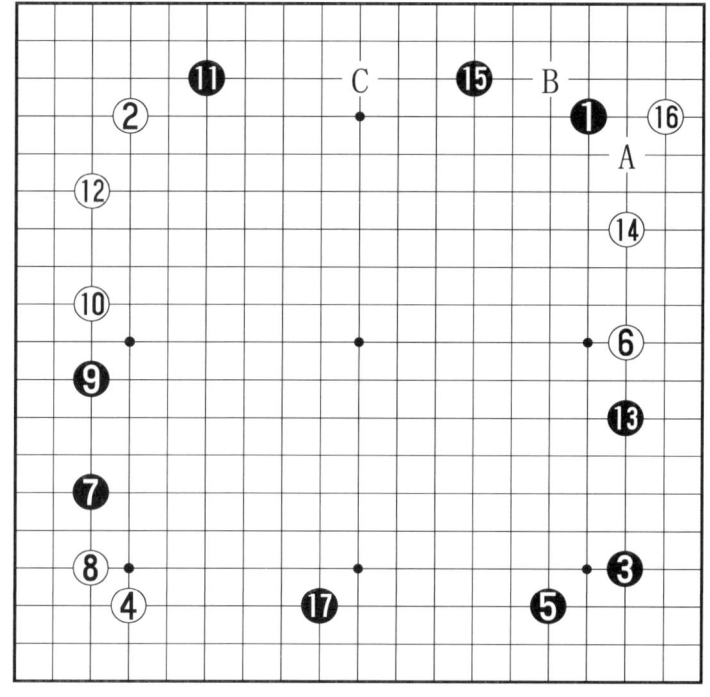

第一谱　1—17

猜到黑棋的藤泽以实地为主的方针展开序盘。

黑 1、3、5 星加小目缔角的构造在快步调布局的现在已不多见了。

白 6 分投根据各人的棋风常常有上一路或下一路的选择。

黑 7 大飞挂是变化最少的一个定式选择。

白 8 小尖也是最坚实、简明的应法。

黑 9 拆二后，白 10 的紧逼及时，被黑先在 12 位挂，左边的势力主次就掉个了。

黑 11 的挂也是不可忽视的一点，倘若此点换为白子，那左上白的势力就很宏伟壮丽了。

白 12 小飞不仅是现代常见之手，也是小林的喜好。

黑走到 13 位逼，以经营右下的模样为重点。

对白 14 的拆二，黑 15 在 A 位小尖是第一感，但白 15 位再次大飞挂，黑 B 后，白 C 拆二成为绝好点。

有了黑 15 之后，白是不能再让黑走到 A 位尖的，白 16 大飞也成必然。

黑 17 拆到了下边的大场，这可能是当初黑 7 挂角时就有所构思的吧！从进行过程来看，可以说是黑快调的布局。

第二谱 18—37

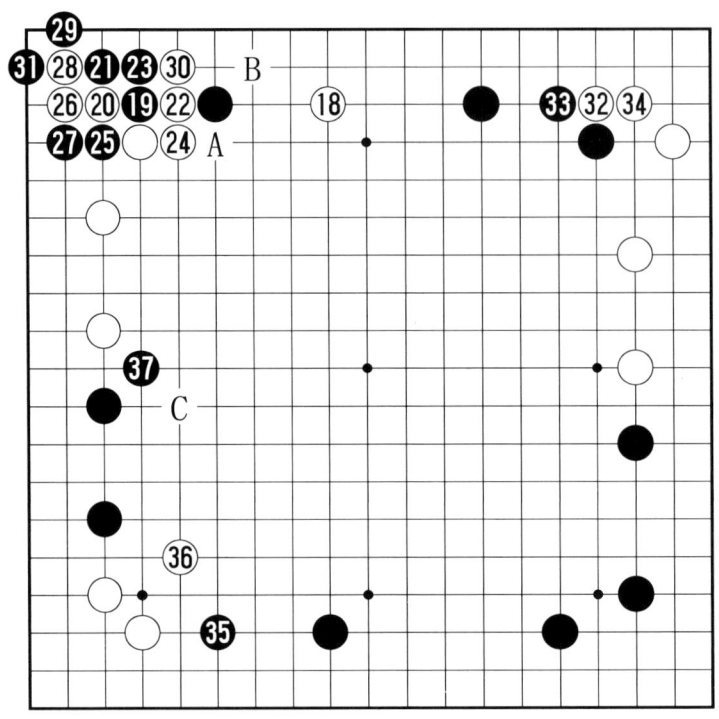

第二谱 18—37

白 18 是全局最注目的地方了。

黑 19、21 是常用的腾挪手段。

白 22、24 是这几年兴起的着法，从前多是在 26 位立、黑 30 位虎、白 24 位长，或者一开始就 25 位接，黑 30，白脱先。

黑 25 以实地为主，并且不给白再攻击的机会。在 30 位挡也很有力，以下白 26，黑 A 位贴，将白 18 一子作为阻击目标。为何没有如此选择，也许是讨厌白 B 位点的先手利吧!

至黑 31，白取外势，黑得角空，从局部上来说黑不坏，因为这里是白棋的势力范围。白怎么利用、发挥这个外势，成为一个焦点。

白 32、34 对黑右上展开攻击，这也是表明上边有后援、有力量的背景。

黑 35 不理白在右上的攻势，以实地为主，先占下面拆二。

白 36 出头不仅是防止黑下边的模样海天一色，也是对黑左边两子的威胁。

黑 37 小尖，好着想，比 C 位跳显得迟疑，却坚厚，后中有先，还有效地缩小了白在左上方的发展。

第三谱　38—50

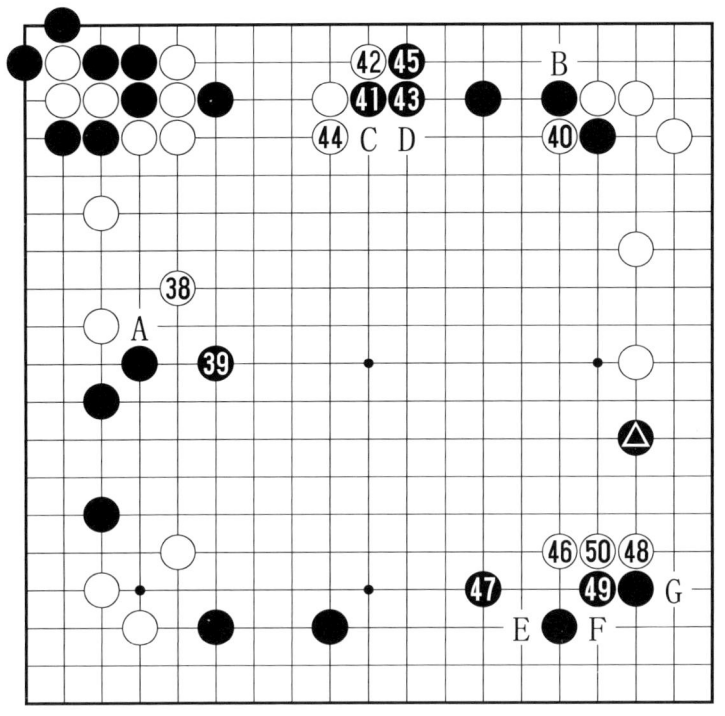

白38在A位应太凑黑的调子，不能考虑。

白40的断有些出乎预料，在B位扳是常理。因为，断会给黑带去许多利用。

黑41碰，借助白40一子的单薄，在上边寻求腾挪手段。

白42若在44位长太没力，在C位上扳的话又担心黑在D位扳或44位断的手段，便选择了42位扳。

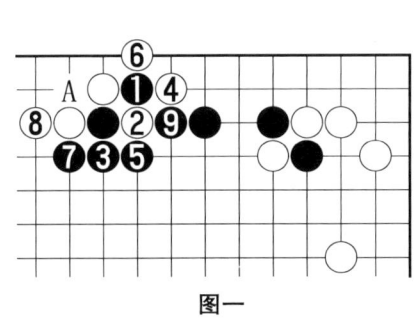

图一

黑43的退与白40一样令人意想不到，从黑41碰的本意来讲，黑43在45位的扳是关联的手筋。形成图一，这是黑明显有力的结果，那么，图中白2若在A位单接，黑再在2位接也比实战强。但黑棋为何突然放弃了这个走法，至今也不明其中理由。

当有了黑43一子后，黑45再拐，白42一子就可以不着急连回了。

白46在右下角侵消，之后E位和48位两点靠形成见合。

黑47选择小飞。

白48也是当然的一手，若先在49位小尖，黑F、白48、黑G，白虽能得到先手，但由于白形薄弱，很难对黑▲一子有严厉的攻击手段，反而不美。

黑51将如何借攻白三子而腾挪▲一子呢？

287

第四谱　51—71

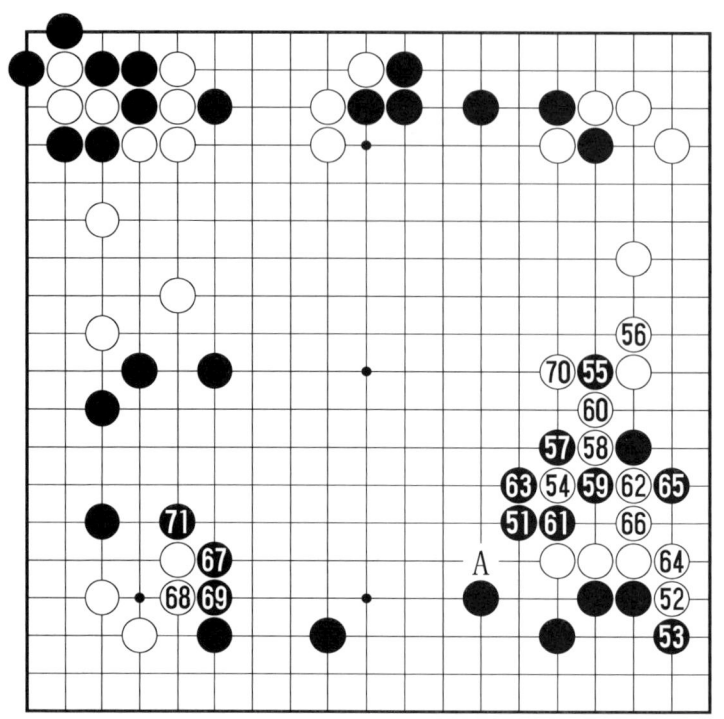

第四谱　51—71

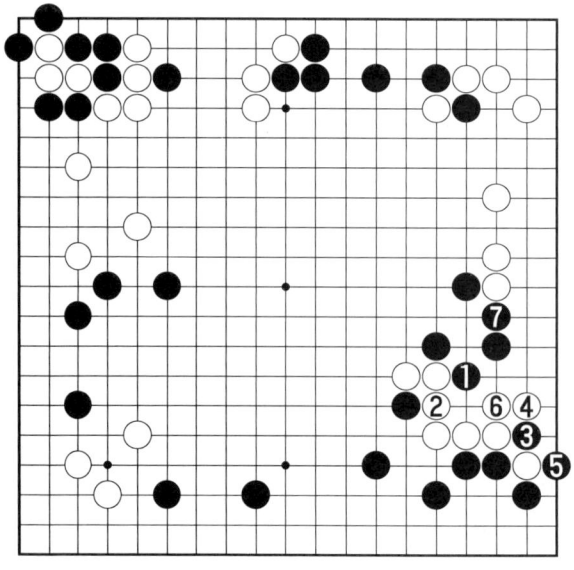

图二

黑 51 若从 54 位飞攻，白在 A 位靠就成为绝好的一点。

白 56 退后，黑 57 是令人吃惊的一手。也许是单在 60 位退，被白 63 位贴，黑没有趣味而想出的靠吧。这种棋形在专业棋手中都很难出现，更何况是在这超一流棋手之间，很明显是教科书上忌讳的走法。

也许黑 57 违反棋理的走法，反倒令白棋思考过头了，小林局后十分后悔白 58 挖这一手，怎么也应该在 63 位出头。这是谁都能看到的一手，反而往往成了超一流棋手们的盲点。

当时小林对图二的结果感到不满。

如图三，加藤正夫认为是白充分可下的。

黑 59 断打弃子是掌握大局主动权的下法。若在 60 位打，黑将背负沉重不堪的

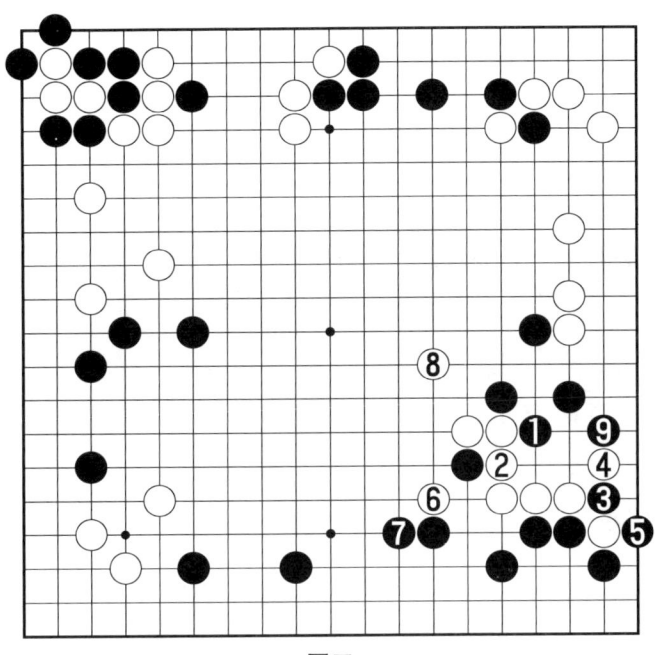

图三

负担。

被黑63先手提吃一子，外面骤然增大增厚，白虽吃了黑右边一子，但还留下种种余味，形势一举向黑方倾斜。

对黑67的靠，白68是万不可在71位长的，被黑在68位一虎，白形就崩溃了。先退补是此时的最佳走法。

白70自补，解消黑在右边的种种先手利用，也为了下一手侵消黑下边的模样。

黑71扳头好点，下边与左边构成了深谷。

白对黑下边模样已不能坐视不理了。

第五谱 72—100

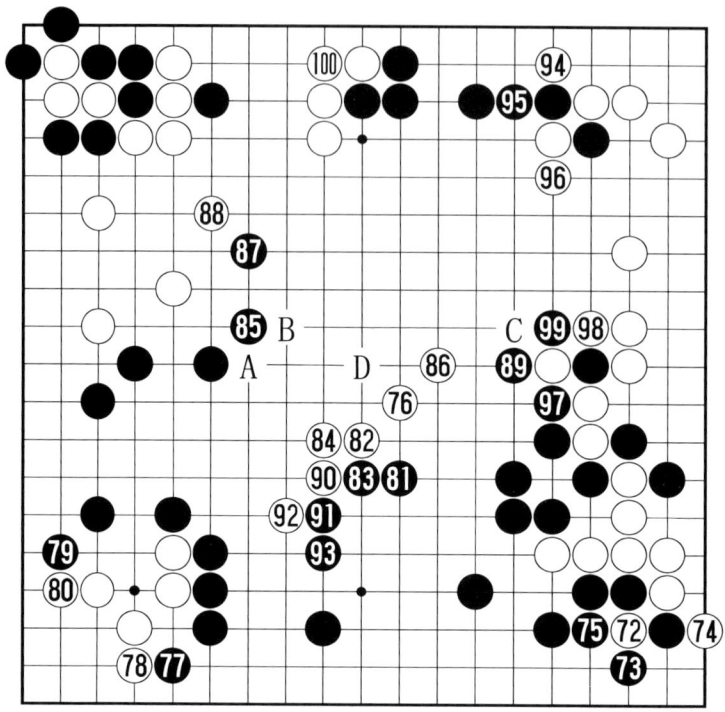

第五谱 72—100

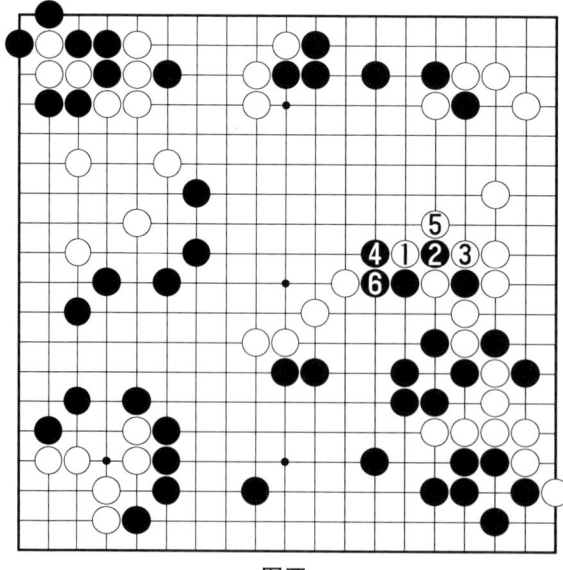

图四

白72、74试黑应手，占官子便宜。

白76降下空中伞兵，现在黑的深谷只欠收口，白不能太深入了，否则会有被歼的危险。

黑77、79两个先手尖是很愉快的大官子。

黑81、83放弃攻击，以围空争胜，这是经过了慎重判断的。

白84很想在85位飞封，围上面白空。但黑A、白B、黑84，白在实空上无法与黑抗衡。

黑85好点，87又是先手跳，上边的白势被缩小到最小限度，白很是不满。但由于白86一手又不能省略，就只好先忍耐以待时机了。

黑89开始出击，在确保了自己的领地之后，这是一种安全走法。

白90若跟着黑89的夹在C位扳应，如图四，则正中黑的下怀。

图四中白提黑两子虽增加了右边厚势，但中央陷入困境，这是绝不能采用的。实战白90继续往黑空中钻入。

黑91、93是稳妥的走法，显然这是黑已感到形势有利而不愿再生波乱。否则，在D位等攻击也是十分有力的。

白96长后，黑97一手是谁也没有想到的。

如图五，黑1断吃一子后，还留有a位断，白就失去了争胜的希望。为什么黑放弃了这么简明的走法，只能归结于藤泽的体力已疲惫得妨碍了大脑。

明知黑99打吃后是准备攻中央白棋，但白已没有时间去补强中央了，只有攻击黑上方一块才有一点希望。白100接，断了黑做活的后路，同时也是步大官子。

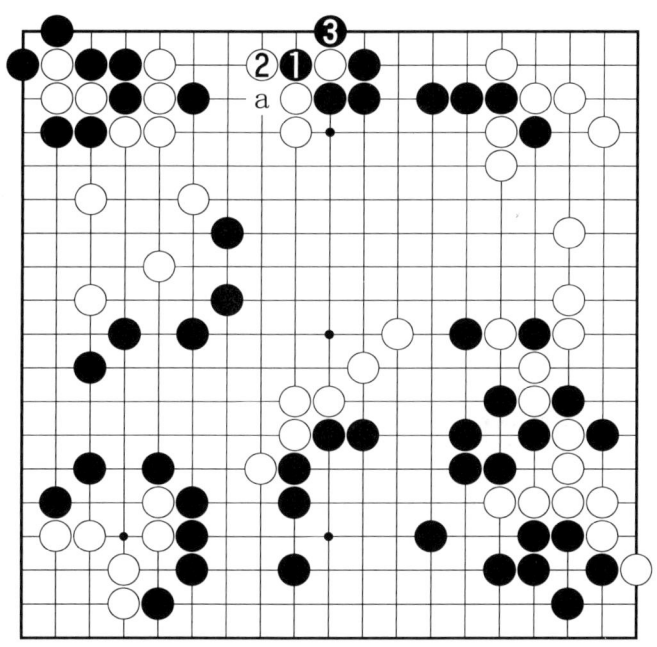

图五

第六谱 1—67 (101—167)

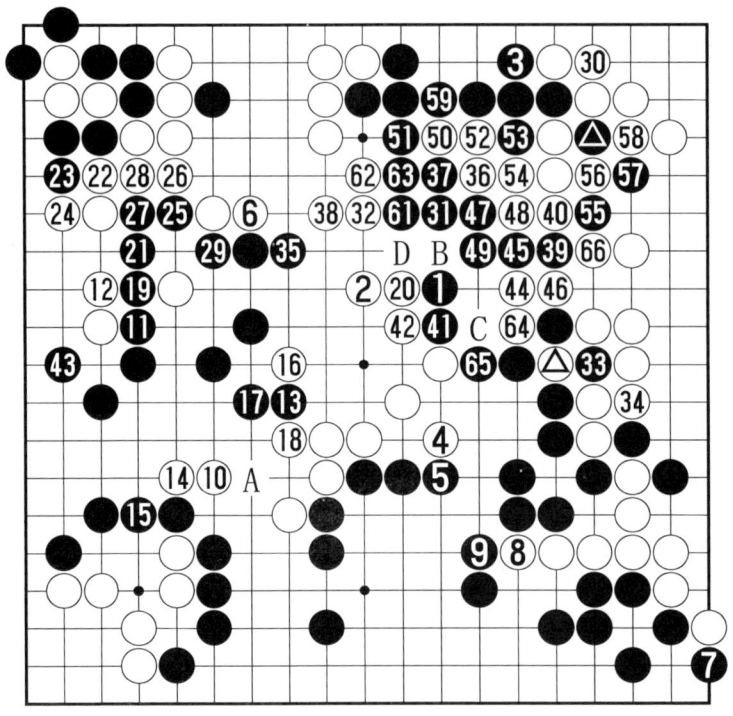

第六谱 1—67 (101—167)
⑥⓪=▲ ⑥⑦=△

黑1镇头，但终因出口太宽，白2逃出后，黑3又补回了上边，对前谱97没去吃掉白上边一子感到后悔。

白6与黑7都是很大的官子，但白还顾及着中央大棋的生死，所以，只能选择上边。

白10一步步减小黑空。与此同时，也悄悄对黑左边数子有所阻击。

黑13是有杀机的。白16的靠看似不知所云，其实却是颇费了心思。因为，若单在20位补，黑有A位分断。白若单在18位补，黑又有42位尖断，白只有16位靠才能两边顾全。对黑13这种漫不经心的点，可是要多加小心的。

黑19冲，看似平常还有些俗手的感觉，却是此局决定胜负的一手。这其中可是有奥妙的。

白20在中央顶补，没有在21位挡，为什么？

如图六，白1至黑14后，白支离破碎，很难收拾。

黑21至29一气呵成，将白的领地分割为自己的实空，这个收获使黑确定了胜势。

白30在B位扳是隔断黑上边一块退路的最好着点，但黑在30位断吃一子便就地做活了。

黑31跳回的同时，也催促白棋回家，一举两得。

292

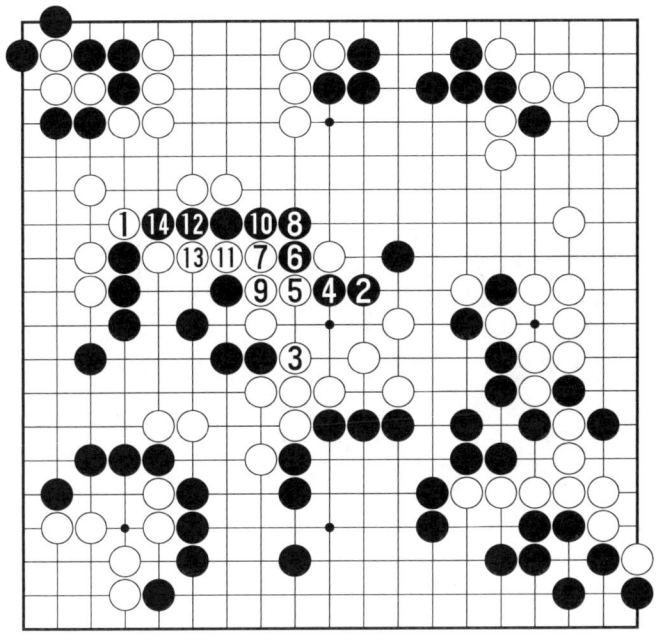

图六

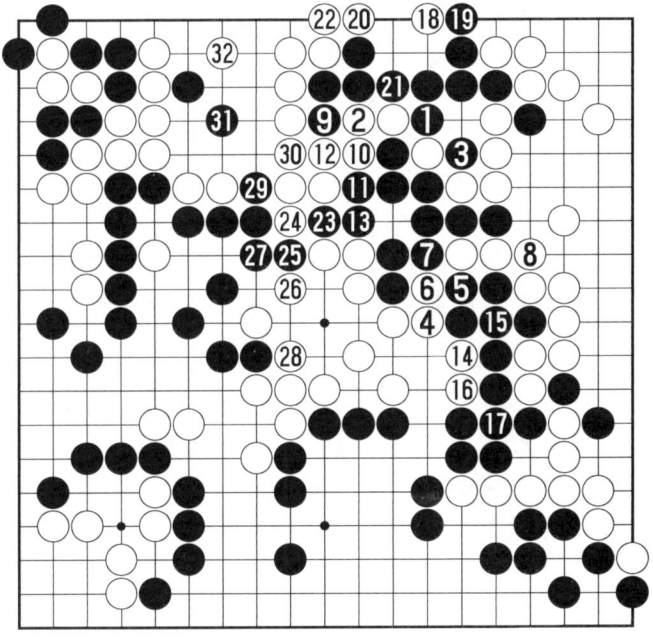

图七

有了黑39、41之后，黑已算定上边一块没有了危险，走到43小尖的大官子，胜势不可动摇。

黑51千万不能在52位断贪吃。

如图七黑51在1位断吃，至白32，黑右边大龙被歼。

黑59确保了上边一只眼，61又确保了中央一只眼，再也没有生死之忧了。

白66若先在△位提黑两子，与黑C位接交换是最理想不过的。但黑不会在C位接而是走D位做眼走成先手，白反倒弄巧成拙。

黑67接回，全盘已没有可以引起纠纷的地方了。

第七谱 68—138（168—238）

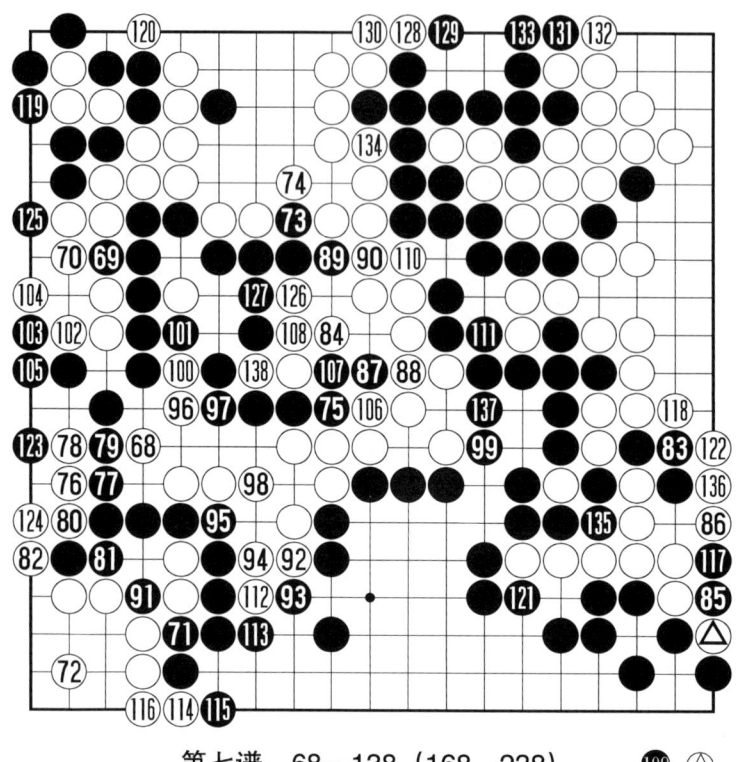

第七谱 68—138（168—238） ⑩⑨=△

进入本谱后，双方在官子上都没有差错，到238顺利终局。黑以5目半取得胜利。双方都深深叹了口气，不仅是因为胜负的结果，更为身体终于可以得到休息了吧。所以，当记者们追着藤泽询问第四谱黑57为何要靠时，他只回答了一句："请原谅，我太累了。"

的确，他们都太累了，谁在中途累倒了都不足为奇，但他们却用意志坚持到了最后。谁能不为年过古稀、身衰志坚的藤泽先生而脱帽？谁又能不为转战沙场、一年铠甲未解的小林而致敬呢？

藤泽老师虽然后来因为体力关系，再也没有拿到冠军。第二年也就是1993年把王座也丢失了，但这并不意味着他放弃了棋，他持之以恒地将有限的精力投入到研究棋艺之中，这难道不是对棋手们的一种提示吗？艺无止境，用毕生的精力去苦苦追求，拥有再辉煌的成绩也只是历史的一个记载，而不是终点。

共238手 黑胜5目半

第二十局

藤泽秀行名誉棋圣引退棋第三局

● 高尾绅路　六段
○ 藤泽秀行　名誉棋圣

黑贴5目半
1999年5月14日弈于静冈

从 1937 年为本因坊秀哉名人举行过正式的引退棋以来，再也没有哪位棋手获得如此殊荣，然而时隔 62 年的 1999 年，日本棋院为藤泽秀行名誉棋圣举行了三场引退棋，挑选了中韩日三位秀行老师最为喜欢的学生，以示留念。

第一位对手是中国的常昊九段，当时是中国棋界的领头人，可早在 14 年前，常昊还是个 9 岁的孩子时，就接受了秀行老师的指导，并得到大力赞赏和关注，一段爷孙般的忘年交持续至今。常昊十分敬仰秀行老师，没有机会当面请教时就潜心学习秀行老师的全集《飞天的谱》，逐渐成为世界一流棋手。对局定在 4 月 16 日，东京的樱花盛装刚落，正是春风拂面人清爽的季节，秀行老师中盘尾声时一个随手，大局随之衰落，犹如被风吹落的樱花。

第二局在 4 月 30 日，对手是韩国的曹薰铉九段。曹九段在日本学棋时，虽然是濑越宪作九段的弟子，但得到秀行老师的教诲更多，俩人在一块下棋研究常常失去了时间的概念，不仅成为深厚的师生关系，还是惺惺相惜的朋友，为服兵役返回韩国的曹九段，成了秀行老师最大的牵挂和担心。可也正因曹九段的返韩，韩国的围棋才得以发展和进步，成为现在的围棋强国，这与曹九段的贡献是密不可分的。但不论曹九段在赛事和事务上有多忙，只要遇上秀行老师的大活动，比如60岁生日、70岁寿典、书法展览等等活动，他都是欣然前往，从不推辞。两人的对局可谓华丽、流畅，被研究室的棋手们称为名局，然而，就在终盘的胜负处，秀行老师计算发生失误，失利而终。

5月14日是引退棋的最后一局，对手是秀行老师最后的弟子——高尾绅路，高尾在秀行老师潜心指导下，早已成为了日本棋界的一根顶梁柱，却在入段以后，就再也没有和老师下过棋了，虽然每年有两次合宿，聆听老师的指导，还时不时地电话讨教，但都只是问和教，没有直接地对弈。在对局前，高尾出于对老师的尊敬和礼貌，主动要求不猜子，自己拿黑棋，学生的棋高，人品也高。这是一局让秀行老师感慨万分的对局，输得高高兴兴。

下出自己的水平，是三位学生对老师多年教诲最好的报答，秀行老师一边自嘲到："他们都是在陪我下棋了……"，一边却为弟子们的成长笑得眼睛都成一条缝了。

其实，三局虽败，但从内容上看更多是输在了体力上，秀行老师自己也说道:"虽然还很想下棋,身体却跟不上了,这以后若有机会的话,我还想和年轻棋手下……"

秀行老师没有了争胜负的体力,但还有争胜负的脑力和棋艺,他一流的感觉并不因为他的引退而消失,直至他生命的终点,他都是大家疑问的最好回答者。

藤泽秀行与曹薰铉

2013年在冲绳藤泽秀行纪念馆中追思秀行

2013年追思秀行活动中,高尾绅路与武宫正树对弈

第一谱 1—27

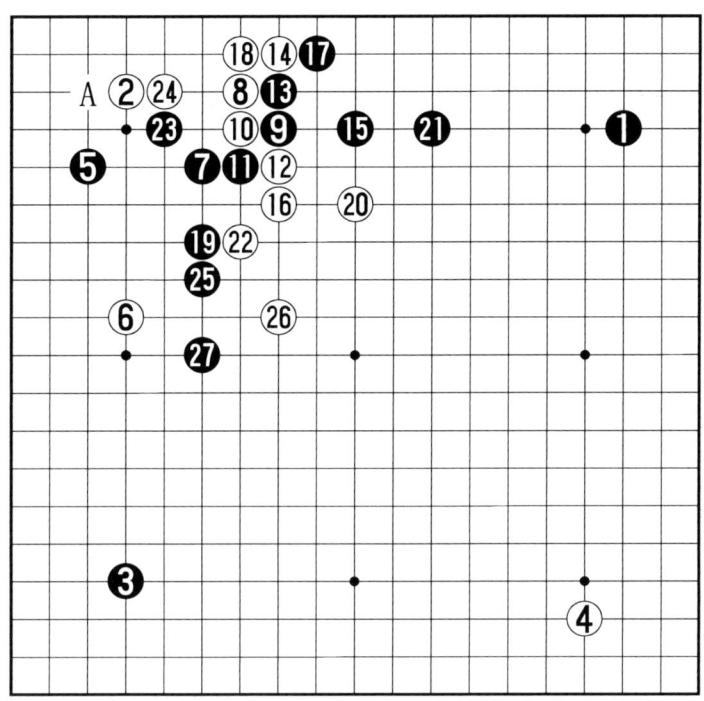

第一谱 1—27

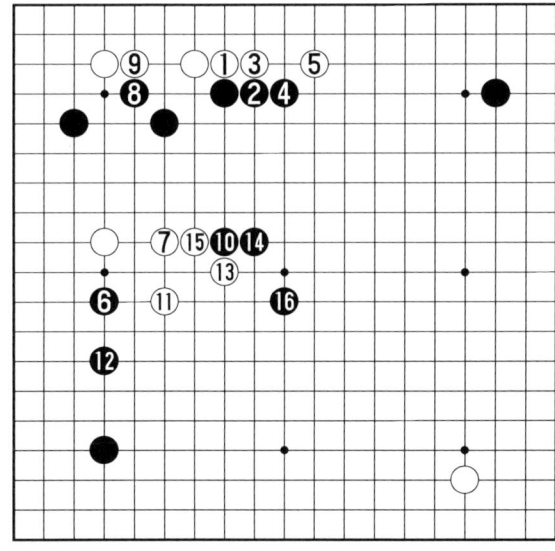

图一

黑9飞压，立即挑起战斗。

白10在13位爬，形成图一，肯定是双方无难，白10冲断也是定式的一种，早早地将局面引向战斗。

走至白16，是很常见的走法。

黑17扳也可以暂缓，都属于定式范畴。

黑23很想在A位托，能形成图二是黑期待的结果，将来在a位立都是先手。但白不会如此忍耐，白会选择图三的走法，形成转换，黑虽吃掉白四子，但上边a位点、b位夹种种利用，还被白10扳封住了头，黑不情愿。

实战黑23小尖，再25位长，是最厚、最简明的下法。在秀行老师的弟子之中，高尾的棋风应该是深得老师真传的。

至黑27跳出后，研究

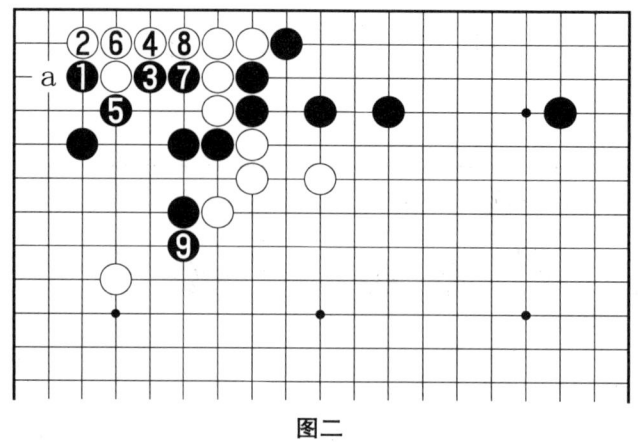

图二

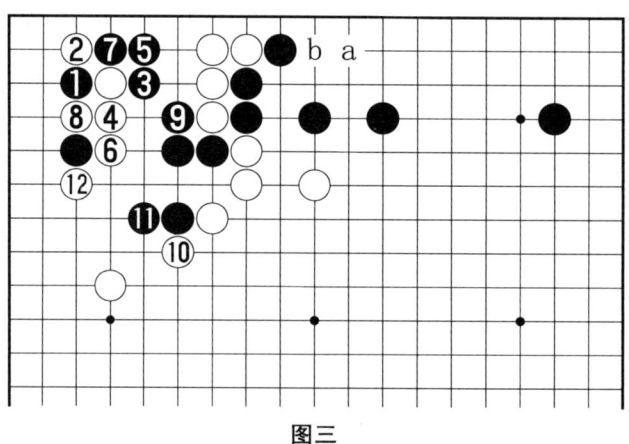

图三

室内都认为白不好,这倒不是白10的冲断有问题,而是白22的小尖有些多余,单于26位跳普通一些。黑不仅没有实战厚,而且,出头也慢了一步,这个区别太大了。

由于实战时白22想下下看,导致布局被动。

第二谱　28—39

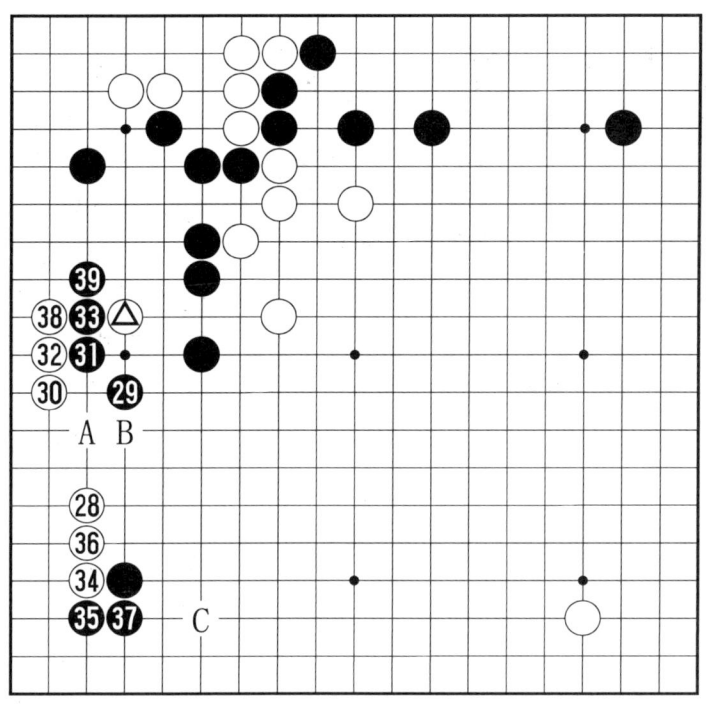

第二谱　28—39

白28无论在A位大飞或B位大跳，黑在28位逼都是好点，在现在这个时候，弃掉白△一子是理智的选择。

黑29当然不会在C位小飞，无论让白在左边补在哪里，黑都不允许，分断攻击白棋是当仁不让的。

对于白30的二路大飞，黑31选择了吃掉白△一子，走厚上方。这不失为一个安全策略。但秀行老师则认为图四的走法，黑更能发挥出厚势的作用，将来随时有机会a位小尖吃掉白△一子，不着急。

局后，秀行老师专门为这手棋批评了高尾："怎么能下这种贪吃一子而忽略全局的棋？"显示出温和的秀行老师在教棋时的严厉。

白34、36托接，将左边先手做活，这是很有必要的。此时白可不能对黑有什么非分之想，那样只会导致自己陷入深渊。

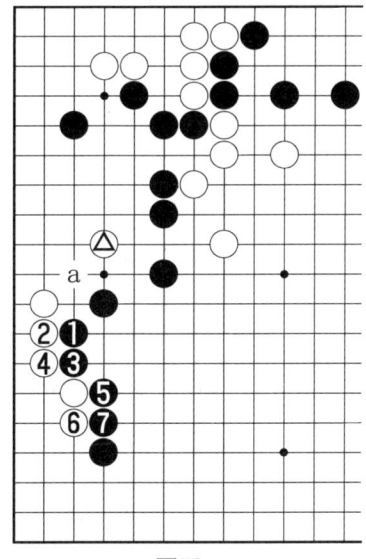

图四

第三谱 40—60

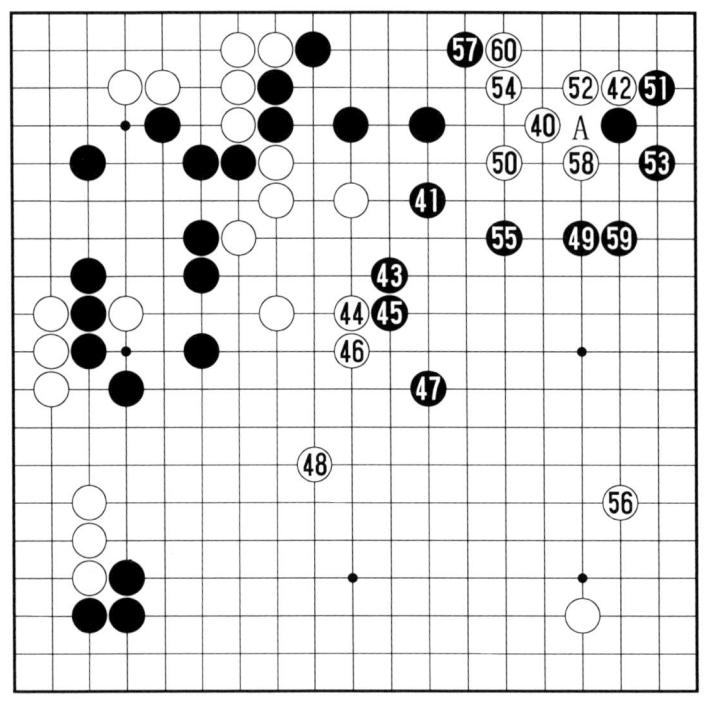

第三谱 40—60

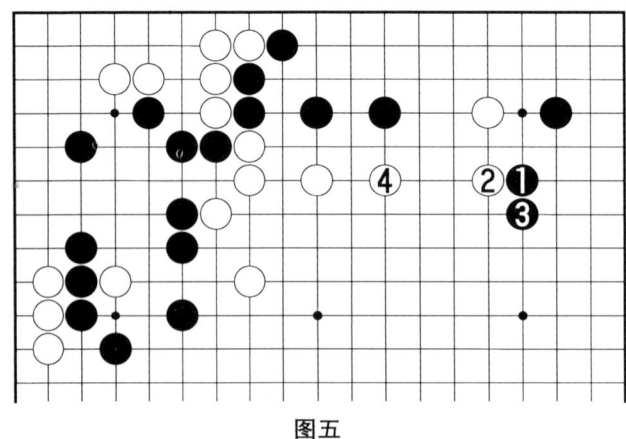

图五

白40右上挂角，单在41位跳，让黑40位守角，白在实空上就深感忧虑了。

黑41跳，攻击白中央一块，是积极的态度。此时可不能按一般定式，比如图五，让白跳到4位，那黑就是将江山拱手送给白棋了。

白42托时，黑43继续脱先，连着三手攻击白中央的孤子，很有气势。

黑49大飞，以不让白出头为重点。这样也能使黑43几子的外势得到发挥，若单纯在51位扳，形成图六，黑中央几子的价值就变小了。

白50小尖是很有深意的一手，一般是考虑

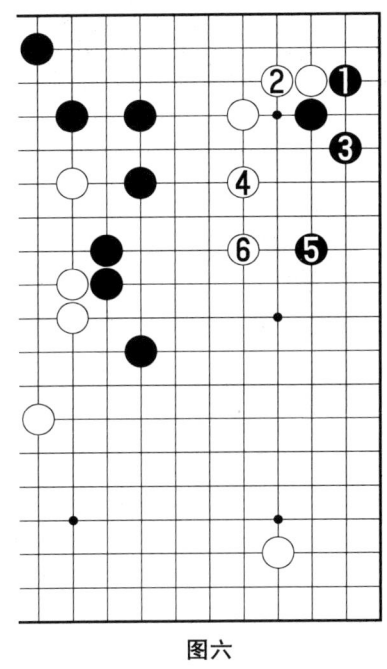
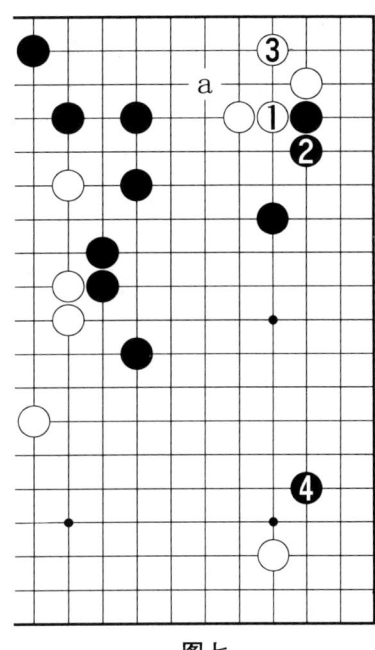

图六　　　　　　　　图七

在 A 位顶，形成图七，黑能抢到 4 位右下挂角太大了，而且上面黑 a 位的点也令白十分难受。

　　黑 51、53 兼带收目。

　　白 54 小尖要点，不仅将自己安全做活，而且对黑也是一种攻击。

　　黑 55 跳封不可省略，这关系着黑右上边的安危与势力。

　　白 56 脱先抢到右下的大飞守角，右上一块已经先手活了，观战室的棋手们不禁大为感叹，甚至有人悄声道："像 50 小尖这手棋，一生都难去想到。"

　　黑 57 先手飞。

　　白 58 小尖确保眼位。

　　白 60 位挡后，局面变得十分有趣。

第四谱　61—79

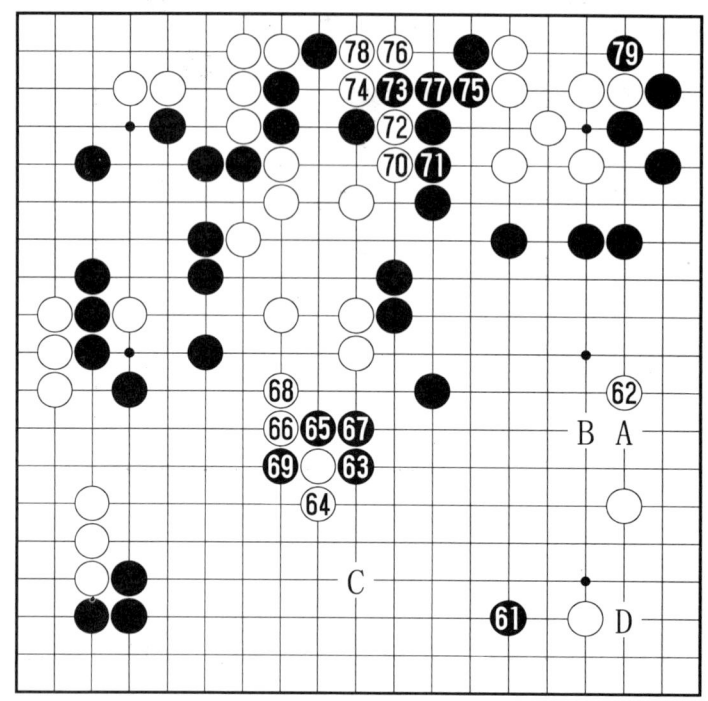

第四谱　61—79

黑 61 在 A 位逼是眼见的大场，但被白 B 位压很是被利，黑在右边的空很难成大，倘若下边大场被白占去，白的模样将比黑的还大。所以，黑实战选择了下边的紧逼。

白 62 拆二好点。

黑 63 碰，是走 61 逼时就预定好的激烈手段，效果先不论，是魄力十足的一手。单在 C 位开拆，伺机 D 位托角，是一般的普通走法。

白 64 长不甘示弱，在这个地方不能有丝毫退让，比如在 65 位退，黑 64 位扳，那白就被利了，反而更没有后续手段。

黑 65 至 69 强行断开白棋，在下边黑什么配置都没有的情况下，黑断然作战，棋风厚实的高尾也有冲动的时候。

被分开的白棋先设法安定大龙，白 70 小尖的手段在上谱走 50、54 时就存在了。

黑 75 单在 76 位立肯定可以连回几子，但对白右上角毫无影响，白如图八 2、4 都是先手，白大龙基本上就已无须担忧，白再先手于下边动手，黑断开白棋的意义就完全失去了。

实战黑 75 挡，将白右上角的眼位去掉一个，要求以上边四个黑子换取白右上角。

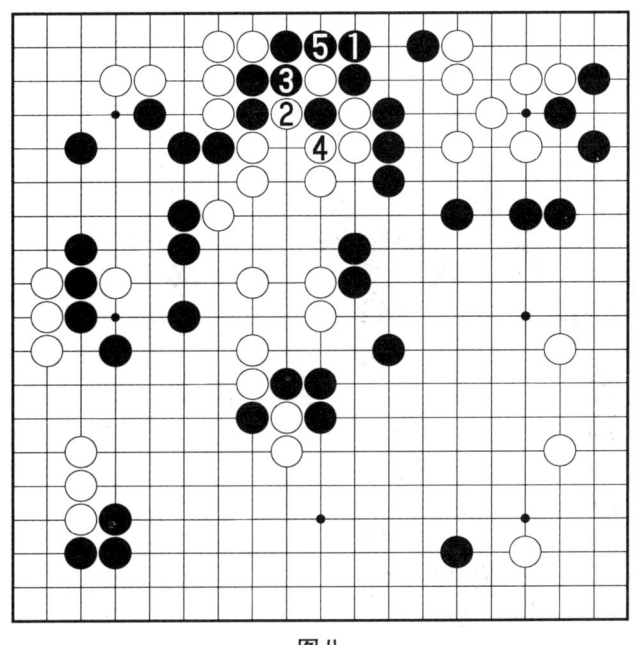

图八

白在此时不能犹豫，白76、78必然，将白右上角弃给黑棋形成转换，虽然从局部的目数上讲，是黑明显有利，但从大局上讲，黑63至69几子的价值变低，特别是黑69一子完全成了废子，最关键的一点是白争得了先手，白充分可下。

第五谱　80—97

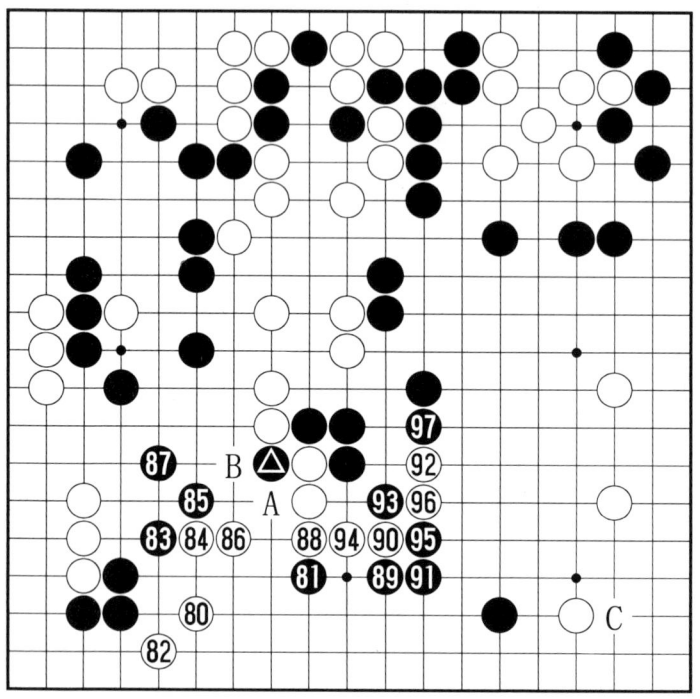

第五谱　80—97

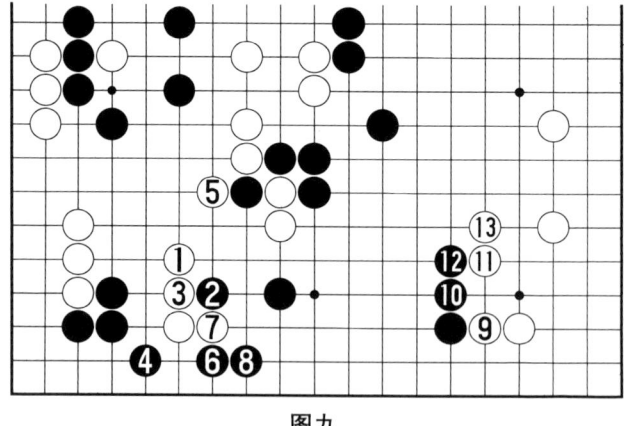

图九

白80紧逼黑左下角，很紧凑。

黑81反夹，左下角已没有合适的好点，索性脱先。

白82小尖，本来是想去便宜一下，却成了败着。此时单在84位跳是简明安全的走法，形成图九，应该是盘细棋吧。白如果不肯将下面的空让给黑棋，图十的走法也很有力。图中黑2若在a位扳反击，白如图十一转身，也是一个很有力的选择。

被黑在83位小尖后，白发现自己的形状反而变坏了。

黑85、87扳虎成为好形，连△一子都有了归路。

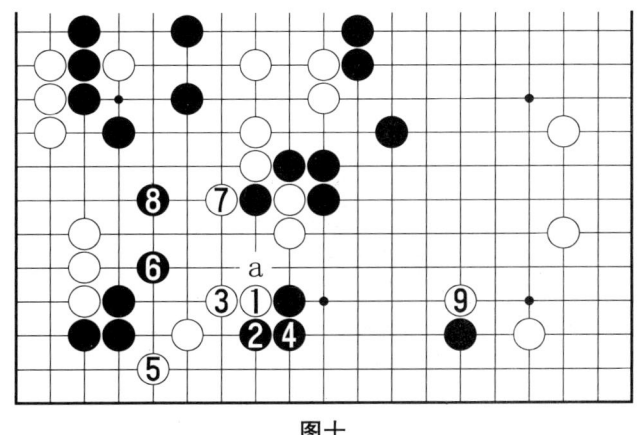

图十

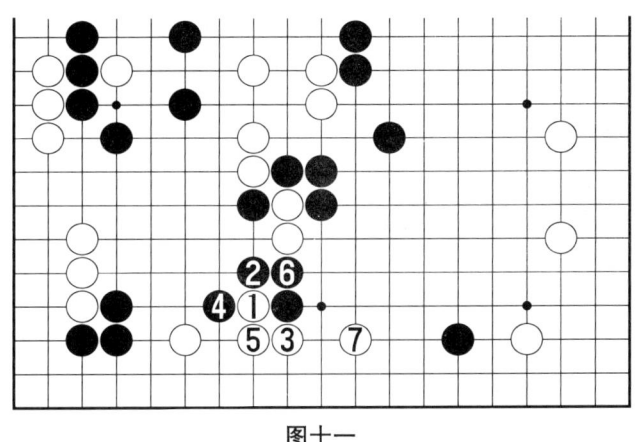

图十一

白88顶，很损，可为了出头，又不得不先损，若单在A位打，黑89、白B提、黑C位靠角，白在下边几乎是毫无收获的连通，那白在左上角的弃子损失就太大了。

白92点，期待能在中央走出先手，补住右下角的白空。

黑93至97，是寸步不让的对策。

第六谱　98—121

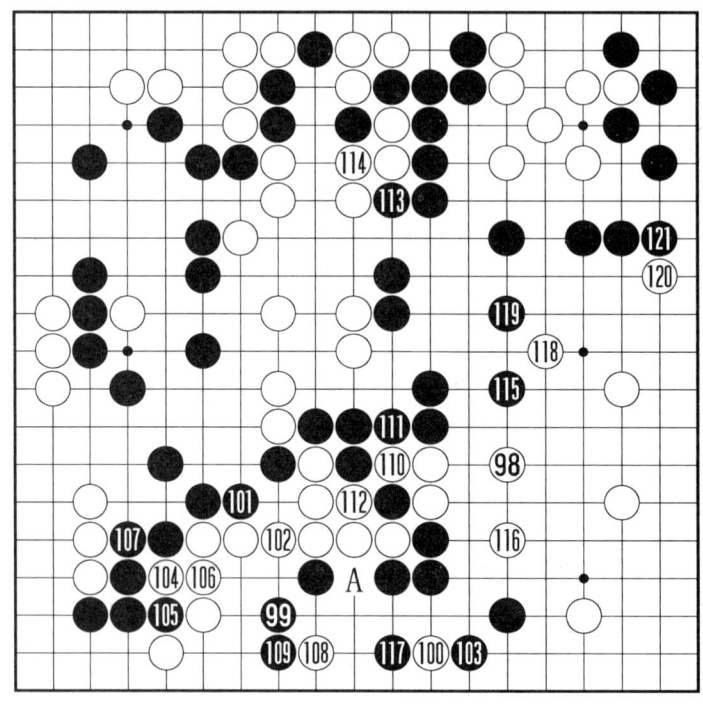

第六谱　98—121

白98顽强抗争,竭力为右边的白空起到些辅助作用。

黑99小尖冷静,并不去设法吃白,而是一边收空,一边催促白回家。

白100点做最后的努力。

黑101先贴好次序。

为了不紧气,确保110位打吃连通的手段成立,白102单接是没有办法的。

黑103尖顶,白100一子已毫无生机。

白110若先在A位冲,形成图十二,白依然得后手连回,与实战结果大同小异。

黑117夹补后,白什么念想

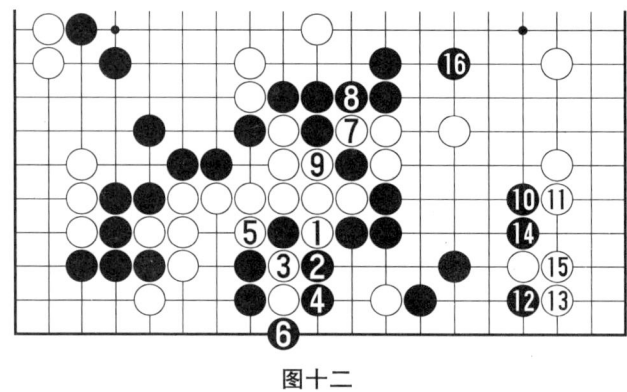

图十二

都没有了,黑121后白投了。

秀行老师的棋手生涯就此画上了句号。

共121手　黑中盘胜